穆棱城建

电视景观塔 摄影/韩立君

居民小区 摄影/梁兆宽

金钥匙广场 摄影/梁兆宽

奥林匹克体育公园 摄影/韩立君

八骏雕塑 摄影/梁兆宽

幸福大街 摄影/韩立君

八面通全貌 摄影/梁兆宽

穆棱风景

文化公园 摄影/韩立君

岁月广场 摄影/梁兆宽

吴大澂纪念馆 摄影/梁兆宽

穆棱河 摄影/宫兆明

十文字风光 摄影/梁兆宽

小清河公园 摄影/梁兆宽

粮台山 摄影/梁兆宽

穆棱工业

风力发电 摄影/梁兆宽

煤炭 摄影/吴明

下城子经济开发区 摄影/隋启林

亚麻厂 摄影/梁兆宽

石墨厂 摄影/梁兆宽

阀门厂 摄影/梁兆宽

电商产业园 摄影/梁兆宽

穆棱民生

老干部活动中心 摄影/梁兆宽

体育馆健身操表演 摄影/韩立君

医疗保健服务大厦 摄影/韩立君

第一中学 摄影/韩立君

红色名胜

中共穆棱县委诞生地纪念馆
摄影/梁兆宽

泉眼河抗联小分队纪念碑
摄影/梁兆宽

孤榆树抗联主题广场　摄影/韩立君

中东铁路历史文化穆棱陈列馆
摄影/梁兆宽

革命烈士纪念碑　摄影/韩立君

穆棱农业

万寿菊 摄影/梁兆宽

金 秋 摄影/韩立君

晒 烟 摄影/梁兆宽

玉 米 摄影/梁兆宽

万亩汉麻基地 摄影/韩立君

大 豆 摄影/吴明

沙棘果 摄影/梁兆宽

穆棱生态

红松母树林　摄影/梁兆宽

市树红豆杉　摄影/韩立君

奋斗水库　摄影/张宝华

白桦林　摄影/梁兆宽

春染穆棱河　摄影/韩立君

五花山 摄影/梁兆宽

团结水库 摄影/廉洪彬

荷 塘 摄影/梁兆宽

穆棱市革命老区发展史

穆棱市老区建设促进会　编

黑龙江教育出版社

图书在版编目（ＣＩＰ）数据

穆棱市革命老区发展史 / 穆棱市老区建设促进会编
. -- 哈尔滨：黑龙江教育出版社，2021.5
ISBN 978-7-5709-2283-3

Ⅰ．①穆… Ⅱ．①穆… Ⅲ．①穆棱－地方史 Ⅳ.
①K293.54

中国版本图书馆CIP数据核字(2021)第086981号

顾　　　问	于万岭
丛书主编	杜吉明
副　主　编	白亚光　张利国　李树明　李　勃

穆棱市革命老区发展史
Mulingshi Geming Laoqu Fazhanshi

穆棱市老区建设促进会　编

责任编辑	高　璐
封面设计	朱建明
责任校对	杨　彬
出版发行	黑龙江教育出版社
地　　址	哈尔滨市道里区群力第六大道1305号
印　　刷	哈尔滨博奇印刷有限公司
开　　本	787毫米×1092毫米　1/16
印　　张	24.25
字　　数	310千
版　　次	2021年5月第1版
印　　次	2021年5月第1次印刷
书　　号	ISBN 978-7-5709-2283-3　　定　价　58.00元

黑龙江教育出版社网址：www.hljep.com.cn
如需订购图书，请与我社发行中心联系。联系电话：0451-82533097　82534665
如有印装质量问题，影响阅读，请与我公司联系调换。联系电话：0451-51789011
如发现盗版图书，请向我社举报。举报电话：0451-82533087

总　序

在举国欢庆新中国成立70周年前夕，中国老区建设促进会王健会长请我为《全国革命老区县发展史》丛书作序，作为一名在老区战斗过并得到老区人民生死相助的老兵，回首往事，心潮澎湃，感慨万千，深感义不容辞，欣然应允。

中国革命老区，是以毛泽东为代表的中国共产党人在领导人民推翻帝国主义、封建主义和官僚资本主义三座大山，争取民族独立和人民解放伟大斗争中建立的革命根据地，在这片红色的土地上，诞生了无数可歌可泣的革命英雄儿女，为后人树起了一座不朽的丰碑。她是新中国的摇篮，是党和军队的根。

在艰苦卓绝的战争年代，老区人民把自己的命运与中华民族的命运紧紧地联系在一起，与中国共产党和人民军队的命运紧紧地联系在一起，他们生死相依，患难与共。我曾亲历过战争年代，并得到过老区红哥红嫂的救助，切身感受到发生在身边的一幕幕撼天动地的革命故事，在那极其艰难的条件下，老区人民倾其所有、破家支前，不怕艰难困苦，不怕流血牺牲。"最后一碗米送去做军粮，最后一尺布送去做军装，最后一件老棉袄盖在担架上，最后一个亲骨肉送去上战场"，这是当时伟大的老区人民为建立新中国做出巨大牺牲的真实写照，它将永远镌刻在中国共产党、中国人民解放军、中华人民共和国的历史丰碑上。他们的光辉业绩永载史册，他们的革命精神必将影响一代又一代的革命新人，造就一代又一代的民族脊梁。

在社会主义革命和建设时期，革命老区和老区人民响应党的号召，面对落后的面貌、脆弱的经济、恶劣的生态环境，他们本色不变，精神不丢，自力更生，艰苦奋斗，干一行爱一行。始终坚持"革命理想高于天"，自觉做共产主义远大理想的坚定信仰者和忠实实践者，勇于向恶劣的自然环境和贫穷落后宣战，他们在各条战线上为国建功立业，用平凡的双手创造了一个又一个不平凡的奇迹，彰显了老区人的崇高精神和人格力量。

在改革开放的伟大进程中，老区人民解放思想，勇于创新，发奋图强，攻坚克难，老区的经济社会建设取得了辉煌成就。特别是在改变中国的面貌、中华民族的面貌、中国人民的面貌、中国共产党的面貌的伟大实践中发挥了至关重要的作用。老区人民既是改革开放的参与者，也是改革开放的推动者。

艰苦练意志，危难见精神。老区人民在近百年的革命战争、社会主义建设和改革开放的伟大实践中，孕育形成了伟大的老区精神：爱党信党、坚定不移的理想信念；舍生忘死、无私奉献的博大胸怀；不屈不挠、敢于胜利的英雄气概；自强不息、艰苦奋斗的顽强斗志；求真务实、开拓创新的科学态度；鱼水情深、生死相依的光荣传统。这是党和人民宝贵的精神财富、丰厚的政治资源，是凝心聚力、振奋民族精神的重要法宝，也是社会主义核心价值观的重要内容。

中国老区建设促进会怀着强烈的政治责任感和历史使命感，组织全国各地老促会人员克服困难，尽心竭力编纂《全国革命老区县发展史》丛书，记录老区的光辉历史和辉煌成就，传承红色基因，弘扬老区精神，是功在当代，利及千秋的一件大事。手捧这部丛书的部分书稿，读着书中的故事，倍感亲切，深感这部丛书具有资政、育人、存史的社会功能，有着重要的时代和历史价值。它是不忘初心、牢记使命的源头活水，是赞颂共产党、讴歌老区人民的一部精品力作，是弘扬老区精神、传承红色记忆的丰厚载体，是一项继承优秀传统文化、弘扬革命文化、发展社会主义先进文化，坚定"四个自信"的宏大文化工程。它必将成为一种文化品牌，为各界人士了解老区宣传老区支持老区提供一部有价值的研究史料。希望读者朋友们能从中了解并牢记这些为党和民族的利益不断奉献的老区人民，从中得到教益，汲取人生奋斗的精神动力。

新时代赋予新使命，新起点开启新征程。让我们更加紧密地团结在以习近平同志为核心的党中央周围，坚持以习近平新时代中国特色社会主义思想为指导，增强"四个意识"，坚定"四个自信"，做到"两个维护"，弘扬老区精神，铭记苦难辉煌。为实现"两个一百年"奋斗目标，实现中华民族伟大复兴的中国梦做出新的更大的贡献！

迟浩田

2019 年 4 月 11 日

编写说明

　　2017年6月，中国老区建设促进会组织全国各地老促会启动编纂《全国革命老区县发展史》丛书，按照"建立中国共产党、成立中华人民共和国、推进改革开放和中国特色社会主义事业"三大里程碑的历史脉络，系统书写革命老区百年历史，深入挖掘革命老区红色文化资源，这对于充实丰富中国革命史籍宝库、在新时代传承红色基因、弘扬革命精神、强固根本，对于激励人们在新的历史条件下夺取中国特色社会主义伟大胜利，实现中华民族伟大复兴的中国梦具有重要意义。

　　丛书编纂以习近平新时代中国特色社会主义思想为指导，以《中国共产党历史》《中国共产党的九十年》等重要文献为基本依据，以党的领导为核心，以老区人民为主体，以老区发展为主线，体现历史进程特征，突出时代发展特色，坚持辩证唯物主义和历史唯物主义相统一、历史真实性与内容可读性相统一的原则，书写革命老区从站起来、富起来到强起来的光辉革命史、不懈奋斗史、辉煌成就史，把老区人民的伟大贡献、伟大创造、伟大成就、伟大精神充分展示出来，形成一部具有厚重历史特征和鲜明时代特色的精品力作。这是一部培根铸魂、守正创新，既为历史立言，又为时代服务，字里行间流淌着红色血脉、催生着革命激情的传世之作。丛书的编纂出版将成为讴歌党讴歌人民讴歌时代、传播红色文化、为革命老区和老区人民树碑立传的重要载体。丛书按照编年体与纪事本末体相结合、以编年体为主的编写体例确定框架结构；运用时经事纬、点面结合的方式记述史实；坚持人事结合、以事带人的原则处理人与事的关系；采取夹叙夹议、叙论结合以叙为主的方法展开内容。做到史料与史论、历史与现实、政治与学术统一，文献性、学术性、知识性相兼容。

为编纂好《全国革命老区县发展史》丛书，打造红色文化品牌，中国老区建设促进会认真组织积极协调，提出政治立场鲜明、史料真实准确、思想论述深刻、历史维度厚重、时代特色突出、编写体例规范、篇目布局合理、审读把关严格、出版制作精良的编纂出版总要求，力求达到革命史籍精品的精神高度、思想深度、知识广度、语言力度，增强丛书的权威性和社会影响力。各省（区、市）、市（州、盟）、县（市、区、旗）老促会的同志，以强烈的使命感、责任感和紧迫感，勇于担当，积极作为，认真实施，组织由老促会成员、专家学者等参加的十余万人编纂队伍。编纂工作主体责任在县，省、市组织协调、有力指导、审读把关。各方面人员以高度负责的精神和科学严谨的态度，满腔热情地投入工作，为丛书编纂出版做出了重要贡献。丛书编纂工作还得到了党和国家有关部委、地方各级党委政府及有关部门的大力支持和积极参与，社会各界也给予了热情帮助。中共中央政治局原委员、中央军委原副主席、原国务委员兼国防部长迟浩田上将，对老区人民怀有深厚感情，对革命老区建设发展十分关注，欣然为《全国革命老区县发展史》丛书作总序。

　　丛书由总册和1 599 部分册（每个革命老区县编纂1部分册）组成，共1 600 册。鉴于丛书所记述的史实内容多、时间跨度长和编纂时间紧，不妥之处，敬请批评指正。

中国老区建设促进会

目 录

序 言

按照中国老区建设促进会的统一部署，穆棱市编撰出版了这部《穆棱市革命老区发展史》，向中国共产党成立一百周年献礼。

编撰《穆棱市革命老区发展史》既是国家的号召、历史的重任、人民的希望，也是了解穆棱革命老区发展和进行革命传统教育的重要史料。出版《穆棱市革命老区发展史》，对传承红色基因、发扬老区精神，对坚定广大干部群众对中国特色社会主义的道路自信、理论自信、制度自信、文化自信，进一步激发全市人民爱党、爱国、爱社会主义的巨大热情，对认识穆棱、了解穆棱、建设穆棱，均具有非常积极的意义。

穆棱历史悠久，早在旧石器时代，便有古人类在此繁衍生息。先秦以来，肃慎人及其后裔栖居于此。大唐渤海国时期，这里因盛产骏马而闻名四方。清宣统元年（1909年）设县治，1995年撤县设市。

穆棱市全域都是一类革命老区。这里很早就有中共党员的活动。1926年建立了党组织。"九一八"事变后，在中国共产党的领导下，穆棱人民组建了抗日游击队，建立了后方根据地，与日本侵略者进行了艰苦卓绝的反侵略斗争，并取得了最后的胜利。解放战争中，穆棱人民不怕流血牺牲，前赴后继，与全国军民一道迎来了伟大的新中国的诞生。抗美援朝时期，穆棱人民积极参战支前，为取得抗美援朝战争的胜利作出了贡献。

新中国成立后，穆棱在不同历史时期都得到了相应的发展，在改革开放后，特别是党的十八大以来，穆棱迎来了又一个历史发展机遇期，经济高速增长，社会空前繁荣，人民安居乐业，经济综合实力相继跃居黑龙江省"九小龙"和"十强县"的行列。

《穆棱市革命老区发展史》，是穆棱老区人民在中国共产党的领导下，奋勇杀敌的战斗史、艰苦奋斗的创业史、改革开放的成长史、继往开来的前进史；是穆棱人民站起来、富起来、强起来的生动写照。忘记老区，就是忘本；忘记历史，就意味着背叛。我们对穆棱革命老区要倍加爱护，倍加珍惜。勤劳、勇敢、善良、智慧的穆棱人民，将不忘初心、牢记使命，继续前进，把穆棱建设得更美好，使人民生活得更幸福！

穆棱市老区建设促进会会长　梁兆宽
2020年12月

引 言

市域概况

穆棱市地处黑龙江省东南部，是牡丹江市下辖的县级市，面积6 187平方公里，人口27.6万。穆棱地处东经129°45′19″至130°58′07″，北纬43°49′55″至45°07′16″。东南与绥芬河市、东宁市两个国家一级口岸相接，南和吉林省汪清县为邻，西和闻名遐迩的牡丹江市接壤，北和林口县、鸡西市毗连，且东部与俄罗斯有41.8公里国境线。穆棱既处在东北亚"金三角"之中，又位于对俄出口的黄金通道上，区位优势十分优越。中俄经贸大通道G10国道和绥（绥芬河）满（满洲里）铁路贯穿全境，形成了纵横交错、四通八达的交通网络。市政府坐落在八面通镇，距牡丹江市区120公里。

穆棱市境内的穆棱河，系黑龙江支流乌苏里江左岸最大支流。辽、金称之为"毛怜河""暮棱水"；元称"莫力河"；明称"麦兰河"；清初称"木伦河""木楞河"。穆棱，满语为"马"或"牧马"之意。大唐渤海国时期，穆棱是名扬四方盛产骏马的牧马场。清乾隆年间编撰《钦定满洲流源考》时，为排除不同历史时期的音译用字，乾隆钦定"穆棱"二字，以"穆棱水"命名穆棱河，穆棱亦因此而定名。

穆棱以汉族为主，另有朝鲜族、满族、蒙古族、回族等20

个少数民族。全境人口约28万，少数民族人口占全市人口总数的7.5%。

穆棱市辖八面通、穆棱、兴源、下城子、马桥河、河西6个镇，福禄、共和2个乡，共127个行政村；另辖1个市区街道办事处和1个经济开发区。境内有八面通和穆棱2个森工林业局。

穆棱市具有"九山半水半分田"的地貌特征。山脉属长白山系老爷岭山脉，呈西南东北走向，平均海拔500~700米，同牡丹江市接壤的大架子山（牡丹峰），高1 117米，是全市最高峰。低山和丘陵占全域总面积的87.6%；水面占5.2%；河谷平原占7.2%。穆棱河由南向北流淌，溪流河汊均由东西两侧向中间的穆棱河汇集，形成南高北低两山夹一沟的地形。

穆棱市河流众多，有大小河流1 000多条，绝大部分属穆棱河水系。穆棱河发源于老爷岭山脉东坡穆棱窝集岭，由西南向东北流经穆棱、鸡西、鸡东、密山、虎林等县（市），至虎林市湖北闸处，河道分成两路：一路沿穆兴水路（分洪河道）注入兴凯湖；一路沿穆棱河原河道继续东流，在虎头以南18公里处的桦树林子注入乌苏里江。河流全长834公里，流域面积18 427平方公里。市域内长223.5公里，主要支流有百草沟河、马桥河、雷锋河、亮子河等。

穆棱市建有大小水利工程600处，其中中型水库有团结水库、奋斗水库两座，万亩以上灌区4个，干渠17条，支渠40余条。

穆棱市属中温带大陆性季风气候。冬季寒冷干燥，夏季湿热多雨，春季季风交替，气温变化急剧。冬季平均气温−11.6℃，夏季平均气温20.4℃。年降雨量500毫米左右，无霜期130余天。

穆棱市通讯十分畅通，有中国移动、中国电信、中国联通等多家通讯机构，有线、无线电话及宽带网络城乡普及。携程旅行客服呼叫中心，面向全国客户服务。

　　穆棱市交通便利，除G10国道和绥满铁路外，牡（牡丹江）绥（绥芬河）高铁线与城（下城子）鸡（鸡西）线形成丁字形，贯穿穆棱、兴源、下城子、八面通4镇。市域内铁路全长127.41公里，设有穆棱、伊林、下城子、八面通4个车站；随着2015年12月28日牡绥高铁和2019年1月5日哈牡高铁的正式开通，列车不再途经位于穆棱镇的穆棱站和位于兴源镇的伊林站，而直接通过在兴源镇新建的穆棱境内唯一的高铁新站——穆棱站。高铁开通后，穆棱市民出行更加方便快捷，经穆棱高铁站换乘，可直接到牡丹江、哈尔滨、齐齐哈尔、大连等地。城关镇八面通旅客出行至哈尔滨的车程由7小时50分缩至3小时35分。

　　穆棱市公路总里程1 425.91公里，按行政等级分为：国道2条136.01公里，省道4条195.81公里，县道2条78.58公里，乡级公路155条386.19公里，村级公路308条566.63公里，专用公路35条62.70公里。

　　穆棱市境内山岭交错，森林资源丰富，有红松、云杉、冷杉、樟子松、杨、桦、榆、槐、柞、水曲柳、黄菠萝、核桃秋等。穆棱是全国著名的红豆杉之乡，六峰山国家森林公园为国家级红豆杉保护区。境内野生动物达30多种，中药材上百种，山特产品也极为丰富。

　　穆棱市矿产资源丰富，有煤炭、石墨、黄金、珍珠岩、蛇纹石、大理石、红蓝宝石、长生宝石、镁铝榴石、月光石、透辉石、红锆石等。

　　穆棱市工业企业发展较快。全市已逐步形成了初具规模、特点突出、链条完善的木家居、塑料及亚麻、新型建材和矿产、有机食品、战略新兴产业（新兴产业主要包括：以节能降耗、绿色环保为主的节能环保产业；以互联网、物联网、现代通信、集成电路、高端软件为主的IT产业；以太阳能、风能为主的新能源产业；以生物制药、生物农业、生物制造为主的生物产业；以新材料、新能源汽车、高端装备为主的制造业、旅游、物流、文化产业五大产业发展格局）。

穆棱市农业发展稳定，村容美丽，农民富裕。穆棱市全市共有耕地180.1万亩，粮食年产10亿斤。粮食作物主要有玉米、大豆、水稻、小麦、杂粮等，经济作物有烤烟、食用菌、人参、瓜果、蔬菜等。水产养殖、畜禽养殖比重加大。农业生产机械化、水利化、现代化程度不断提高；新产业、新业态、休闲农业势头良好；科技进步、科研成果不断提高百姓生活；公益服务正在提升，乡村振兴战略正在进行，美丽乡村正在实现。

穆棱市经济综合实力在黑龙江省相对较强。1992年被黑龙江省评为"九小龙"县之一；1993年跨入黑龙江省综合经济实力"十强县"之列；1996年被确定为黑龙江省"十四强"之一；2010年以来，已连续位居黑龙江省"十强县"之列。

历史沿革

穆棱历史悠久。根据考古专家对出土文物进行的碳-14测定，穆棱河流域至少在1.2万年前的旧石器时代，就有古人类在此繁衍生息。先秦时期，有肃慎人及其后裔栖居。东汉以后，沃沮人在此最早发展出农业文明。南北朝时称之为勿吉。隋唐时为靺鞨。五代十国时期，为契丹女真属地。辽时为女真东京道疆域。金为女真别部属上京路。《金史·世祖本纪》中，穆棱第一次出现在历史文献里，史称为"慕棱水"。1215—1233年（金末元初）是东夏国的疆域。1300年（元至顺年）为辽阳行省开原路辖地。1406年（明永乐四年）在穆棱河流域设立麦兰河卫，隶属努儿干督司，是"建州女真"的发源地之一。清初为木伦路，属东海窝集部。1653年（顺治十年）为木伦部。1676年（康熙十五年）属宁古塔副都统。1726年（雍正四年）改属泰宁县，隶属吉林将军衙门。1729年（雍正七年）泰宁县裁撤，仍属宁古塔副都统。1882年（光绪八年）设穆棱河屯田局于钓鱼台（今穆棱镇南）。1883年（光绪九年）正月改穆棱河屯田局为穆棱河招垦局，移至上城子（今兴源镇）。1902年（光绪二十八年）设穆棱河分防知事厅，隶绥芬厅。1909年（宣统元年）东三省总督徐世昌、吉林省巡抚陈昭常奏请朝廷，于1909年6月2日（农历四月十五），升改穆棱河分防知事厅为穆棱县。

"民国"时期，1913年设穆棱县公署，1914年隶吉林省依兰道，1929年5月改穆棱县公署为穆棱县政府，归吉林省管辖。1930年4月，县治由上城子迁址八面通镇。1933年伪满县政府改为县公署。1934年10月，穆棱县改属伪满滨江省。1937年12月改属伪满牡丹江省。1938年10月，县治迁址穆棱街（今穆棱镇）。1943年5月改属伪满洲国东满总省。抗战胜利后的1946年2月，穆棱县民主政府在穆棱街建立，隶牡丹江省；同年4月改属绥宁省；9月改隶牡丹江行政督察专员公署。1947年1月，穆棱县一分为二，南穆棱县设治于穆棱街，北穆棱县设治于八面通镇。1947年10月，撤销穆南县、穆北县建制，所属行政区合并为穆棱县，县民主政府改为县人民政府。1948年7月，隶属松江省。1954年4月成立穆棱县人民委员会，改属黑龙江省。1967年4月组成穆棱县革命委员会。1980年恢复穆棱县人民政府建制。1983年10月为牡丹江市辖县。1995年3月由民政部批准，撤销穆棱县，设置穆棱市，当年10月10日举行撤县设市庆典。

穆棱革命史略

穆棱地区具有悠久的反侵略斗争的历史，早在17世纪中叶，穆棱便拉开了近代抗击沙俄侵略的序幕。

由于穆棱地处我国东北边陲，与沙俄毗邻，因此，抗俄斗争成为穆棱较早反抗外来侵略的一段重要历史。

　　清顺治年间开始，沙俄便不断强占中方领土，黑龙江大片领土被沙俄掠夺。1875至1900年间，沙俄数度侵入穆棱凉水泉子一带盗采黄金。1900年2月，山东直隶义和团密使、会首王五斜和张三荒子等来到穆棱境内，穆棱爆发义和团运动。义和团和爱国的中方矿工齐心协力，以武力将沙俄盗金者驱赶出境，为保护国家贵金属资源做出了贡献。

　　沙皇俄国为控制满洲，于1896年9月与清政府签订《中俄合办东省铁路公司合同章程》，将西伯利亚铁路延伸横穿中国东北领土。东省铁路亦称东清铁路、中东铁路，以哈尔滨为中心，东至海参崴、西至满洲里、南至大连，由"T"字形三线构成。《章程》为沙俄利用这条铁路把中国东北逐步变成其势力范围提供了各种方便。中东铁路名为"中俄合办"，实为沙俄管理公司一切。

　　中东铁路1898年1月从海参崴铺轨，东线从海参崴到穆棱境内共设10个主要站点，依次为：一站海参崴、二站煤窑、三站乌苏里斯克、四站格罗捷科沃、五站绥芬河、六站绥阳、七站细鳞河、八站马桥河、九站穆棱、十站磨刀石。1900年，由于山东义和团到穆棱活动，在他们的宣传鼓动下，穆棱境内的磨刀石、代马沟、偏脸河、三岔屯等地的筑路工人、伐木场工人和广大居民，高举反抗沙俄大旗，建立了穆棱抗俄义和团。4月，爆发了义和团抗俄运动，以青年筑路工人为主力的义和团在三岔屯、偏脸河等地与沙俄侵略军几度激战，给俄军很大杀伤，令中东铁路东线筑路停工8个多月，使原定于1900年秋全线贯通的计划中断。义和团一直坚持战斗了4个多月，最后大都壮烈牺牲，穆棱义和团运动被镇压。

　　穆棱抗俄义和团被镇压后，在他们的影响下，穆棱境内以刘弹子、唐殿荣、韩登举等人为首分别组建了抗俄军，到处袭击俄军驻地。1900年8月，七站伐木场工人王林（即后来的抗日救国军将领王德林），组织伐木场工人拉出一百余人的抗俄队伍，以细鳞河为根据地，活动在海参崴、双城子、伯力、绥芬河、穆棱、密山、宁安、安图、敦化等地，不断袭击俄军，焚毁俄军驻地。1901年9月，清政府在八国联军的威胁下签订了卖国的《辛丑条约》，清军同俄军一道镇压抗俄武装。1909年，王林在穆棱召集旧部，使抗俄武装得以恢复，他们攻打绥芬河、下城子、横道河子、亚布力、苇河等火车站，并将获得的粮食、衣物等分给贫苦百姓，深受民众拥护。后因清军、俄军协同围剿，抗俄武装溃散。

穆棱义和团和其后的抗俄武装虽都以失败告终，但其有力地打击了沙俄侵略者的嚣张气焰，促进了广大民众的觉醒，也在穆棱民众的骨子里种下了反抗外敌侵略的火种。

1921年中国共产党成立，1922年派党员罗章龙沿中东铁路考察工人运动情况。1925年7月，中共党员傅子钧受中共哈尔滨特别党支部派遣到穆棱开展革命活动。1926年10月在九站（穆棱）、十站（磨刀石）建立穆棱县第一个党支部。1930年在向阳村建立了中共穆棱县委。

穆棱人民进行了英勇的抗日战争。1931年"九一八"事变后，日本侵略军相继占领东北全境。1933年1月1日，日军侵占穆棱。在东北抗战过程中，发生在穆棱境内的大小战斗300余次，打死打伤日寇4 000多人，牵制了日军两个师团数万兵力，有力地配合了其他战场，作为吉东地区抗敌中心的穆棱付出了极为悲壮和惨烈的代价。在这里战斗的抗联第二、第四、第五军及义勇军将士前赴后继，英勇杀敌，仅穆棱党组织、抗联将士及交通员就有1万多人为国捐躯。

抗战胜利后，穆棱人民进行了土地改革。1946年2月，在中共穆棱县中心县委领导下，成立了中共穆棱县委和穆棱县民主政府，领导全县人民开展轰轰烈烈的减租减息、平分土地、清算地主富农等运动。同年6月，中共穆棱县委成立"土改"工作团，深入农村发动"土改"运动，使人民感受到胜利的喜悦。到1948年5月，穆棱土地改革胜利结束。

穆棱人民为解放战争做出了积极贡献。在解放战争中，穆棱人民做了大量支前工作，全县人民组织4批担架队，自做担架1 530副，出动战勤民工4 382人，车辆191台，制作军鞋12 300双，供应粮食1 700吨。全县有6 808名青壮年参加中国人民解放军，出现了许多父母送儿子、妻子送丈夫参军的感人事迹，为解放战争的胜利注入了力量，为新中国的建立做出了贡献。

第一章　中共穆棱党组织的建立及早期革命活动

（1921.7—1931.9）

　　由于中东铁路从穆棱穿境而过，穆棱早期革命活动之火是在俄国十月革命的影响和五四运动的推动下，从中东铁路开始点燃。中国共产党在1921年7月成立后不久，中共北满地委就在中东铁路穆棱沿线建立了中共九站、十站党支部，之后又派人在梨树镇、下城子、细鳞河、马桥河各站秘密活动，宣传马列主义，发展党组织，开展工人运动。1930年，中共穆棱县委成立，又在广大农村成立反日会，进行反帝、反封建斗争。1931年"九一八"事变后，中华民族与日本帝国主义之间的矛盾上升为主要矛盾。为反抗日本帝国主义侵略，中共穆棱县委又组建了游击队，用武力驱逐日寇、保卫家园，拉开了穆棱人民抗日斗争的序幕。

第一节　马克思主义在穆棱的传播

　　马克思主义在穆棱的传播，最先始于中东铁路工人。1917年俄国十月革命爆发，中东路东线各站的工人群众举行了为期十天的大罢工，对俄国人民的革命给予有力支持。

第一次世界大战期间，被招募到欧洲做工的有数十万人，这些亲身经历苏俄革命斗争锻炼的大批旅俄华工、华侨于十月革命后陆续归国，不仅为中国工人阶级队伍增添了新鲜血液，而且给苦难中的阶级弟兄带来了世界无产阶级革命故乡的许多新消息。通过他们的宣传和介绍，人们了解到十月革命的情况。穆棱县境内开始秘密流传《马克思主义学说》《二月革命到十月革命》《资本主义之解剖》等革命书籍，促使人民觉醒，推动了工人运动的发展。

吉林省长郭宗熙密电各道尹："闻有阻留欧俄之华工万人已附激党，他们潜回中国，鼓吹社会主义"，令各道尹严密防范，并惊呼："若不严厉查禁，势必如燎原之火，不可遏止。"为阻止和破坏革命思想和马克思主义的传播，反动当局采取各种手段严加防范，不断派出警察四处搜查宣传"过激主义"者和宣传品，禁止学生集会、游行演讲，解散俄职工联合会。

1919年4月底，中东铁路沿线工人反对以"黄条"（西伯利亚新币）支付工资，要求改发"老帖"（罗曼诺夫纸币）并增加工资。5月23日，吉林警备司令陶祥贵和吉林滨江道尹兼哈尔滨交涉员李家鳌发出布告，禁止中国工人参加罢工。而中国工人对布告不予理睬，罢工运动此起彼伏。7月2日，海参崴铁路工人举行总罢工，7月8日派代表沿绥芬河、穆棱、牡丹江至哈尔滨各站，呼吁全路工人同他们一起举行联合罢工。这次联合罢工截断了白俄高尔察克的军事运输线，为捍卫俄国十月革命的胜利成果作出了贡献。7月12日，中东铁路马桥河第八工程处工人罢工；7月25日，穆棱市境内的细鳞河、太岭、红房子、马桥河、下城子、兴源、北林子、代马沟、大观岭、山底、磨刀石各站举行大罢工，开往各处的火车全部停驶，中东铁路瘫痪。

1920年4月8日，穆棱县八站俄人伐木场、木材加工厂的华工

2 000多人举行大罢工，要求俄商大瓦拉式宝博夫采伐公司立即发放工资。1922年9月18日，穆棱县九站俄商东沙厂的华工34人，因厂"延不发薪且账目不清"而罢工，经巡官前往劝慰，又命双方当面结清账目，将工人应得的现大洋当日发给工人，罢工才告平息。

当时，工人的斗争主要还是停留在要求发放工资和增加工资的经济斗争上。由于没有本阶级的政党和纲领，反映不了无产阶级的根本要求，他们的命运始终被掌握在官僚、商人、封建把头的手中。但是，穆棱工人阶级的壮大和工人运动的发展，为马克思列宁主义的广泛传播和地方党组织的建立奠定了基础。

第二节　中共党组织领导的中东铁路革命活动

1921年7月，中国共产党的诞生，给中国人民指明了民族解放的道路，使中国革命的面貌发生了深刻变化。从此，党领导下的穆棱人民革命斗争进入了新的阶段。

1924年底，吴丽石同志到哈尔滨组建党团组织，于1925年春，建立了中共哈尔滨特别支部。1925年7月，中共哈尔滨特别支部派中共党员傅子钧到穆棱县穆棱镇学校开辟地下革命工作，以教员身份宣传马列主义革命理论，带领学生进行反帝国主义、反封建军阀的斗争。不久，中共北满地委派中共党员干部到中东铁路沿线的细鳞河、马桥河、穆棱镇、磨刀石等地筹建党组织工作。1926年10月，建立了中共九站、十站支部，隶属于中共北满地委领导，有8名党员。11月，傅子钧在穆棱中东铁路十三校以教员的身份为掩护从事党的活动，他在学生中教唱《国际歌》《工农歌》《伏尔加船夫歌》等革命歌曲，唤起青年学生的觉醒。1927年，中共北满地委派杜省吾同志到牡丹江开展工作，以牡丹江站为基地，在海林、穆棱等地开展工人运动。

1927年7月，中共北满地委为加强对中东路工人运动的领导，派党员牛鹤九、延颇真、于明智、何柏真等人来到穆棱县，分别在梨树镇、下城子、细鳞河、马桥河各站宣传马列主义，发展党组织，开展工人运动。当时，中东铁路反动当局为了镇压工人运动，大批裁减华工，穆棱、磨刀石两站工人维持会在党支部的领导下与横道河子至绥芬河各站工人维持会联合起来，进行了针锋相对的斗争。

牛鹤九在梨树镇从教时，借校长身份之便，经常到附近的穆棱煤矿进行活动，发展党员，并在矿路事务所内建立起党支部；中共党员梁达卿在细鳞河以教员身份开展革命活动；中共党员赵秀儒在马桥河镇秘密从事党的工作。

1927年9月，穆棱煤矿党支部组织一号井30名爱国青年工人，走街串巷，张贴标语，散发传单，号召全体矿工团结起来为反对帝国主义、封建军阀统治而斗争，到1928年全县党员已发展到18名。1929年10月至1930年8月期间，由于地方反动当局的频繁搜捕，部分中共党员被捕。九站、十站、穆棱煤矿党支部均遭到破坏，党组织被迫停止活动。安全脱险的8名党员不畏反动势力的镇压，重新投入了到党组织的发展工作中。

1930年1月24日，穆棱、磨刀石两站工人维持会在党支部的领导下，与横道河子至绥芬河各站工人维持会联合起来，以哈绥线全体华工的名义，联合致电铁路督办，要求将裁减的大批华工全部复工，并保证今后不再裁减。1930年9月，中共北满特委出版了第一期《北满红旗》，内载《中东路工人斗争纲领》等专文，该文在磨刀石、穆棱、伊林、下城子等站铁路工人组织中悄悄传播，成为党领导的中东路革命斗争的指南。10月，满洲省委依照地理环境和斗争配合的需要，责成北满特委建立了穆棱县委。县委成立以后，派党员到伊林、下城子、马桥河等站，宣传马列主义和中国共产党的纲领。同年11月在上述车站建立了党支部或党小组。

1931年3月，穆棱县各站党组织在穆棱县委的领导下散发《告中东铁路工人书》，号召铁路工人动员起来，反对压迫，打倒华工事务所，成立自己的工会组织。1932年秋，中东铁路东线的下城子站、红泥河站、五站建立了工会组织。

第三节　中共穆棱县委的建立及早期活动

1910年日本吞并朝鲜，一些朝鲜民众逃离家园，陆续流亡中国，与先期进入的朝鲜族人一起流向东北腹地。涌入穆棱县的朝鲜人沿穆棱河两岸选择依山傍水的地方定居，形成许多朝鲜族村落，以种植水稻为生。

当时的穆棱是汉族、满族、朝鲜人及俄人杂居之地，当时土匪猖獗、社会混乱，当地民众纷纷自己建立了保安团、保安队负责剿匪和治安。朝鲜族民众也组织了武装力量，以大碱场（今共和乡）为根据地，与土匪和军阀斗争同时在穆棱建立朝鲜共产党组织机构。1928年7月至8月，在莫斯科召开的第三国际第六次代表大会上，按照"一国一党"的原则，决定：在满洲的朝鲜共产主义者解散各派组织，以个人资格加入中国共产党，用斗争支援朝鲜革命。

1930年初，穆棱县朝共党员金瑞铉、许范俊和韩振守3人首先加入中共穆棱党组织，使全县党员从8人增加到21人。随后又有一批原朝共党员韩亨镐、李定国、金风世、程文福等加入，穆棱县党组织迅速发展，建立穆棱县委的条件已经成熟。

10月，满洲省委依照地理环境和斗争配合的需要，责成中共北满特委建立穆棱县委，县委书记金瑞铉，委员金成浩、韩亨镐、李定国、许范俊、金铉、韩振守，团县委书记徐德海。县委机关设在向阳屯，隶属北满特委领导。同月22日在穆棱县建立了下城子、八面通、梨树镇3个区委，同时筹建穆棱区委。

中共穆棱县委成立后，县委派党员深入农村，相继在向阳屯、雷锋屯、八方地、后营子、亮子河小站等地建立了8个反日会，反日会会长均由共产党员担任。他们采取秘密集会、贴标语、撒传单等形式，发动群众开展反帝、反封建斗争。穆棱镇新安屯党支部领导的反日会，积极开展反帝斗争，使全屯青少年都组织起来，开展站岗放哨、盘查坏人等活动。朝鲜族女青年林贞玉、安永信等人搜集情报，散发传单，此屯成为我党活动的根据地。八女英烈之一的安顺福就是从新安屯走上革命道路，最终为国捐躯。

为了加强对铁路工人运动的领导，穆棱县委派党员深入磨刀石、穆棱、伊林、下城子、马桥河等各站，宣传马克思列宁主义和中国共产党的纲领、主张，在上述车站均建立了党小组，领导铁路工人开展反帝、反封建斗争。1931年1月，穆棱、磨刀石等站党组织领导工人散发《告中东铁路工人书》，号召铁路工人行动起来，反对国民党的压迫，砸烂华工事务所，成立自己的工会组织。

1931年3月，穆棱县委受"左"的思想影响，党团组织带领反日会员公开活动，暴露了身份，遭到反动当局大逮捕，使党团组织和反日会组织遭到严重破坏。县委领导的4个区委全部解散，只剩下两个支部、18名党员和部分反日会员。

4月24日，根据北满特委指示，穆棱县委改组为"中共穆棱县特别支部"，由原县委书记金瑞铉担任特别支部负责人。下辖八面通、新安屯两个党支部。此外，马桥河学校于明智、张凤明和下城子小学教员高振国仍坚持党的活动。5月，中共党员王广福携带《国家与革命》《二月革命到十月革命》等革命书籍，到穆棱县第四甲学校和铁路工人中进行活动，秘密宣传马列主义，发展党团组织。

8月，根据北满特委指示，撤销穆棱县特别支部，恢复穆棱县委。同时，县委领导的反日会组织也恢复和健全起来。党员许信默、许贤淑带领反日会员金一淑、金凤柱等10余人不惧危险，将标语、传单包在尿布里，垫在孩子屁股底下，避开敌人搜查带进八面通，在镇里散发和张贴，同敌人进行不懈的斗争。在此后长达14年的抗日斗争中，穆棱早期的共产党员成为抗日武装的重要力量，许多人献出了宝贵的生命。

第二章　日本帝国主义对穆棱的侵略

（1931.9—1945.8）

　　1931年"九一八"事变，日本帝国主义发动侵华战争。国民政府的不抵抗政策，致使4个月后，东北全境沦陷。此后，日本在东北建立了伪满洲国傀儡政权。

　　1933年1月1日，日军进占穆棱，穆棱人民从此处于侵略者的奴役和殖民统治之中。

第一节　日军侵占穆棱

　　1931年"九一八"事变发生之际，正值东北军驻吉副司令、吉林省主席张作相回富锦县为父奔丧，由其参谋长熙洽代理军政要务。沈阳陷落后，熙洽命令驻省城吉林的东北军第二十五旅张作舟、卫队团冯占海两部撤到外县，而后通过日本领事与日军谈判，达成投降协议。9月22日，日军第二师团占领了省城吉林，控制了吉林长春铁路。23日，又占领了吉林敦化铁路线上的蛟河、敦化，吉林东部的延吉、珲春、汪清、和龙等地。

　　1931年11月，日军突破黑龙江省中国驻军嫩江江桥防线，占领省会齐齐哈尔。1932年1月3日占领锦州，控制了北宁路关外段。1月末调兵北上，2月5日，占领北满最大城市东省特别行政区官署所在地哈尔滨。5月2日，占领牡丹江。

从1931年9月26日到1932年1月，东三省先后宣布独立，分别成立伪政府。1932年3月10日，日本在东北建立大满洲帝国，爱新觉罗·溥仪为满洲帝国傀儡皇帝，国号为"大同"，定都新京（长春）。

当时归吉林省管辖的穆棱县执行伪吉林省政府命令，成为伪穆棱县政府。1933年1月1日，日军向牡丹江以东挺进，相继占领穆棱、东宁、绥芬河、密山等地。吉东吉林中国国民救国军总部参谋长兼补充第一团团长李延禄，率部在与牡丹江相邻的磨刀石阻击日军，激战一天，打退了敌人4次冲锋。当晚，狡猾的日军停火，迂回包抄，切断我军后路。救国军在腹背受敌、敌强我弱的紧急关头，李延禄率部突出包围，连夜向五虎林（今牡丹江市五林镇）转移，穆棱沦陷。此战被称为"磨刀石阻击战"，在第三章第七节中有详细记述。

日军入侵穆棱后，党团组织、反日会组织全部遭到破坏。新安屯30多名党团员被捕，其中7名被活埋。大石头河屯刘凤山、刘新文等7位百姓因给抗日军队送粮、送信，被塞进冰窟窿里。仅几天时间，全县被杀害的党团员、爱国群众就达1 000多人，房屋被烧2 000多所，造成手工业停产、商业停业、学校停课、农村大片土地荒芜，全县处于黑暗之中。

第二节 日寇设立统治机构

1933年5月，穆棱伪县政府改为伪县公署，设县长1人，参事官1人（日本人），副参事官1人（日本人）。下设总务科、内务局、财务局、司法科，县公安局改为县警务局、县警察大队

（内设步兵一、二、三中队，骑兵中队）。县公署以下的各镇、村、屯，设保、甲、牌。全县5个保，86个甲，340个牌，即百户设甲，十户设牌。第一保八面通，第二保兴源镇，第三保马桥河，第四保梨树镇，第五保穆棱镇。各保在行政上由县公署直接领导，各保长由县长任命；保下设若干甲，各甲受保领导，甲长由保长任命；各牌，受甲长领导，牌长由甲长指定。各保、甲、牌又受同级警察机构指挥。保、甲、牌的经费由县公署补助一部分，其余向居民摊派。实行保甲制的目的，是想用中国人管理中国人，从政治上控制中国人的活动，从经济上收捐缴税，从人力上派工、抓劳工。

1934年，伪满洲帝国皇帝溥仪改国号为"康德"。1934年至1936年，穆棱县公署在原有机构设置基础上，撤销了司法科，增设了法院、检察厅。同年10月1日起，隶属滨江省。1935年成立县协和会本部，内设底务班、指导班、青少年班、义勇奉公队、国防妇人会。同年10月，为消灭抗联队伍，以保护森林为名建立了大石头河森林警察队。

1936年3月1日，穆棱县警察大队编入日本陆军第六军管区治安队，即穆棱县治安大队。全县设6个行政区：第一区八面通，第二区兴源镇，第三区马桥河，第四区梨树镇，第五区穆棱镇，特区奎山。

1938年6月1日，在杨木桥子设立森林警察队，旨在控制抗联活动。同年10月，县城由八面通镇迁移到穆棱镇。

1940年，随着国际局势的紧张，将县警务科改为穆棱县国境警察队，在全县设立20多个警察小队。1942年6月，在穆棱镇设立了警备队，警察队和警备队名义上由伪政府管辖，实际上由驻地日军直接控制。

随着日本关东军在穆棱县各地驻军的增加，宪兵机构也随之建立起来。宪兵机构是军事警察机关、特务机关，配合关东军的侵略，担负着特殊任务。全县共有日本驻军兵营12处、宪兵机构4处。1933年4月，设立了穆棱镇宪兵分队；1936年7月，设立了八面通宪兵驻在所；9月，设立了梨树镇宪兵分遣队。1937年，设立了下城子宪兵分遣队。后来，上述部队改为宪兵队和宪兵分队，内设店务系、特高系、警务系，发展特务，建立特务据点。

1933年，日寇从苏联手中夺得中东铁路，立即成立了奉天铁路警护总处和各铁路警护处。在穆棱县设有山洞、磨刀石、代马沟、穆棱、伊林、下城子、马桥河、三道河子、八面通、亮子河沟口、梨树镇等11个铁路警护分所，归牡丹江铁路局警务处绥芬河警务段领导。

1937年3月，在穆棱县增设山底、大观岭、新房子、北林子、大桥子等5个铁路警护分所。1943年3月，经过改编，在穆棱县设立磨刀石、北林子、代马沟、穆棱、伊林、下城子、马桥河、三道河子、八面通、梨树镇等10个警护分团。北林子、磨刀石、代马沟3个警护分团归牡丹江铁路警护团部领导；三道河子、八面通、梨树镇3个警护分团归鸡西铁路警护团部领导；穆棱、伊林、下城子、马桥河4个警护分团，归绥芬河铁路警护团部领导。各警护分所、分团，以保护铁路为掩护，在铁路沿线村屯建立"爱护村"，成立"爱路青年团"，经过训练从中建立特务组织，侦查和搜集铁路沿线情报，抓捕抗联人员和苏联地工人员。

第三节　日军进驻穆棱

1933年1月，日军侵占穆棱县后，在县境内驻扎的是关东军广赖第十师团第八旅团第三十九联队，由竹田大佐指挥，共1 890

人。

1933年8月至12月，按日本侵略军战时编制人员计算：穆棱站联队本部1 800人，梨树镇大队本部600人，八面通步兵炮队50人，吉林警备第一旅600人，计3 050人（不含县警务局、4个区警察署、警察大队、县公署守卫队中的日军人数）。

1934年始，驻八面通、九站、下城子、梨树镇的4个日本宪兵队按日军小队平时编制骑兵50人、步兵70人计算，共有480人。

1936年6月，日本警备旅驻下城子5 000人。

1938年，日军在穆棱县辖境内的中苏边境地区金刚台北山、甘沟子、纯盛北山、光明屯北山、大烟地岭（桦木林子区域西山）、福禄屯北驻扎7处日本守备队，按日军每个大队战时编制，共约560人。

1938年底，日军"东防卫区第三军第八师团驻穆棱"，指挥官为中将。按日军师团战时编制，人数为15 000人。第三军第八师团中将司令部设在九站东山，驻防范围在县境内沿中东路的七站、八站、九站、十站各驻扎一个联队，磨刀石火车站北侧的半山腰处驻扎日本护路队。

1942年6月，日军在九站设立有200人的日本警备队。1945年2月至8月，日本侵略军第一方面军第五军第一二四师团进驻穆棱，指挥官中将椎名正健，按日本侵略军师团战时编制人员计算有15 000人。第一二四师团分别驻扎在县境内的下城子、兴源、福禄掏耙沟、八面通、河西乡、梨树镇，司令官部设在八面通东山坡。7月，日本侵略军第一方面军第三军独立混成第三十二旅团长、少将鬼武五一率部进驻穆棱，司令部设在大碱场，按日军混成旅团战时编制统计，有6 000人。

据对上述资料的粗略统计：日本侵略军侵占穆棱期间，驻军人数累计52 420人。其中，不含驻八面通等4个飞行场分遣队的日军人数，以及日军安插在诸多矿警队、自卫团、大排队中的日军人数。

第四节　修建侵略军事设施

日军占领穆棱期间，修建了较为完善的军事设施，为长期占领作了军事准备。

八面通飞行场位于原八面通火车站东250米处，东西长800米，南北宽600米。日军1933年1月进驻八面通后，便将农田碾压后当作跑道起降飞机。开春时，跑道翻浆，致飞机在跑道上发生侧翻事故。同年7月修筑水泥跑道，10月1日投入运行。机场西面沿小清河沿筑一呈南北走向的防御墙，内有4栋日军营房；在今团结路团结桥加油站南建有飞机库；在原第一良种场院内东侧建有军用仓库（跨度为10米），西侧是驻八面通飞行场日本分遣队营房；在今长征路南沿工农街东，向南至四平山东坡半山腰一带，筑有两排防空地堡，地堡内直径9.5米，当时人们称这些地堡为"土瘪子"。

八面通飞行场每天起落的飞机有两类：一类是日军航空部队从朝鲜调来一个空军中队，拥有轻型战斗机34架；另一类是民用飞机。战斗机主要用于军事飞行训练侦察、轰炸穆棱县境等地的抗日队伍，并扬言恫吓：飞机一旦侦察到有"资匪助匪"的"决不宽恕"，企图切断爱国群众与抗日队伍之间的血肉联系。民用飞机的主要作用：一是每天把从秋皮沟、凉水泉子、八站、小金山、碾子沟、大碱场、大蛤塘掠夺来的黄金运至吉林省的额穆县（今敦化市）；二是每星期二、四用于航邮飞行。

1934年开冻后，日军对八面通飞行场进行扩建，占地面积达

123.7公顷。飞行场外的东山原市五中校址是日本侵略军驻军营房；热电厂东侧浸油厂处原是日军"八面通东山陆军医院"。修建八面通飞行场的同时，还修建了梨树镇飞行场、穆棱飞行场、太平岭飞行场。

另外，日本侵略军在县境内建有许多军用基地及附属设施，如弹药库、油库、粮库等。现已查明的九站建有油库1座；兴源镇东山、北山建有弹药库、粮库和被服仓库；全境建医院5处，有九站北山陆军医院、下城子陆军医院、八面通陆军医院、兴源北大营陆军医院和梨树镇陆军医院。

第五节　加大侵略力度

1936年至1937年，为了断绝抗联人员、苏联地工人员与百姓的联系，日伪统治在全县实行"清野、集户、筑墙、归屯"政策，派出大批警、政、宪人员在各街、村、屯公所的配合下，强迫各沟的零散居民归屯，筑城墙、挖护城河、建炮楼，把中国人按指定地点集中管理。

在"清野归屯"过程中，限百姓三天之内将家搬入指定村庄，否则就把房子点着，把人抓走。八面通镇北台子20余户居民因指定地点无房子没能搬走，第三天深夜，日军和警、政、宪人员在村公所的配合下，将这些居民的房子全部点着，烧死3人，烧伤3人，打伤5人。全县被烧毁、拆毁房屋300余间，烧死10余人，烧伤、打伤群众数百人，抓走劳役60多人。

"清野归屯"后，重新建立屯公所和自卫团，每10户为1牌，指派1名牌长来管理，实行10家连坐，互相保证不出问题。经常夜间到各户检查、搜索，既防止抗联人员、地下党员和苏联地工人员进屯归宿和刺探情报，又防止居民夜不归宿、秘密集会、私通抗联等情况的发生。

"清野归屯"后，为进一步控制中国人的活动，把各区、村、屯全部划为边境区域，对居民进行登记，发放边防《证明书》。在各交通要道设立岗卡、验证盘查，通过察言观色、看穿戴和携带物品，对"非良民"进行抓捕。各宪兵队、警察队和警备队，组成若干组到边远村屯和煤矿、金场、林场等工棚，验证盘查，抓捕无证者。

1944年3月，穆棱县国境警察队特务股主任辻静一（日本人、监督警尉）带领县、镇的警察和县警备队的官兵，在穆棱镇街内抓捕无《证明书》的居民一百多人，集中到河南村劳工协会收容，五六天之后，由县警备队押送驱逐出境。

穆棱县警察科的特务、特务分室和各地警察署的特务系、各铁路警护所的特务系以及各宪兵队等33个特务机关，采取以下方法搜集情报，抓捕地下党员、抗日人员和苏联地工人员以及反满抗日爱国群众。

1.发展密侦、情报员

密侦、情报员均是特务中的一种，其发展对象为：一是抽大烟、游手好闲的二流子及巫医、赌棍等人员；二是理发、摊床、浴池、商店等人员；三是打猎、看地、放牧、种大烟等人员；四是村长、屯长、自卫队长和退职职员、军人、警察等"知名人士"；五是从被捕的地下党员、抗联人员和苏联地工人员中进行反用，派他们回原处做特务工作。全县特务机关发展的密侦、情报人员达500多人。

2.建立情报网点

情报网点、特务据点的选择：一是设在地下党员、地工人员易于去的地方，如车站、驻军、飞机场、军用仓库附近；二是理发店、饭店、商店、浴池；三是聚人较多的地方，如剧院、赌场、庙堂；四是易于接触的地方，如边远村屯、地窝棚、工棚子。

3.建立特搜班

特搜班是特殊工作搜捕班的简称，根据密侦的侦查情况及情报员和特务据点搜集的情报，担负抓人任务。全县各特务机建有13个特搜班，捕人事件达150起左右。

4.验证、检邮

警察系统和铁路警护系统的警务股，负责检查来往行人和上下火车旅客的《证明书》，信件不经检查不许投递。

5.建立讨伐队

全县共建立4个讨伐队：一是穆棱县警察大队。原为抗日自卫军独立营，1933年初，营长崔庆寿带领全营官兵320多人变节，投降穆棱县公署，改编为县大队；1936年3月，改为县治安大队，主要任务是讨伐抗日军。二是大石头河森林警察队和杨木桥子森林警察队。这两个队，以保护森林为掩护，专门入山讨伐抗日军。三是穆棱县警备队。专门到边境一带抓捕苏联"间谍"和地工人员，到交通要道讨伐和堵截抗日军。四是成立讨伐义勇军。六峰山一带，是穆棱抗联根据地之一，金日成领导的抗日军队在吉林汪清县活动，经常出没于毗邻的六峰山一带，此事被特务机关察觉后，责成共荣村警察派出所在东大碱场、西大碱场、牛心屯、共荣屯组织了115名青壮年成立日伪义勇军，参与讨伐20余次。

日伪时期，日军对中国人实行"愚民政策"：一是对学校青少年进行奴化教育，各校教学以日文为主，一切言语都要用日文表达，灌输日本军国主义的"武士道精神"和日本生活方式，培养亲日观念，从小进行日化；二是县协和会和各地协和分会，分别建立青少年训练所，组织社会青少年进行学习和训练，灌输"日满亲善、一德一心""王道乐土"，信仰"天皇"，为巩固其侵略地位培养下一代；三是对居民逐户建立所谓"爱国公约"，路过岗卡和上下火车都要背诵"国民训"和"爱国公约"，不会背者均不是"良民"，便有政治嫌疑。

为消除中国群众的反满抗日思想，日军采取三种办法：一是在穆棱县各地建立道德会、佛教会、家礼教等迷信团体10余处，用传教占领思想阵地；二是在全县建立老爷庙、娘娘庙7座，简易的山神、土地、黄仙小庙120多个，特别是每年农历四月十八，要百姓停产到老爷庙、娘娘庙集会；三是贩卖"天地牌""灶王爷""对神谷""门神爷"、黄纸钱及各种香火，每逢年节纵容百姓搞各种封建迷信活动。通过传教和封建迷信活动，劝民信天、信地、信神、信鬼，凭命由天，削弱革命斗志，欲使民众驯服地听从侵略者的摆布。

日本侵略者为毒化中国人民，表面上宣传戒烟、设立礼公所，美其名曰维护国民健康，实际上建立了管烟所，贩卖大烟，抽大烟的人数众多。当时穆棱县抽大烟的有4 000多人，有些人连抽带扎，成为"东亚病夫"。

为防止东北各族人民团结起来一致抗日，日本侵略者蓄意破坏民族团结，实行民族分裂政策：一是各日伪政权机关普遍安插日本人，由日本人操控一切；二是对朝鲜族以其原来不是中国人为由予以重用，政治地位和经济地位均高于其他民族；三是"满洲国"皇帝是满族人，东北为满洲，满族人在各机关中安插得较多、提职较快，处处高于其他民族；四是鼓吹多数民族歧视少数民族，把人分为五等：一等是日本人，二等是朝鲜人，三等是满族人，四等是汉族人，五等是其他少数民族。如此等级化分类，破坏民族团结，造成民族隔阂，出现民族分裂。

日本侵旅者为巩固侵略地位,凡年满十八岁青年,均服兵役当兵,进行军国主义教育和训练,用中国人打抗日军和防御社会主义苏联,为其卖命,充当炮灰。

日伪初期,因为军事工程量小,让国兵漏当劳工。日伪中期,因为军事建设工程量逐渐增多,由伪警协同伪街村职员对所谓"流氓""无业者"进行搜捕,送交矫正辅导院进行"矫错辅正",迫使他们接受莫须有的罪名,然后送往军方强制劳动。日伪后期,随着日军的增多,军事工程量加重,仅靠"流氓""无业者"满足不了需要,改为逐村、逐屯按户摊派。有钱有势的人,采取两种办法不出劳工,一是给"官项"送钱、送礼;二是花钱雇人当劳工。穷人就得去服劳役,否则警察、村屯长到家去抓劳工,一干就是三五年。

在经济上也制定压榨政策。一是动员献金:通过全县各日伪协和会、国防妇女会等组织,向机关、企业及居民宣传日寇"武运长久",动员献金出款,以弥补和增加其军事费用。二是摊派政策:除摊派人工、车工外,还摊现金,苛捐杂税逐级下指标,层层加码,逐屯按户摊派。三是"配给"政策:为加强对中国民众经济统治,1939年颁布"七二五"经济统治命令,对农产品和社会生活物资进行统购、配给,对居民逐户发放《通账》,到配给店以现金按人口配给仅能度命的生活用品,大量经济物资供应军需被运往日本国。四是吃大米是"经济犯":日伪时期法律规定,中国人只许种水稻,不许吃大米,吃大米是"经济犯",迫使全县农民将辛勤种植的水稻全部上缴。五是翻粮、封磨:农民种田打的粮食,除了交地租和"出荷粮"外,家里不许存粮。为了多要粮食,将全县900多个石磨和600多个石碾子,全部用封条封起来,避免群众推碾子、拉磨。六是残酷剥削:地主、资本家掌握生产资料,对农民、工人实行残酷的剥削，群众生活极为贫困。

第六节　进行经济掠夺

对粮食的掠夺

粮食是重要军需物资，日军占领穆棱后，对粮食的掠夺十分猖獗。

日军根据民众耕种面积对粮食实行强征政策。以1933年8月伪满"吉林省穆棱县农产物调查表"统计为例：1932年全县耕地面积31.12万亩，合20 747垧，"农产物"种植面积是17 700垧，全年粮食产量是6 224万斤。这些粮食除交地租和"出荷粮"外，家里不许存粮，并毫无人性地翻粮、封磨，避免群众存粮、磨粮。

伪满时期，日本侵略者为巩固在东北的殖民统治地位，从日本本土和琉球等地向中国东北移民，称之"开拓团"。日本开拓团在政治上是殖民的基层组织，在经济上是农业生产组织，在军事上则是日本关东军的后备队。日本侵略者从1939年起到1941年5月止，向穆棱县分期分批迁来开拓团8个，460户，1 090人。侵略者在穆棱成立"满拓"，将部分肥沃耕地以低价收为"满拓"所有，分给日本开拓团耕种。据资料记载，当局强行以每垧45元的价格征地2 100多垧，而当时公平地价应是每垧300元，其中差价被侵略者强行盘剥。

1941年，日本侵略者又强制从朝鲜半岛迁来朝鲜族开拓队589户，3 335人。这批朝鲜开拓队来穆棱之后，分布于穆棱县管辖各地，共建立8个朝鲜族部落，这些开拓团最后随着伪满洲国和日本侵略者的覆灭也一起消亡了。如今，在兴源镇车站村东南山上，还遗存着当年日本开拓团所立的"创立纪念碑"，成为侵略者"开拓团"的历史罪证。

对矿产的掠夺

1924年2月27日，中俄官商合办穆棱煤矿。开建之初，就开始筹建由下城子车站到穆棱煤矿所在地梨树沟的铁路，定名为"穆棱铁路"。3月3日举行通车典礼时，穆棱煤矿已存煤数万吨。3月4日，第一列由40辆车皮载运的800余吨原煤驶向哈尔滨。这是穆棱煤矿第一次把煤运往外地。据《穆棱煤矿六周年记事》记载：1925年到1929年，5年原煤总销量97.48万吨。

日军侵占穆棱县后，俄商资本家与日本勾结把穆棱煤矿总公司、分公司及矿路事务所中的所有华人职员全部赶走，由日俄官商把持了穆棱煤矿的矿山大权，改中俄合办穆棱煤矿为"日俄办穆棱煤矿"。日本侵略者派日本人岗齐与白俄矿长谢吉斯相互勾结反苏反共，在矿山内设兵工厂、特务机关、伪满警察分所、自卫团，对矿工进行严密控制，杜绝工人与抗日军队联系。

1934年，日本侵略者在穆棱煤矿原产量的基础上，又增建了三井（风山沟），1941年增建了四井。至此，4个井同时出煤，但至今未发现这两个矿井当年年产档案材料。即使把这两个井的煤产量忽略不计，按最保守的1929年煤产量计算，日本侵略者侵占穆棱期间，掠夺的煤炭至少达400多万吨。

穆棱沙金矿藏丰富。据吉林省馆藏伪满档案《穆治旬第一五号》记载，日军侵占穆棱县后，属于"棱川公司的马桥河、小金山、碾子沟、大碱场、大蛤塘"5处金矿由于"匪患干扰""开采停止"；另外2处"秋皮沟、凉水泉子"金矿"产额锐减"。

1933年5月，伪满洲国采金株式会社在长春大同大街成立，牡丹江成立出张所，在八面通成立穆棱矿业所。同年6月，伪满穆棱县公署责成实业科筹建金矿。同年秋季，在雷峰沟的新兴、三道崴子（今三兴村）建立2处金矿，于次年春季投产。

1934年4月，根据伪满洲国于1933年3月1日公布的《满洲国经济建设纲要》"对重要经济部门加以国家统治"的规定，成立了满洲采金股份公司，伪满穆棱县公署成立了穆棱县金矿局。伪满穆棱金矿局经营的新兴、三道崴子、金场沟3个金矿改为国矿，由伪满洲国提供资金和技术人员，工人、职员和税收管理归县公署。各矿建立了矿警队。金矿局长、矿长、矿警队长均由日本人担任。在日军的操纵下，强制工人进行掠夺性开采，先后开掘采金井30多孔。这3个金矿有矿工2 200多人，年产黄金3 800多两。

1935年6月，小金山矿恢复生产；1936年4月，撤销了金场沟金矿，但又新增了4处金矿；1937年，日本侵略军在今河西镇雷峰村西侧、头道崴子再增加两座金矿。1944年因战争因素，满洲采金股份公司解散。年末，县内金矿全部停产。1933年至1944年间，日本侵略者有计划、有组织、大规模掠夺穆棱黄金资源，黄金总量达64 300两，使穆棱遭受重大经济损失。

对森林的掠夺

穆棱属于丘陵地貌，森林资源丰富。日军侵占穆棱县后，承接了俄人经营的9处林场中的8处，其余1处由俄人波波夫继续在十站南掠夺到1935年，1936年后被日军霸占。据吉林省档案馆藏伪满档案记载：日本侵略军在1933年一年内既承办了俄人在穆棱境内开设的大多数林场后又在八站东北方等地新开设了"同益公司"等十多处林场，另有十多家木炭厂。

据资料记载，仅1938—1939年，日军从穆棱境内掠夺的森林资源就达34.85万立方米。而在整个日军占领穆棱期间，他们对穆棱森林资源大肆掠夺的总量已难以计数，严重破坏了穆棱的原始生态，对穆棱的后续发展造成了巨大影响。

第三章　党领导穆棱人民开展抗日斗争

1931年"九一八"事变发生之后，东北爱国官兵和广大民众迅速自发组织起来，奋勇抵抗。中共满洲省委审时度势，先后派出大批党员干部分赴各地创建党领导的抗日武装。当时活动在吉东地区（今黑龙江省牡丹江市、鸡西市、七台河市及吉林延吉、汪清一带）的抗日义勇军主要有王德林的国民救国军、李杜的自卫军、丁超的护路军，中共中央和中共满洲省委派出大批优秀干部到东北各地组织抗日武装。中共满洲省委派军委书记周保中到吉东地区，先后打入自卫军和救国军，周保中和先期打入救国军的李延禄都得到救国军司令王德林的重用，这对发展党领导的抗日武装十分有利。

穆棱县地处吉东地区中部，中东铁路东段穿过县境，出入苏联比较便利，是地方党组织的核心要地，是绥宁中心县委、吉东局和吉东特委机关所在地，是中共驻共产国际代表团（以下简称中共代表团）领导东北抗战的重要通道，也是抗联活动的重要地区。抗战期间，穆棱境内的战斗达300多次，著名战斗达30多次，一大批穆棱儿女不畏艰苦，不怕牺牲，勇猛杀敌，用鲜血和生命谱写了气壮山河、可歌可泣的民族壮歌，为抗战胜利做出了重要贡献。

第一节　中共地下党组织建立及活动

绥宁中心县委

绥宁地区涵盖现在的牡丹江、宁安、穆棱、东宁、绥芬河、鸡西、密山、虎林、林口、勃利等地。绥宁中心县委的前身为宁安中心县委，1931年11月，中共满洲省委为加强对绥宁地区各县党组织的统一领导，建立"中共宁安中心县委"。1932年6月，由于宁安中心县委领导各县和中东路沿线不便，日本关东军又逼近宁安，满洲省委决定将宁安中心县委迁到穆棱县下城子王子训家，改名为"绥宁中心县委"，书记潘庆由，组织部长李春根，宣传部长朴凤南，工运部长李发，青运部长李根淑（朴凤南爱人），妇女部长吴樱旭（潘庆由爱人），常委安炳哲、安一山。中心县委下辖穆棱县委、宁安临时县委、密山区委、东宁区委、勃利特别支部、绥芬河特别支部，全地区党支部44个，党员293人。

绥宁中心县委建立不久，穆棱县委书记全凤来和团县委书记赵昌涉因营救被关押的穆棱反日会成员而暴露身份，被调往东宁县组建中共东宁区委。8月，调整了穆棱县委，由李一洙任中共穆棱县委书记，委员韩亨镐、金亮国、金昌彬，绥宁中心县委与穆棱县委合署办公。后又两次调整中共穆棱县委，张佰林、李哲石先后任县委书记。

绥宁中心县委相继派李春根到穆棱县九站新安屯沟里游击队密营建立印刷机构；在八面通田家澡堂子建立交通站，交通员为田仲樵和其父亲田耀先；在绥芬河建立交通站；单殿元为绥宁中心县委至四站的交通员；李春荣为牡绥线列车交通员。派党员关书范到兴源镇救国军参谋处扩充兵源，穆棱县委号召全县各级党组织动员青壮年参军300多人；接收共产党员李延青领导的穆棱铁路游击队80多人，接收杨太和、冷寿山领导的密山游击队130多人；收编了邹凤翔哗变的一面坡警察队130人和苏怀田哗变的平阳镇保安队100人；建立第一补充团，团长李延禄兼任；第二补充团，团长苏怀田；第十七团，团长由李延青。

当时的救国军、自卫军、护路军的上层领导之间相互猜疑，时常出现摩擦内讧。1932年8月，补充二团团长苏怀田奉命从兴源镇赴穆棱煤矿，解除了谢杰斯的白俄武装，煤矿资财充作抗日经费。驻平阳镇护路军王孝芝、车子久团以丁超召集开会为诱饵，把苏怀田部缴械，营长以上6名军官被铡刀铡死，30名排长以上干部被枪杀，其余两个营的士兵遭突袭而全部战死，只有第三营在杨太和、李延平、冷寿山带领下顽强突围返回兴源镇。

日本特务机关收买了已被救国军收编并任第三营正副营长的红枪会头领"王大法师""张大法师"。8月的一个夜晚，趁十七团主力外出之机，二人带领红枪会闯入十七团团部，杀害了李延青。第二天主力返回，第十七团朱副团长率战士活捉了妄图逃跑的凶手，经请示就地处决，祭奠李延青英灵。部队将李延青安葬在兴源镇西崴子村南侧水田地边上。

6月，绥宁中心县委在磨刀石召开第一次军事会议，研究建立党领导的抗日武装问题。

9月末，绥宁中心县委在穆棱镇召开第二次军事会议。分析了国民党《八月剿共密电》造成的影响，对十七团团长李延青被暗杀，以及日军依田部队已侵占牡丹江等重大问题进行了讨论。会议指出：要教育救国军、自卫军的官兵，反对上层少数领导人的反共阴谋，整顿队伍，清理奸特，团结多数，一致对外。会后，自卫军李杜部的马宪章积极执行蒋介石的"剿共"命令，在下城子栾家大柜，把党派到该部队的中共党员、自卫军作战参谋佟同秘密杀害，又纵容部下在马桥河暗杀了穆棱县反日会王会长、县委宣传部长张灵轩、组织部长金翰植等共产党员，在梨树镇逮捕了中共党员金大伦、李维新等，关押在八面通监狱。李延禄营救金大伦、李维新等出狱，并根据绥宁中心县委的指示，把其他已暴露身份的中共党员撤离救国军。刘万奎在救国军副总指挥孔宪荣的调唆和默许下，诱杀了马宪章，救国军与自卫军之间的矛盾达到白热化，吉东地区的抗日形势迅速恶化。

11月，绥宁中心县委在穆棱县兴源镇召开第三次军事会议，分析认为：目前是日军大举进犯即将来临的时候，救国军、自卫军上层领导受《八月剿共密电》的影响，其主力已失去作战能力，他们可能越境逃跑，阻击日军入侵的责任就落在中共党员干部的肩上。会议决定：以李延禄领导的补充团为基础，建立党领导的游击大队。12月25日，绥宁中心县委根据日军将进犯穆棱的情报，命令各抗日部队开往磨刀石阻击日军。28日，李延禄、孟泾清率领部队从兴源镇出发，开往磨刀石。

1933年1月1日拂晓，在磨刀石奔娄头山与进犯穆棱县的日军广濑第十师团第八旅团第三十九联队开战，打退了日军的四次进攻，后为避免被日军包围而转移到五虎林。

1月5日，满洲省委给绥宁中心县委发出了《关于日本发动东线进攻立即动员广大反日民族革命战争》的紧急通知。根据通知精神，绥宁中心县委号召绥宁地区各级党组织组建反日游击队，开展反日游击战争。1月12日，李延禄领导的工农抗日游击大队改建为"抗日救国游击总队"。3月，联合王毓峰、冯守臣等部，将"抗日救国游击总队"改建为"抗日救国游击军"。3月3日，绥宁中心县委召开常委会议，制定和通过了《绥宁中心县委决议案》，要求各县、中东路东线各站、厂矿的党组织、团组织、工会、反日会全部恢复和发展起来。党领导的反日斗争、铁路工厂的反日罢工斗争，农村的反日抗荒、抗捐、抗租斗争日益高涨。5月，宋一夫等人在狍子沟建立了一支50多人的穆棱县抗日游击队，宁安工作委员会将"平南洋"李荆璞的队伍改编为"吉林反日工农义务队"，并在队内建立了党支部。

中共吉东局

随着日军向牡丹江以东推进，吉东地区各县区委之间的联系被日军的侵略进攻所分割，多数地方党组织成员进入抗日武装以保存力量，省委与地方之间没有统一的领导机构指导各县开展工作。

1932年11月，满洲省委委员孙广英离开绥宁中心县委，经绥芬河到海参崴，与负责指导吉东地区工作的海参崴红色工会国际太平洋工会书记处中国部主任杨松取得联系，决定在穆棱县境内设立"吉东特委或满洲省委吉东局"。

1933年4月，孙广英从海参崴回到穆棱县下城子绥宁中心县委机关驻地，与满洲省委巡视员杨波、吴福海和绥宁中心县委书记潘庆由研究，决定成立满洲省委吉东局，由孙广英任书记，机关设在下城子王胜魁家。吉东局领导绥宁中心县委、中共饶河中心县委和中共东满特委及其所属各县党的工作。6月，潘庆由去吉东局所属的中共东满特委传达中共中央"一·二六"指示信。7月，珲春县抗日游击队队长朴斗南叛变投敌，残忍地枪杀了潘庆由同志。10月，满洲省委撤销了绥宁中心县委，吉东局将原绥宁中心县委成员充实到各地，陆续成立了吉东局直接领导的穆棱县委、密山县委，原隶属绥宁中心县委的宁安县委也改由吉东局直接领导。

吉东局对原穆棱县委领导班子成员进行了调整，李范五调宁安，乔树藩任县委书记，委员有李增岱、王世友、于清和，团县委书记王兰贵，妇女会主任田孟君，还帮助穆棱县委建立了十站区委和奎山区委。

为加强与中共代表团、满洲省委和各地党组织的联系，吉东局建立了横道河子、牡丹江大同医院、绥芬河、八面通和密山二人班等5个交通联络站，并建立了穆棱县桦木林子区域第21号中苏界碑、绥芬河北沟和密山二人班等3条国际交通线。截止到1934年5月，吉东局所属穆棱县有党员160人，宁安县有党员75人，密山县有党员110人，东宁县有党员20人。

中东铁路是吉东地区各方力量汇集的一条生命中枢，日军入侵吉东地区之初，党的工作重点放在了争取与领导自发抗日武装方面，中东铁路沿线的工人运动成为吉东局的工作重点之一。横道河子、十站、九站、八站、七站到绥芬河建有党支部4个，有党员52人，团员21人，工会小组14个，会员127人。10月下旬，吉东局在穆棱县山顶（大观岭）站中共党员苏长德家召开第二次工作会议，会议确定把这段铁路的工人运动，作为新形势下进行抗日斗争的工作重点。

1934年2月，中共满洲省委吉东局委员赵志刚（化名王茂才）、黄秀珍夫妇在穆棱镇西山坡中共党员孙宝贵家创建了中共满洲省委吉东局编印社，编辑印刷《反日报》和其他革命小册子，登载党组织领导的工人运动、农民运动、青年运动、妇女运动和抗日部队打击日伪军、破坏铁路交通、颠覆日军列车等新闻。《反日报》八开两个版面，每期印80至100份，通过各地区、县交通联络员和列车交通员钟子云等传递到绥宁、饶河、东满等地区，指导、鼓舞和推动各地党的工作和抗日斗争。4月，因吉东局被破坏，《反日报》出版三期后停印。建立吉东局临时委员会后，《反日报》改称为《吉东战报》，继续编印。同年6月8日，因中共吉东局临时委员会撤销，《吉东战报》出版三期后停刊。

3月20日，吉东局指导中共密山县委在密山哈达河创建了密山抗日游击队。5月20日，在卧龙河成立宁安反日游击队。1934年末，密山抗日游击队改编为抗日同盟军第四军第一师第二团，团长张奎，成为抗日联军的重要组成部分。

1934年4月7日，满洲省委巡视员杨波，在吉东地区视察工作结束返回哈尔滨途中被捕叛变，供出了吉东局机关和牡丹江大同医院交通站，交通员杨光廷、王德纯被捕，杨光廷被杀害。横道河子交通站交通员张林获此情报后，通知了穆棱县山底站的窦玉山，窦玉山立即报告设在山顶站的吉东局机关，吉东局大部分人员及时转移。吉东局委员、十站区委书记苏长德和穆棱县山底站党支部书记窦玉山等先后被捕，窦玉山牺牲，吉东局书记孙广英脱离革命，转移到辽宁省新民县外祖母家躲避。

吉东局被破坏后，吉东局常委赵志刚和乔树藩、黄秀珍、潘寿廷、小金等人，在穆棱县九站孙宝田家开会决定将吉东局机关恢复起来，经满洲省委批准为"吉东局临时委员会"。

6月8日，由于警察支部中一团员叛变告密，吉东局机关被第二次破坏，吉东局临时委员会负责人赵志刚和团委负责人小金等被捕，乔玉琪、乔树藩父子及小金被敌人杀害。满洲省委决定撤销吉东局，原隶属吉东局管辖的东满特委、饶河中心县委和绥宁地区各县县委暂由满洲省委领导，在此期间，满洲省委也屡遭破坏，领导能力极为薄弱。

吉东特委

中共吉东局遭破坏后，吉东地方党组织直接归中共满洲省委领导，因吉东地域较广，离省委较远，为加强对这一地区抗日斗争的领导，急需建立一个统一领导的党的机关。

1934年9月，上海中央局致信中共代表团，建议将满洲省委分为三个省委或特委。中共代表团派杨春山建立驻海参崴联络站，以保持与上海中央局和东北党的联系，并写信给满洲省委，传达关于建立四个特委的指示。

中共代表团派杨松化名"吴平"从苏联回到东北，筹建吉东特别委员会，进一步落实"一·二六"指示信精神，并在吉东地区招收党员到苏联学习，建立与杨春山的交通联系。杨松从莫斯科到苏联远东的图里洛戈，在原吉东局民运部长李发的陪护下越境进入密山当壁镇，沿穆棱河南行，经梨树镇、八面通田家澡堂子到下城子区河西屯（今保安村），住姜结纯（外号姜大麻子）家进行调查研究。

10月，杨松在姜结纯家草棚里主持召开了吉东工作会议，各中心县委书记、各县区委书记和中东铁路东线党组织负责人等参加会议，组建了满洲省委吉东特别委员会，隶属满洲省委和中共代表团共同领导。杨松任书记，各中心县委书记、县区委书记为委员，领导饶河中心县委、宁安、穆棱、密山、勃利县委及东宁区委。

10月末，杨松以满洲省委巡视员和吉东特委书记的身份，到密山哈达河北山主持召开了中共密山县委扩大会议并改组县委，指示把中共密山县委游击队并入东北人民革命军第四军，并建议部队番号改为"东北抗日同盟军第四军"。会后，杨松到哈达河沟里李延禄部队巡视工作，加强了军队的统一领导，使分散的抗日武装通过联合走上了壮大和统一指挥的正确之路。杨松还将朴风南、李根淑、李春根、胡伦、康山等县委主要成员调入部队工作，并将刚由苏联回国工作的何忠国等调入东北抗日同盟军第四军。

11月，杨松从密山回到穆棱县下城子区河西屯，主持召开了中共穆棱县工作委员会扩大会议。会上，杨松传达了共产国际和中共代表团的指示，批评了中共穆棱县工委软弱的问题，总结了经验教训，将县工委改组为穆棱县委，由李健侠任穆棱县委书记。会议决定要动员一切力量，支援抗日同盟军第四军第二团的工作，在穆棱开展抗日游击战争，建立反日统一战线。会后，杨松给穆棱县委120元国币，作为县委11月至12月份的活动经费，另发20元金票给穆棱县委买了一台印刷机。

12月，杨松到宁安，召集宁安县委扩大会议，传达了上级指示和中国人民武装自卫委员会纲领，批评了县委违背统一战线政策的错误，改组了县委，调宁安反日会会长李范五任中共宁安县委书记，指示宁安地区的抗日部队采取"分散转移、冲破包围、开辟新区"的作战方针。

1935年2月，杨松以中共代表团和满洲省委巡视员的名义，给中共东满特委写信，指出中共东满特委在执行党的反日统一战线方针方面发生打击面过宽的错误，要求他们马上停止收缴反日山林队和救国军等部枪械的错误，团结一切反日武装，建立统一战线共同对敌。杨松在穆棱和宁安时，发现山林队中少数惯匪、烟匪损害群众利益，群众很反感。为了教育这些武装积极抗日，杨松深入到这几支山林队营地，亲自与穆棱的"白龙"、宁安的"打东洋""义君"等山林队头目会面，和士兵生活在一起，引导他们走抗日救国道路，使这几支山林队成为守纪律、英勇善战的抗日武装。2月10日，按照吉东特委的安排，绥宁反日同盟军改编为"东北抗日同盟军第五军"，改编宣言在《巴黎救国时报》上发表。

2月末，杨松去海参崴向中共代表团汇报工作。3月，返回下城子河西屯。5月，杨松写信给密山县委和东北抗日同盟军第四军党委，指示第四军第二团帮助穆棱县委组建抗日游击队，接应北征的东北抗日同盟军第五军部队，并建立四、五军之间的联系，还指示第四军派出一支队伍到勃利县并向宝清方向发展，以便与中共饶河中心县委领导的游击队汇合。同时，杨松又写信给第五军党委，指示第五军兵分两路，向南打通与南满人民革命军第一军、东满人民革命军第二军的联系，向西向东打通与第三军、第四军的联系，以便各军协同作战。吉东特委又将金瑞铉领导的穆棱县抗日游击队和哗变的穆棱县白石砬子大排队并入胡仁领导的抗日游击队，随后编入东北反日同盟军第五军。还指示中共密山县委，召集"天军""治国""庄稼人"等以及穆棱的"白龙"山林队头目开会，将这几支山林队收编为第四军第四团独立营。8月，指示中共饶河中心县委，将"饶河民众反日游击大队"编入第四军序列为第四团。

1935年3月，杨松去海参崴汇报工作返回吉东特委后，感到特委主要成员没有公开职业，既无工资收入，又不方便掩护工作。4月，杨松将吉东特委机关从下城子河西屯移至大观岭站"庆祥堂"药店兼文具店，以经商的公开身份掩护工作，并对特委机关进行充实和加强，明确分工。杨松为书记，李范五为组织部长，孟泾清为宣传部长，赵采青为工运部长，张林为共青团书记。此时，在上海的中共中央局机关被破坏，满洲省委与中央也失去了联系，满洲省委代理书记杨光华等人，奉中共代表团的紧急电令全部赴苏联，东北党组织便由中共代表团直接领导。后来，杨松奉命去莫斯科汇报工作。不久，杨松给李范五写信，告知因工作需要，他留在中共中央驻共产国际代表团驻地工作，任命李范五代理吉东特委书记。这期间，中共代表团以中国苏维埃中央政府和中共中央的名义起草并发表了《为抗日救国告全体同胞书》，即《八一宣言》。

1936年2月初，第四军政治部主任罗英到中共吉东特委汇报工作，经孟泾清安排，李范五在牡丹江城郊海浪桥头附近的吉东特委交通站张常德家听取了汇报。之后，罗英未及时离开牡丹江，晚上去戏院看戏，被第四军第三师已投敌的小白龙部下发现。罗英被捕叛变，供出张常德，张常德供出孟泾清。孟泾清被捕后，面对敌人严刑坚贞不屈，在牡丹江北山惨遭杀害。随后，吉东特委机关立即切断与各地党组织的联系，李范五带吉东特委机关全体人员赴苏。

1936年2月20日，中共代表团又以杨靖宇、王德泰、赵尚志、李延禄、周保中等东北地区抗日指挥员和汤原、海伦两个游击队的名义发出了《东北抗日联军统一军队建制宣言》。随后，吉东地区的"东北抗日同盟军第四军"改编为"东北抗日联军第四军"，将"东北反日联合军第五军"改编为"东北抗日联军第五军"，为吉东地区抗日游击战争高潮的到来奠定了基础，标志着吉东地区党领导的抗日武装及游击战争进入了一个新的历史时期。

1936年4月，中共吉东特委重新恢复工作，由杨松以及李范五商妥，指定穆棱县委书记宋一夫任特委临时书记，恢复吉东特委组织。为了保存党的力量，地方党组织机关基本上都进入了所领导的抗日武装，随部队一起行动。

第二节 组建抗日组织

农民反日会

1931年"九一八"事变前，中共穆棱县委的工作重点是领导全县人民开展反帝、反封建、反军阀斗争。"九一八"事变后，民族矛盾上升为主要矛盾，穆棱县委工作重点转移到以抗日为中心的轨道上来，县委组织党团员深入农村组建农民反日会。经过工作，建立了8个农民反日会，为开展农民反日群众运动创造了条件。

1932年初，为加强对各地农民反日会的统一领导，穆棱县委成立了穆棱县反日会总部，由金瑞铉、许范俊、金钟会等中共党员为反日会总部领导人，总部设在八面通雷峰屯金瑞铉家。反日会总部领导全县各地反日会发动农民群众开展反日活动。白天他们各自回家务农，晚间召开群众秘密会议，撒传单、贴标语，发动群众起来抗日和支援抗日部队。

1932年2月，穆棱县委在八面通基督教堂召开了全县反日代表大会。县委书记全凤来带领邱文华、赵昌涉等领导出席大会，各地参加大会的反日代表共50多人。大会传达了上级指示，总结了前段工作，部署了下一步战斗任务，揪斗了破坏抗日的基督教长老金律云和反动地主朴渊，号召全县人民行动起来，抵制日军入侵，不当亡国奴。

会后，马桥河、穆棱、八面通等地的爱国群众，在当地党组织的领导和反日会的组织下，举行了示威游行；梨树镇反日会审讯了亲日派头目梨树镇洋服店的崔经理；中共党员、马桥河学校教员于明智组织了正月十五提灯游行大会，带领全校师生提灯上街游行，号召群众起来抗日救国；中共党员许范俊领导八面通反日会员，在八面通附近村屯张贴标语、散发传单，揭露日本帝国主义侵略东北的罪行。县委把反日会总部改为"穆棱县中朝联合反日总会"，会长金镇浩，组织部长金翰植，宣传部长金灵轩，指导员李哲石。

五一劳动节那天，反日会带领爱国群众在八面通镇内举行了反日示威游行，声讨日本帝国主义侵略东北和蒋介石的不抵抗罪行。游行结束后，反日会人员闯进了八面通基督教堂，斗争了亲日派基督教长老金律云、黄昌海和牧师金秉祚，长老金律云头部被打伤。伪穆棱县公安局巡警金太焕带警兵7人到基督教堂逮捕反日会员21人，以反对教会、打伤长老为罪名关押在八面通监狱。抗日救国军司令部参谋周保中得知后，将被关押的反日会员全部营救出来。

日军占领穆棱县以后，反日会组织全部被破坏，会员有的奔向抗日部队，有的转移到外地。保留下来的会员继续战斗，他们在县委的领导下，重新恢复和发展起来。

1933年中秋节晚上，县委成员乔树藩在下城子河西屯召开团员、反日会员会议，布置"八月十五闹中秋"的任务，把团员和反日会员分成两组，利用敌人吃喝后入睡之机，分别到下城子南站和北街撒传单、贴标语，让南站的日本兵营、日本领事馆、守备队、宪兵队、警护队和北街的警察队、村公所、自卫团人员惊慌失措。

1935年农历四月十八日"娘娘庙会"，中共梨树镇区委书记李子英和团区委书记张守范，利用庙会之机组织反日会员到穆棱煤矿二号井、梨树镇日本兵营、飞机场周围撒传单、贴标语。

穆棱抗日游击队的发展，得到了反日会的大力支持。狍子沟、百草沟等地的反日会，给胡仁领导的抗日游击队送粮、送菜。下城子的河西、悬羊、仁里等屯反日会和爱国群众，给金瑞汉领导的抗日游击队送粮、送火柴。磨刀石苇子沟屯反日会员王奎义、魏成良，给东北人民革命军第二军独立师第四团买布40匹、胶鞋27双、手电筒17个，还给部队送粮1 000多斤，豆油20多斤，支援抗日部队打击日伪军。

反帝大同盟支部

1933年1月5日，穆棱县狍子沟屯爱国学生李范五受北平党组织委派，回到家乡八面通开展抗日斗争。李范五在国立北平大学俄文法政学院读书期间，正值"九一八"事变发生，他便投身学生抗日运动，1932年参加党的外围组织"反帝大同盟"，任"反帝大同盟"河北省委总交通（员），同年9月加入中国共产党。李范五回乡后找到自己的小学班主任、时任穆棱县教育局督学的白润之，被安排在八面通镇县立第二国民学校（今市民主小学）任四年级班主任。当时，学校有100多名学生，多是农家子弟，年龄在16至18岁之间。李范五以教员身份为掩护，沿用在北平发展反帝大同盟的做法，在可靠的师生中宣传党的抗日政策和"不当亡国奴"的道理。

经过两个月的抗日宣传，李范五先后吸收教员李增岱、马朝德、于清河、王怀孟和堂役王克仁、学生于忠友组成了"穆棱县反帝大同盟支部"，支部主任李范五，组织委员李增岱，宣传委员马朝德。穆棱县反帝大同盟支部建立后，李范五派王克仁和王怀孟在下城子河西屯和兴源镇建立了两个反帝大同盟支部分会，这两个分会后来发展为反帝大同盟支部地下交通站。为掌握伪满穆棱县政府搜捕地下党团组织的情报，李范五利用小学同学的名义吸收了在伪满县公安局当文书的孙长仁为会员，通过孙长仁的秘密工作，又发展了两名伪满士兵为会员。

4月间，为壮大反帝大同盟支部的力量，李范五利用走亲戚、看同学的名义，深入到狍子沟、白石砬子，进一步宣传党的抗日救国主张，相继吸收了贫农魏绍武、戴少荣、吕中言、金兆珍、杜立春加入了穆棱县反帝大同盟支部。此后，李范五在八面通火车站吸收了俄语翻译许在田为会员，许在田利用工作的方便条件，发展了两名铁路工人为会员。李范五又发展自己的三弟李福堂、妻子田孟君为会员。

5月间，李范五根据其他19名会员的表现，发展表现积极的魏绍武、杜立春、马朝德、田孟君、李增岱、戴少荣为党员，于清河、王克仁、于忠友、李福堂、金兆珍为共青团员。但此时，李范五已和党组织失去了联系。

6月初，为找到党组织，李范五派李增岱到下城子探听情况。李增岱回来后汇报：在下城子一杂货铺前，曾与在义勇军时期从事党的活动的一个人擦肩而过。根据情况，他们决定第二天由李增岱再去下城子察看情况。第二天上午，李增岱刚到下城子街上，正巧与上次见到的人相遇，在短暂的交谈中，那人对李增岱说：通过组织关系，掌握了你们的情况，请转告李范五来下城子与党的秘密机关接头的暗语，但他没有告知李增岱自己的身份。第三天上午，李范五如约来到下城子，杂货铺站柜台的人竟是李范五在北平上学时的同学王兰贵，两人相见喜出望外。王兰贵早知李范五的来意，只是心照不宣，但仍按照组织纪律用暗语接头。对上暗语后，王兰贵带李范五到储存货物的一个房间内，见到满洲省委吉东局青运部长兼任团吉东局书记关书范和满洲省委吉东局妇运部长兼妇救会主任关淑兰，李范五汇报了穆棱反帝大同盟的工作情况，关书范、关淑兰向李范五传达了"一·二六"指示信精神，并根据这个精神把"穆棱反帝大同盟"改名为"穆棱县反日会"。

第三节　建立抗日交通联络站

田家澡堂子联络站

李范五岳父田秀山在八面通开了个"田家澡堂子"。1930年，向阳屯成立了中共第八区委会，领导两个支部和反日会，田家澡堂子成了第一个交通联络站。

1933年，李范五回乡开展革命活动，成立了穆棱县反帝大同盟支部，妻子田孟君和妻姐田仲樵负责反日宣传和联络工作。6

月，李范五任穆棱县委书记，田家澡堂子成为穆棱县委的交通联络站。田秀山的妻子修玉麟也参加了革命活动，他们募捐药品，筹措物资，传递情报，支援穆棱抗日游击队。7月，田家澡堂子配合伪穆棱县公署警卫队内部的孙长仁、王子书进行倒戈活动，将八面通伪穆棱县公署警卫队员30多人拉出县城，编入抗日游击队。

1934年5月，田仲樵调到宁安县委工作。1935年3月，田孟君参加东北抗日同盟军，田秀山夫妇继续开展联络站的工作。田家澡堂子在不同时期承担着穆棱县委、吉东局和吉东特委的重要联络工作，抗联五军将领周保中、柴世荣、冯丕让等曾多次到过这里。

在中共吉东特委的领导下，田仲樵开辟了由穆棱通往苏联的国际秘密交通线，利用这条安全的交通线，她曾多次掩护杨松、李范五等我党众多干部秘密前往苏联。田仲樵广泛活动于牡丹江地区、哈尔滨地区，秘密游走于抗联各部队之间，与巴彦抗日游击队领导人张甲洲、抗联四军李延禄、五军柴世荣、抗联二路军总指挥周保中、抗联三军赵尚志和李兆麟，以及抗联七军参谋长、代军长崔石泉等著名抗日将领都有过联系。她曾经无数次利用自己丰富的对敌工作经验，帮助抗联部队消灭日伪军，完成安全转移任务。她曾经3次被捕入狱，在日伪严刑拷打之下，始终坚贞不屈，从来没有供出一个地下组织，没有出卖过一个地下党员。日本无条件投降后，她被党组织从监狱里营救出来。2005年3月15日，饱经沧桑的一代抗联女英雄，在哈尔滨与世长辞，享年99岁。田仲樵为中华民族的解放事业做出了卓越的贡献，因此她成为中国人民解放军建军80周年纪念封上杰出的女战士之一。

狍子沟屯交通中心站

1943年6月，中共东北委员会派抗联教导旅孙长祥、于锡仁、崔华永等人到穆棱县八面通镇狍子沟屯与可靠的反日村民栾国君取得联系，将一部电台、一只橡皮船和一块怀表交给栾国君，在栾家建立了交通中心站。交通员栾国君、情报员崔华永、译电员于锡仁，船夫金广才、隋忠环。

狍子沟屯交通中心站下属三个交通分站：牡丹江交通分站，交通员李化新；穆棱县奎山区白石砬子屯交通分站，交通员赵连魅、吕忠年；哈尔滨交通分站，交通员张振江。

中共东北委员会的文件、指示信，从苏联发至狍子沟屯交通中心站，由交通中心站转发到三个交通分站；三个交通分站再将所搜集的情报发至交通中心站，由中心站汇总后发至境外中共东北委员会。此外，交通中心站还经常派人徒步去苏联转送情报或文件。去苏联的交通路线是：从狍子沟屯—密集沟—自平沟—青沟岭—桦木林子—金刚台—第21号中苏界碑—塔叶日那亚沟—双城子和海参崴。

船夫金广才、隋忠环，在狍子沟屯东侧的穆棱河口用橡皮船摆渡从苏联至狍子沟屯中心站的来往工作人员。此外，南野营交通员孙鸣山（当时化名孙子良），也经常从苏联到狍子沟屯交通中心站活动，交通中心站的工作持续到1945年8月光复。

狍子沟屯交通中心站是抗战时期中共东北委员会与中共驻共产国际的联络枢纽，为抗日斗争发挥了重要作用。

泉眼河交通联络站

1943年3月，中共东北委员会书记、东北抗联教导旅旅长周保中，将部队中的中共党员王亚东、冯淑艳夫妇派回故乡——穆棱镇泉眼河屯，建立了交通联络站。泉眼河屯是冯淑艳的娘家，他俩以客商身份为掩护，搜集穆棱、东宁、绥阳、绥芬河日伪军兵营、兵力武器、设施和动向等情报，将搜集的情报送到泉眼河屯东侧对头砬子山石头缝里，取回教导旅送来的文件、指示信。教导旅派交通员从苏联来到对头砬子山，送文件取情报。

王亚东、冯淑艳夫妇在搜集情报的同时，组建了泉眼河屯农民反日会、学校反日儿童团，特别是建立了一支40多人的抗联队伍。周保中收此报告后，批准这支抗联队伍为抗联教导旅的一支抗联小分队。1945年，王亚东、冯淑艳夫妇接受周保中命令，为苏军提供情报，配合苏军与日军交战，很快歼灭日军部队，取得了穆棱抗日战争的胜利。

现代京剧《红灯记》是20世纪一部有名的"革命样板戏"，但却少有人知，其中的人物与穆棱有关。

20世纪60年代，时任解放军总政文化部创作室电影编剧的沈默君被划为"右派"下放北大荒军垦农场劳动。在劳动期间，沈默君还身兼黑龙江省委宣传部交办的创作任务，在体验生活和收集资料中，他了解到北满铁路抗联交通员的故事，留下深刻印象。后来，沈默君调到长春电影制片厂，与同在北大荒劳动的罗国士共同创作了剧本《自有后来人》，被长春电影制片厂拍成电影。"文化大革命"中，《自有后来人》被改编为现代京剧《红灯记》，红极一时。

当年沈默君、罗国士在农垦八五〇农场劳动，进出农场都必须通过下城子至鸡西的"穆棱铁路"，现为"城鸡线"。在抗日战争时期，穆棱县下城子车站是我党和抗联交通员的重要接头地点。作家在劳动期间收集到抗联及中东铁路沿线交通员的许多故事，其中就包括李范五、张玉和、傅文忱三个人的故事。

李范五同志在"九一八"事变后，受党派遣从北平回到家乡穆棱，建立党的组织，发展党的力量，并直接参与武装斗争。由于中央红军开始长征，东北地区党的组织失去了同党中央的联系。1934年，李范五同志接应杨松同志从苏联回国，在下城子组建了"中共吉东特委"，代行"中共满洲省委"职能，建立了东北地区党组织同共产国际中国代表团的联系，把党中央的指示向东北各党组织传达。李范五同志在东北地区已有几年的工作基础，建立了一套较为稳固的情报网络。他作为吉东特委组织部长，主要任务就是恢复与东北各党组织的交通联系。一时间，李范五同志成为东北地区交通情报工作的总负责人。由于李范五与交通员频繁在火车站接头，逐渐被日军察觉，八面通宪兵负责人鹫山（鸠山的原型）开始注意李范五的行动，时任吉东特委代理书记的李范五被迫转移。

李玉和烈士，原名张玉和，时为穆棱县梨树镇铁路工人，参加过"二七大罢工"（郑州京汉铁路大罢工），原华北八路军情报员，中共党员，1938年派驻穆棱，从事国际交通员任务。在惨烈的白色恐怖之下，为钳制日军，配合抗战，他在这里进行一系列灵活机智、艰苦卓绝的斗争。张玉和曾三次被捕，与敌人周旋。根据日伪档案摘抄的卡片记载，张玉和1940年第三次被捕后，因拒绝"逆利用"，被"严重处置"而牺牲。

傅文忱，1931年"九一八"事变爆发后，参加抗日义勇军，在李杜将军指挥下参加战斗。日军占领东北后，潜伏下来，1934年加入中国共产党，担任密山共产国际交通站国际交通员。这条国际交通线是架在中苏边境上的红色秘密通道，也是穆棱狍子沟交通中心站通往苏联交通线上的组成部分，中共组织的文件、共产国际的指示及中共派往苏联学习的干部大都经过这条交通线。傅文忱深知这项工作的艰巨性、秘密性和危险性，但他信仰坚定，每次都出色地完成任务。由于工作的特殊性，傅文忱7次改名，离家11年。当他带着牺牲战友的母亲回到家时，妻子已经改嫁。"一家三姓人"的故事就发生在傅文忱的革命家庭中。

电影剧本将以上人物故事提炼加工，创作出以李玉和为代表的铁路交通员的精彩故事。后来电影剧本又被改编为现代京剧《红灯记》，李玉和的形象便更是家喻户晓了，而却没有人知道，其剧本人物原型竟是曾经战斗在东北边陲穆棱这片土地上的革命志士。

第四节　穆棱铁路工人开展抗日运动

1933年5月，吉东局和穆棱县委根据中共中央"一·二六"指示信的精神发动工人运动。从横道河子到绥芬河之间的17个车站，有党支部14个，党员52名，团员21名，工会小组14个，工会会员127名。由于这个区间内铁路工人比较集中，觉悟也比较高，党组织把这段铁路作为发动工人抗日运动的重点。吉东局工会部长吴福海到下城子车站，以与铁路工人拜把子的形式组织工人进行抗日活动，从中发展了十余名党员。后来吴福海去密山巡视工作，派李发到穆棱火车站发动铁路工人运动。穆棱铁路工务段采取组建抗日救国会的形式把工人组织起来，在房产段工作的赵采青以组织"工人夜校"为掩护，在工人宿舍组织铁路工人学文化，向工人开展抗日宣传教育，促使工人觉醒，使工务段、房产段等部门的铁路工人百分之五十以上参加了抗日救国会。入会会员按月缴纳会费，作为抗日活动经费。抗日救国会会长赵采青，委员王宏勋、陈凤鸣、于成恩、丰勇、柳相景、孙公兴、石璞玉、杨孝坤、马春波、王兴中、王贞、王洪顺、孙若福、刘福廷、李文庆。抗日救国会人员利用夜间印刷抗日宣传小册子，连夜到各地及火车上散发。

1933年夏至1934年，中东铁路东线在列车上从事地下交通工作的有李春荣、孙立文等，他们负责传递我党文件和散发宣传品。经过培养，在抗日救国会中表现好的会员吸收为中共党员，并建立了党支部。从此，抗日救国会的重要活动事先经过党支部研究决定，使工人抗日运动健康发展。

与此同时，穆棱县下城子车站党支部建立了赤色工会，铁路工人的抗日活动也很活跃。穆棱铁路党组织把抗日救国会和赤色工会会员划为若干小组，小组长由中共党员担任，分别在九站的泉眼河八家子、兴源镇兴龙沟等地以种田为掩护，搜集日军兵营设置、兵力、枪支和动向等情况，报告铁路党组织，通过穆棱县委报告吉东局，以便领导和指挥部队作战。以集体怠工、组织"错误"调度、破坏日军军需运输等形式同日军作斗争。

1933年9月，日军加紧对铁路工人的控制，极力在工人中收买奸细和代理人，破坏我党领导的工人运动。穆棱县磨刀石山底车站党支部书记、铁路工人窦玉山，在吉东局委员黄秀珍的帮助下，发动工人进行了一天的罢工。这次罢工的目的是为了暴露充当日军奸细的工贼，并把罢工的祸首加于这个奸细身上，迫使日伪铁路当局不得不把这个奸细白俄工头开除掉。

1936年6月，田孟君到穆棱县九站党支部书记赵采青家召开会议，传达上级指示，贯彻"八一二"宣言和抗日救国十大纲领。10月5日，李范五、交通员郭永才到穆棱县九站召开中东路穆棱会议，会议决定重新建立中东铁路职工部，书记赵采青，组织部长潘寿廷，宣传部长王新文。同时，建立中东路抗日会，书记潘寿廷，组织委员黄秀峰，宣传委员丰勇。

1938年8月，日军在全省进行大逮捕和大屠杀，仅穆棱县被抓三百多人，中东铁路职工部也被破坏，党组织把赵采青调到绥芬河车站。11月22日，绥芬河反动当局根据牡丹江和宪兵本部的指令，把赵采青逮捕。1939年9月，赵采青同志英勇就义。后来，中共穆棱区委书记潘寿廷领导十余名党员，在穆棱站带领铁路工人进行秘密活动，直至光复时因保护妇女被违反军纪的苏军杀害。

第五节　组建多支抗日游击队

金瑞汉领导的抗日游击队

"九一八"事变后，虽然日军还没有侵占穆棱县，但中共穆棱县委按照中共满洲省委的指示早已做好了抗击日军入侵的准备工作。1932年3月，中共穆棱县委组建了以县委委员金瑞汉为游击队长的抗日游击队，队员24人。游击队在下城子悬羊砬子丛林中建立了密营，活动在黑瞎子沟、上雷峰岐沟、百草沟一带。后来，金瑞汉领导的抗日游击队合并到胡仁领导的抗日游击队。在此期间，悬羊砬子屯、车家亮子屯党组织和爱国群众，主动掩护抗日游击队的活动，积极配合游击队打击日伪军。

金汉植领导的抗日游击队

1932年1月1日，日军向中东路东线逼近，穆棱县面临被入侵的危险，抗日救国军、自卫军（均系原东北军第十三混合旅第七团第三营王德林部，经我党派干部工作而举旗抗日的义军）退至中苏边境，穆棱县委成员转移到外地。因此，重新建立了中共穆棱县委，书记李哲石，组织部长金瑞铉，宣传部长金镇浩，委员韩亨镐、金汉植，反日会会长由金镇浩兼任。县委成立后，组建了以县委委员金汉植为队长的抗日游击队，李哲石任游击队政治指导员，队员有30多人。抗日游击队以中东路九站附近的新安屯、七谷屯为根据地，在沟里建立密营，活动在牛心山、大小石头河、金场沟、荒草沟一带。

由于当时抗日游击队缺少枪支弹药，游击队根据情报去宁安马场夺取武器，不慎途中被红枪会（义军王德林收编的武装，其头目被牡丹江日军收买）偷袭，游击队顽强反击，终因寡不敌众，队长金汉植壮烈牺牲。战斗结束后，政治指导员李哲石根据斗争形势需要，率队转移到现今吉林省汪清县简子沟一带。

穆棱铁道游击队

穆棱铁道游击队是我国出现较早的铁路抗日武装，主要活动于中东铁路东段一带。1931年末，在地下党组织的帮助下，在九站工人工会任负责人的共产党员李延青利用夜间向铁路工人进行抗日宣传，经过艰苦工作，成立起来了一支由50多名穆棱铁路工人组成的抗日游击队，李延青任游击队长。这是我党在东北地区直接领导的第一支铁路工人游击队。1932年3月13日，李延青同李延禄一起，共同率队参加了镜泊湖连环战（"墙缝"伏击战），使日军遭受重大伤亡。经过休整，李延青在亚布洛尼（亚布力）扩军，铁路工人游击队增至80人。3月27日，为配合国民救国军打击日军，李延青率领游击队东上高岭子天险盘山道，在弯道处拔掉道钉，与救国军东西两面夹击逃窜之敌。当日军列车开进伏击圈时，火车脱轨，李延青指挥伏兵两侧夹击，给日军以沉重打击。此后，穆棱铁道游击队加入抗日救国军，在铁路沿线多次袭击日军军列，有力打击了日军的嚣张气焰。

1934年4月，为了增强抗日力量，中共穆棱县委派党员到穆棱站党支部动员铁路工人捐款，支援抗日部队打击日军。每名工人捐款100元，童工捐20至30元。由于捐款有余，铁路工人要求建立自己的抗日武装。为满足铁路工人武装抗日的强烈要求，中共穆棱县委帮助工人购买步枪40支，继李延青之后，再度建立起一支穆棱铁路工人游击队，这支游击队后编入东北人民革命军第四军。

狍子沟抗日游击队

1933年2月初，中共穆棱县委按照中共满洲省委的指示，在狍子沟屯组建了一支50多人的抗日游击队，胡仁任队长，宋一夫任政委，张镇华任参谋长，队部设在宋殿远家。建立之初，白天下地干活，晚上进行学习和军事训练。县委书记李范五派人在八面通西（今民主村）建立了张家枪炉，利用夜间给游击队修理枪支。

1933年6月，中共穆棱县委书记李范五派反日会员孙长仁（伪穆棱县警务局的文书）、王子书（该警务局公安股股长），用联系工作的办法到伪穆棱县公署警卫队进行工作，教育他们拉出来进行抗日。经过一个多月的工作，条件已经成熟。7月18日晚，张镇华带队坐木船渡过穆棱河，直奔八面通。游击队员在八面通西城墙外大庙后、西大河对面苞米地和十字街口各埋伏两个人做暗哨，其余队员随张镇华奔向县公署大街，隐蔽在大街两侧。半夜12点跟哗变人员接上暗语，抬着子弹和手榴弹箱，直奔狍子沟屯游击队驻地，游击队发展到80多人。这支游击队以狍子沟屯为根据地，在狍子沟山林中建立密营，活动在百草沟、头道崴子、二道崴子、三道崴子、白石砬子、奎山一带，成功夜袭三道崴子矿警队和车家亮子伪森林警察小队。

1934年3月，胡仁调周保中领导的抗日同盟军总政治部任主任，宋一夫调到地方工作，游击队在张镇华领导下继续在狍子沟活动。1935年1月到3月在宁安组建东北反日联合军第五军过程中，狍子沟游击队作为整个队伍的骨干，被改编为军部直属警卫连，张镇华任连长。

白石砬子赤色游击队

1934年初，为贯彻党的民族抗日统一战线政策，中共八面通区委根据中共穆棱县委的指示，安排白石砬子屯（今林口县吉祥村，1939年6月前隶属穆棱县）党支部，动员白石砬子大排队哗变。经过宣传党的民族抗日统一战线政策，顺利将自卫团拉出，派进党团员为骨干，建立了白石砬子赤色游击队。这支队伍成立后，又根据中共吉东局的指示，编入了绥宁反日同盟军，后改编为东北反日联合军第五军。

抗日游击队和青年义勇军

由于原抗日游击队编入东北反日联合军第五军，中共穆棱县委准备再次筹建抗日游击队。1935年5月，陶净非（原名陈明亚）率领东北反日联合军第五军一师二连、四团一连和警卫连，在穆棱县亮子河与崔庆寿带领的伪穆棱县警察大队交战。战斗结束后，东北反日联合军第五军党委决定，把这一次战斗缴获的枪支弹药全部交给中共穆棱县委。中共穆棱县委借助抗日联军援助的武器弹药建立了一支30多人的抗日游击队和一支20多人的青年义勇军，从此穆棱县又产生了一支新的抗日武装力量。这支武装队伍后来也编入了东北反日联合军第五军。

冯丕让领导的抗日游击队

1935年末，刁翎山林队散兵6人携带步枪12支，到穆棱县奎山（四排）要求参加抗日队伍。中共奎山区委将此事告知中共穆棱县委（当时县委机关设在奎山），时任县委书记宋一夫派奎山区委宣传委员孙守昌去请示吉东特委，经吉东特委批准成立了穆棱县抗日游击队，队长由奎山区委书记冯丕让担任。

为加强穆棱县抗日游击队实力，抗日联军第五军抽出一个排的兵力编入了穆棱县抗日游击队，并由该排排长担任穆棱县抗日游击队政治指导员，队员计30多人。

游击队成立后，以奎山区为根据地，在奎山沟里建立密营，活动在奎山、麻山、青岭、安山、吉庆沟、上山阳、中山阳一带。1936年3月，由于原山林队散兵6人叛变投敌，经请示吉东特委批准，冯丕让率领穆棱县抗日游击队编入东北抗日联军第五军，冯丕让任第五军副官长，入编第五军后游击队仍由冯丕让带领。于是，第五军副军长柴世荣、政治部主任季青、副官长冯丕让各带领一支抗联队伍转战在穆棱县六峰山、大碱场、悬羊砬子、猴石沟、枯河沟、砍椽沟一带，与日伪军迂回战斗，出其不意地打击敌人。

杜继臣领导的抗日游击连

1933年初，日军铁路守备队进驻穆棱县奎山区，在冯丕让领导下，杜继臣、杜孝中参加了以"自卫团"为掩护的反满抗日秘密活动，常给吉庆沟里的抗联部队密营筹集粮款，购买枪支弹药和药品。1935年10月，在冯丕让等人的介绍下，杜继臣参加了中国共产党，并在冯丕让家成立了穆棱县奎山党支部，冯丕让任支部书记，杜继臣任支部组织委员。

此后杜继臣不但为抗日救国事业积极工作，而且派其三弟杜孝中潜入驻奎山的日军守备队里当勤杂工，侦探日军情报。当年，他家曾掩护刘曙华同志（原中共密山县委书记，后任中共穆棱县委书记，抗联五军二师政治部主任、八军政治部主任），在刘曙华被捕、拷打致残假释过程中（党派以屯长身份作掩护的冯丕让等同志营救其脱险），杜继臣全家人不顾生命危险，把刘曙华接到家中。白天杜继臣、杜孝中兄弟两人或背或抬把刘曙华隐蔽到南山坡的地窝棚里，夜深人静时，又悄悄地把刘曙华背回家中请医生调治，其家属也是精心护理，刘曙华同志的身体很快痊愈。此后，杜继臣家时常住有两至三名抗联伤病员，抗联四军、五军的领导人王光宇、胡仁等同志也曾寄居在杜家。日伪特务怀疑杜继臣家是活动在奎山地区抗联部队的"堡垒户"，但一直抓不着杜家与抗联部队来往的证据。

1935年10月，日本侵略者对活动在穆棱县境内的抗联部队实行灭绝人性的大扫荡，同时实行并村归大屯的烧光、杀光、抢光的"三光"政策，妄图扑灭穆棱县境内的抗日烽火。1936年5月末，刚种完地不久，穆棱县奎山区反日会被破坏，有的同志被残酷杀害，杜继臣一家也被日伪特务监视，杜继臣与家人商定准备上山抗日。为了能保持与地方上的联系，杜继臣先把过继给大伯的二弟杜继和夫妇搬到后屯马安山隐居下来。尔后，他把这个决心和想法向来到他家的抗联五军二师师长王光宇和中共穆棱县委书记刘曙华作了汇报，三人当即开会决定：由杜继臣通知其弟杜孝中做内应，再通知冯丕让等组织武装力量，定在第三天午夜举事，若袭击成功，就成立穆棱县抗日游击连。一切准备就绪，第三天午夜，由冯丕让带领部分抗联战士先干掉了日本巡逻哨兵十多人，准时摸进了敌人营房，缴了奎山自卫团的枪械和弹药。战斗结束后，冯丕让带领抗联部队迅速转移到吉庆沟里，杜继臣率领二十多乡亲携带战利品组成了穆棱县抗日游击连，他任连长。

杜继臣为适应抗日战争的需要，素日里练就了一身过硬的本领，他飞马双枪一鸣即中，蹲步穿林亦比常人站立行走要快。杜继臣上山打游击还带了家眷，年过花甲的老父亲杜文斌、三弟杜孝中、四弟杜继明和三姊娌以及妻兄刘忠臣，还有8岁和13岁的两个女儿等十多人一并都成了游击队员。就在杜继臣上山打游击的第二天，他家屋舍被日军烧毁，土地也被没收。

穆棱县抗日游击连成立后，游击队员们转战奎山、杨木背、龙爪沟一带，曾两次攻打林口警察署和弹药库。同年8月，游击连编入抗日联合军第五军二师四团。一天，四团获得情报，日军军需物资押运队从穆棱县二道河子路过。当晚，日军由70多人、4辆汽车、20辆马车组成的军需物资押运队进入四团伏击圈，指挥员刘曙华发出攻击命令，杜继臣弟兄三人带队，抗联战士以密集火力射向敌群，很快结束战斗，缴获大批武器、弹药和军需物资。杜继臣、杜孝中分别被晋升为抗日联合军第五军第二师第四团正、副团长，四弟杜继明、妻兄刘忠臣也入了党，并在四团任职。

第六节　战斗在穆棱的抗联部队

东北抗日联军第二军

1935年5月，中共满洲省委为了沟通东满抗日部队与绥宁地区抗日部队的联系，扩大新的游击区，指示东北人民革命军第二军向安宁地区远征，第二师第四团由团长侯国忠率领从东满地区出发，越过穆棱县南端窝集岭，途经九站、八站，到桦木林子寻找东北人民革命军第五军的下落。途中遇上伪满靖安军，侯国忠率团迅速抢占有利地形，同敌军展开激战。战斗胜利后，侯国忠率队与驻扎在穆棱县的东北抗日联合军第五军胜利会师。

1936年3月，原东北人民革命军第二军改编为东北抗日联军第二军，王德泰任军长，魏拯民任政委，刘汉兴任参谋长，李学忠任政治部主任，下辖3个师1个教导团，主要活动在东满地区。

东北抗日联军第四军

早在1931年11月，李延青经吉林省延吉县委批准来到穆棱，在穆棱县委和穆棱铁路党支部的领导和帮助下成立抗日游击队，李延青任穆棱铁路工人抗日游击队队长。1932年4月，为了扩建抗日游击队伍，以李延青领导的穆棱铁路工人游击队为基础，动员群众参军、并收编了来到兴源镇的邹凤翔（原名崔庆寿）哗变的一面坡警察队130多人，加上王、张、杜、三个大法师的红枪会、黄枪会200多人，把穆棱铁路工人游击队扩建为一个团，即抗日救国军十七团，团长李延青、副团长崔庆寿，内设四个营：第一营为原穆棱铁路工人游击队和参军的青壮年120多人，第二营为哗变的一面坡警察队130多人，第三营为收编的红枪会100多人，第四营为收编的黄枪会100多人。

十七团成立后，驻扎在穆棱县兴源镇西崴子屯。经过动员群众参军和接收杨太和、冷寿山领导的密山游击队和收编苏怀田的平阳镇保安队，成立了抗日救国军第一、第二补充团，明面上是救国军的编制，实际上是我党派入救国军中的共产党员领导的人民抗日武装，并在补充团和十七团中成立了党支部，孟泾清任党支部书记，李延禄等4人为党支部委员。

1933年1月1日，抗日救国军参谋长李延禄率领上述部队发起磨刀石阻击战，失败后移师宁安改编为东北抗日游击军，后转战密山一带。1934年10月，东北抗日救国军改编为"东北人民革命军第四军"。1936年3月，"东北人民革命军第四军"又改编为"东北抗日联军第四军"，李延禄任军长，黄玉清任政治部主任，下辖4个师3个游击团。

东北抗日联军第四军一直坚持在吉东地区抗日，两度在下城子三道河颠覆日本军列，打死打伤日军数百人。军长李延禄去苏联后赴延安工作，继任军长李延平在随抗联西征突围时牺牲。

东北抗日联军第五军

"九一八"事变后，原东北军营长王德林在延吉率部起义，成立救国军，奋起抗击日军，曾一度成为东北地区最大的一支抗日武装。中共满洲省军委书记周保中打入救国军，后被王德林任命为救国军参谋长。其防区与自卫军毗邻，驻守东部边境中东铁路以南广大地区，司令部曾设在兴源镇小学。王德林率伤员退到苏联后，周保中协助代理司令员吴义成整顿救国军余部，成立"绥宁反日同盟军"。

1935年1月，吉东特委杨松到宁安视察工作期间，会见绥宁反日同盟军军委主席周保中，指示周保中将绥宁反日同盟军改编为东北反日联合军第五军。1936年2月，中共满洲省委军委书记周保中又将东北反日联合军第五军改编为东北抗日联军第五军，周保中任军长，柴世荣任副军长，胡仁任政治部主任，下辖3个师9个团3 000余人。同时，第五军兵分两路，向南打通与第一军、第二军的联系，向西向东打通与第三军、第四军的联系，以便各军协同作战，集中兵力，化被动为主动。

第五军与第四军、第八军取得联系后联合西征，目标是向西与珠河的第三军、五常的第十军会师后，继续向西。史称"抗联第二路军西征"。

西征途中吉东省委书记宋一夫叛变，向敌人供出西征计划，敌人出动重兵围堵，导致西征受阻。第四军军长李延平、副军长王光宇牺牲，部队在激战中失散。第五军部队在强敌围追下活动艰难，东返途中妇女团仅剩的女战士用生命谱写了"八女投江"的悲壮诗篇，其中的安顺福便是穆棱籍女战士；第五军政治部主任王克仁也在突围中牺牲于穆棱泉眼河。

东北抗日联军第五军发源于以穆棱为中心的绥宁地区，其游击活动范围扩展到整个吉东地区和东满、北满的穆棱、东宁、密山、勃利、汪清、珲春、安图、敦化、额穆、五常、舒兰、珠河、苇河、依兰、桦川、富锦、宝清、虎林、饶河、同江、绥滨、庆城、铁力等广大地区。由于党的组织领导，军队的领导素质和战斗能力具有明显优势，成为吉东地区抗联各军的骨干。东北抗联第五军同日寇进行了艰苦卓绝的斗争，给日本侵略者以很大打击，扰乱和破坏了敌人后方，牵制了敌人进关，配合了全国抗战。

义勇军姚振山部

姚振山原是东北军二十七旅三营十二连连长，日军入侵东北后，东北军爱国军人哗变，三营营长王德林于1932年2月8日在吉林延吉小城子宣布成立"中国国民救国军"，率部抗日。高俊凤任救国军总部秘书，姚振山任救国军二十五团团长兼代一营长，因参加著名的"镜泊湖墙缝战斗"有功，升任救国军第四旅旅长。

1933年初，义勇军运动陷入困境，王德林、孔宪荣率伤员和家眷退往苏联前，委派前方总指挥吴义成为救国军代司令，在周保中的协助下整顿部队。高俊凤、姚振山任西南路司令，率孔宪荣的直属部队仍留在吉东一带与抗日游击队配合坚持抗战，连续进行了敦化沙河掌、汪清小三岔口、大肚川等地的对日作战。

1934年，姚振山、高俊凤部仍以义勇军旗号从事抗日活动，驻守下城子悬羊砬子密营和共和六峰山密营，所部人数600—800人，最多时达到2 000人，与抗联二军和五军协同作战，后编入抗日联军第二路军序列，成为吉东地区重要抗日力量。

1938年，义勇军部队参加第二路军西征。1939年5月，部队从勃利、林口转战到穆棱，在穆棱镇徐家村渡河时被日军发现，在泉眼河设埋伏圈伏击日军。日军被伏击后，调重兵前来追击。姚振山率部继续撤往九站南沟的六峰山密营，此时部队只剩百余人。姚振山部在此与日伪军最后一战，高俊凤受伤被俘，1940年被日军残害于日伪监狱，其他义勇军将士全部阵亡。周保中曾对姚振山、高俊凤、闵宪山等牺牲将领给予高度评价。

2015年8月，姚振山被列入民政部公布的第二批600名著名抗日英烈和英雄名录。

历史已经走远，但我们不能忘记，在白山黑水间，正是无数可能连名字都没有留下的抗联将士，以自己的鲜血和生命誓死抵抗侵略者，谱写了一曲气壮山河、可歌可泣的民族壮歌！

第七节　穆棱境内的主要战斗

磨刀石阻击战

磨刀石位于牡丹江东20公里处，在铁岭河与穆棱站之间，地势险要，中东铁路在此于高山夹崃间盘山而上，是个易守难攻的隘口。由于日军已经占领了牡丹江、铁岭河，磨刀石就成了抗击日军东进的最前沿。

1932年12月24日，关东军司令部调动两个师团以上的兵力，发动冬季攻势，对中东路东线的牡丹江地区各部义勇军发动全面进攻。侵占了宁安、乜河、铁岭河的日军准备沿中东铁路向穆棱、东宁和密山进攻。中共绥宁中心县委开会决定阻击日军东犯，李延禄到东宁救国军总部向王德林请援得到批准，28日，李延禄、孟泾清率吉林国民救国军第一补充团、第二补充团第三营、第十七团、总部卫队营千余人抵达磨刀石车站。指挥部设在铁道北山头名叫王八脖子的山坡上，史忠恒所率的一团三营200余人，布置在铁道南的小孤山上，其他兵力分布于铁道北的山坡上，对迎面之敌形成火力封锁网。各部队抓紧时间修筑工事，同时还在铁路工人的配合下拆除了磨刀石以西的部分铁轨。

1933年1月1日拂晓，日军广濑第十师团第八旅团第三十九联队步、炮、工兵、装甲兵等兵种近2 000人，在飞机、大炮的掩护下，向救国军阵地发起猛烈进攻。但在我军的夹击下，战斗进行了一天，打退敌人四次冲锋，消灭日军两个小部队兵力。当晚，日军突然停火，从代马沟迂回包围切断了我军后路。救国军腹背受敌，在敌强我弱且形势不利的紧急关头，李延禄率部突出重围,连夜向五虎林(今牡丹江市五林镇)迅速转移。

这次阻击战毙伤日军百余人,救国军牺牲官兵40余名,突围时还损失军马30匹和马上所驮全部物资,但保存了有生力量,为中国共产党领导的抗联四军的建立打下了基础。

袭击矿警队

日军入侵穆棱县后,在伪警、政、军中安插日本人为头目,金矿、煤矿矿警队的主要头目都由日本人担任。金场沟工人因不满日本侵略者的政治和经济压迫,暗地里私下议论要教训一下"小日本",并想一切办法与抗日部队联系。

1933年5月4日早2时,根据大碱场工人提供的情报,救国军来到穆棱县大碱场,在工人的配合下,袭击了金场沟金矿矿警队,击毙了日本矿警队队长和副队长,缴获步枪30多支、子弹3 100多发,手枪2支、手枪子弹100多发。同年秋,胡仁、宋一夫领导的抗日游击队又袭击了穆棱县三道崴子金矿矿警队,抓获日本矿警队长,缴获部分枪支。

1936年3月,陶净非带领东北抗日联军第五军第一师在穆棱县抗日游击队的配合下,炸毁了八面通铁路大桥(今25公里大桥)袭击日军列车后,又直奔八面通凉水泉子金矿对面的两个制高点,架了两挺机枪掩护部队前进。当伪矿警兵发现被我军包围、后路被切断时,50多个伪矿警兵一枪未发,全部投降。经过对伪矿警兵的抗日教育,30多人回家务农,20多人参加了抗日队伍。同年,陈翰章率领二军五师和五军的一部分队伍,在宁安和穆棱交界处的大段金矿场,又消灭日伪矿警兵70多人。1937年5月末,陈翰章带领抗日联军二军和五军混合部队,袭击了碾子沟金矿,打死日伪警兵20多人,打伤6人,缴获步枪22支。同年6月初,在穆棱县抗日游击队的配合下,陈翰章率领抗日联合军二军五师和五军混合部队,袭击了小金山金矿、打死打伤日伪警兵27

人，活捉了日本矿长。通过一系列战斗，有力地打击了日寇掠夺穆棱县黄金资源的嚣张气焰。

巧取王家大院伪机枪连

1933年1月4日，磨刀石阻击战失败以后，李延禄根据绥宁中心县委指示，将余部改编为"抗日救国游击总队"，第四团团长崔庆寿在日军大举进犯、到处烧杀的形势下，丧失了民族气节，于同年2月把本团兵力拉到日伪穆棱县公署投敌。途中两个营隐蔽在七道沟脱离了崔庆寿的指挥，崔庆寿只带了一个营的兵力投降到县公署当了汉奸，经过整编，改为"穆棱县警察大队"，崔庆寿任大队长、警正。

1935年4月，日本人今本朝己任日伪穆棱县警务局局长，在八面通召开了一次日伪警军头目会议，穆棱县公署参事官岩岛勇太郎出席这次会议，夸奖崔庆寿的日伪警察大队打共军有功、有经验、功绩卓著，皇军司令部嘉奖其"功勋"，特发给日伪穆棱县警察大队新型重机枪两挺及其他一批武器弹药，崔庆寿借此新组编了一个机枪连。

机枪连奉日寇之命，进驻穆棱县福禄村胡家甸子王家大院，讨伐活动在福禄一带的抗日联军。东北反日联合军第五军政治部主任胡仁、五军一师一团指挥员陶净非、马连长、关连长等人商议一定要拔掉这个钉子。

5月下旬的一天，陶净非在八面通区委配合下，将狍子沟、白石砬子等地的抗日部队200人全部集中起来，向胡家甸子开去。陶净非事先派侦察员摸清了王家大院情况，同时又多次利用夕阳西下的时机引敌讨伐。经过多次分批轮流骚扰敌人，崔庆寿恼怒了，便集中全部兵力进行反扑，但又不见我军主力，折腾了半夜因困乏回到王家大院睡觉。这时，留守等待袭击敌人的抗联战士迂回到王家大院，摸掉敌人哨兵，翻墙进入院内，向敌人睡觉的屋内投进了一颗手榴弹，敌人又将手榴弹扔了出来。一位抗联女战士拣起冒烟的手榴弹再次投进了敌人屋内，只听"轰"的一声巨响，抗联战士随即冲进去，大喊"缴枪不杀！"惊慌失措的敌人，有的想负隅顽抗被击毙，有的举手投降。这次战斗打死打伤敌人20多人，缴获重机枪2挺、步枪20多支，崔庆寿带残兵逃回穆棱县警察大队老巢。

巧取王家大院伪机枪连战斗，让崔庆寿在日军面前丢尽了面子，崔庆涛极为恼火。半月后，得知抗联部队仍在福禄亮子河一带活动，日军督促崔庆寿带领50多人，从穆棱站上火车到八面通绕道进入亮子河沟口，想包抄抗联部队的后路。但中共八面通区委获悉日伪军及崔庆寿行动计划，通知了抗联部队。陶净非带领抗日联军五军一师二团一连，抢占了亮子河沟口两个制高点。当崔庆寿带队进入包围圈后，被抗联部队官兵打死十多个，崔庆寿见形势不妙，带着残兵逃回穆棱。

在石门沟打击伪警察大队

1935年5月末，东北抗日联合军第五军副军长柴世荣率300多人在穆棱县雷峰村百草沟、海龙沟、石门沟一带活动，经常住在海龙沟刘世才、刘传中、刘传玉家中。当地党组织、反日会、抗日儿童团活动基础好，老百姓对这一带的村屯建立伪自卫团与抗日联军作对非常气愤，反日斗争意识强烈。柴世荣在爱国群众的配合下，进一步加紧反日、抗日和改造自卫团政权工作的宣传，把这一带的光义屯等自卫团改造成了两面政权，即一面应付日伪政权施加的压力，一面暗中为抗日联军传递情报、送粮送菜。

一日清晨，柴世荣派刘世才给光义屯伪自卫团长梁金荣送信，梁金荣见信后，当天就派十多名自卫团团丁给抗联部队送去了小米、白面饼等生活必需品。午饭后，柴世荣带队奔向石门沟，遇上了伪穆棱县警察大队，双方开火，经过3个小时激战，打死伪兵十多人，打伤多人，伪警察大队吃了败仗逃跑。当晚，柴世荣带队到海龙沟附近的红星屯，红星屯的群众欢天喜地迎接自己的队伍，共庆胜利。

缴获伪自卫团武装

抗联部队和中共穆棱县委共同成功改造了雷峰村百草沟、狍子沟和福禄村东沟的伪自卫团，使他们成为掩护抗日部队活动的帮手，但八面通的四合屯和奎山的白石砬子伪自卫团却顽固不化，日趋反动，不肯为抗联部队服务。

1935年6月，陶净非带领抗日联军第五军第一师二连和第二师四连，神速包围了穆棱县八面通四合屯伪自卫团，自卫团团丁全部缴械投降。紧接着，抗联五军二师师长王光宇率队到穆棱县奎山区白石砬子屯，在中共奎山区委的协助下，里应外合，又缴获了白石砬子伪自卫团全部武装，除掉了日寇在这一带的两个耳目和帮凶，为顺利开展抗日游击战争扫清了障碍。

在老黑山痛打靖安军

1935年5月，东北人民革命军第二军第二师第四团团长侯国忠，率队从东满地区出发，到穆棱县桦木林子区域老黑山寻找东北人民革命军第五军下落时，遇上了伪靖安军。侯国忠率团迅速抢占有利地形，同伪靖安军展开激战。侯国忠素以英勇善战闻名，在战斗中身先士卒冲入敌阵，率领全团官兵在消灭敌人一个连的兵力后，又乘胜追击，俘虏伪兵21人，击毙伪兵50多人。缴获迫击炮1门、轻重机枪各1挺、长短枪60多支、战马7匹及其他大量军用物资。

康乐屯攻心战

1935年10月，东北反日联合军第五军政治部主任胡仁和陶净非领导的第五军一师二连和第四团一连及警卫连，在穆棱县福禄乡康乐屯后山，遇上前来讨伐的伪穆棱县警察大队200

多人。崔庆寿与抗联部队交火屡战屡败，双方一度对峙。抗联部队为减少伤亡采取攻心战术，向伪兵喊话："中国人不打中国人，不要为日本人卖命，中国人不当亡国奴，把日本人赶出中国去！"并高唱《士兵思乡歌》。崔庆寿见势气急败坏，刚探出半个脑袋就被抗联战士一枪打了回去，战士们专门向他射击，打得崔庆寿吓破了胆，大多数伪兵领会了"中国人不打中国人"的用意，从作战意识上分化了伪军。最后，抗联战士们呐喊着发起攻击。由于崔庆寿指挥失灵，有的伪兵向空中开枪，有的伪兵丢下枪支逃走，有的举手投降，很快结束了战斗。抗日联军第五军党委把这次缴获的武器弹药交给地方，让穆棱县委又组建了一支30多人的抗日游击队和一支20多人的青年义勇军，使抗日武装又增添了新的力量。

在三道河子阻击日军军需列车

1935年9月中旬，东北抗日同盟军第四军由杨太和、冷寿山领导的一师一团，为解决冬衣和越冬粮食问题，派人与中共下城子区委取得联系，决定阻截日军军需列车。9月末，根据中共下城子区委提供的情报，中共下城子区委和下城子站党组织带领三道河子部分铁路工人，拔掉了这段铁路的道钉，杨太和、冷寿山率领部埋伏在三道河子车站北侧山头。日军军需列车驶到山下时脱轨，全体指战员密集的子弹射向押车的日军，打死打伤日军200多人，缴获大量面粉、军衣、被服和其他军用物资。这次战斗，解决了一师一团的冬衣、冬粮问题，也减轻了抗日根据地和游击区人民的经济负担。

战斗结束后，中共下城子区委带领部分党团员和铁路工人，连夜撒传单、贴标语，庆祝和宣传抗日联军取得的巨大胜利。这次成功阻击日军列车的战斗，极大鼓舞了抗日军民的士气。

在苇子沟巧战日军讨伐队

1936年2月，侯国忠在团山子战斗后，率领本团主力部队到穆棱县磨刀石苇子沟一带活动。一天，侯国忠部突然与狡猾的日军讨伐队相遇。日军依仗比抗日部队多十倍的兵力，妄想把侯国忠部包围全歼。面对这一形势，侯国忠果断指挥部队，在日军未能完成合围之机，避开日军正面进攻，利用地形作掩护，巧妙地绕到日军背后发起攻击，让日军始料不及，打死打伤日兵40多人。侯国忠带队迅速转移，使日军的合围计划又一次破产。

413公里处袭击日军列车

日本侵略者侵占穆棱县后，就控制了穿越穆棱县境内的中东铁路，通过铁路运输兵力、军用物资、掠夺森林和矿产资源。穆棱县境内的各级党组织经常发动铁路工人破坏日军铁路交通，配合抗日部队打击日军。

1936年8月12日上午，磨刀石站党支部接到牡丹江站党支部电话，获悉一列日军军需列车当晚从牡丹江站出发，路经穆棱站开往密山。磨刀石站党支部书记王新文电话通知新房子工区工长戴吉山，并转告设在穆棱街的中东路职工部。职工部书记赵采青和穆棱站党支部书记潘寿廷带人勘察地形，选定北林子站至新房子工区中间413公里处为堵袭地点。于是派戴吉山、刘学胜与活动在穆棱县境内的抗联第二军、第五军取得联系。第二军、第五军党委马上派二军五师参谋长陈翰章和四团长侯国忠率领二军五师四团，五军一师师长李荆璞率领五军一师部分队伍，张中华率领五军警卫营一、二连，计500多人迅速赶到伏击点，利用铁路两侧山头树林作埋伏，铁路工人配合行动拔掉了道钉。

晚12时，由两个火车头牵引的满载军需品和200多个日军士兵的一列火车缓缓驶来。列车进入413公里处，火车前半部脱轨，日军一片混乱，抗联将士一齐开火，打死打伤日军100多人，缴获了大批粮食、被服、武器弹药。这次袭击日军军需列车的胜利，给中东路东部日军以严厉打击，大长了中东路沿线党组织和抗日联军的威风。

10天后，日军为了报复，从穆棱站到磨刀石站之间抓捕了10多名铁路工人，其中2人被杀害。新房子工区工长、中共党员戴吉山和巡道员刘学胜被关押在牡丹江宪兵本部，面对严刑拷打，二人坚贞不屈，于1937年2月英勇就义。此后，日军为了镇压铁路党组织领导的工人运动，在穆棱站至磨刀石站之间增加了兵力，装甲车巡逻频繁，对这段铁路间的山洞、桥梁更是严加防守。

抗日联军第二军、第五军的将士们，与其兄弟部队联合起来，在铁路党组织和工人紧密配合下，向日军开展大小战斗20多次，不断挫败日伪军的讨伐和围剿。同年9月12日晚，张中华率五军警卫营一、二连，与侯国忠团长领导的二军五师四团四、六、七连，计520余人，联合部分反日山林队，在代马沟站附近小石砬子处，将铁轨扒掉虚放在路基上，部队埋伏在铁道两侧。当满载150名日军、200名伪兵及战马、物资的军用列车行至此处时，列车脱轨，张中华和侯国忠指挥伏兵出击，经3小时激战，打死日伪军98人，打伤30余人，死伤战马60多匹，歼灭了日军的一个工兵连，缴获了大批枪支弹药和军用物资。

在上雷峰岐南沟袭击日本警备旅

1936年6月，穆棱县下城子日本警备旅根据日特提供上雷峰岐有抗日联军活动的情报，集中100多人的兵力进行讨伐。柴世荣、季青等五军领导人，通过穆棱县地下党组织获得日军讨伐的消息，在上雷峰岐南沟设下伏击圈，打死打伤日兵20多人，缴获机枪1挺、步枪10多支。

1937年7月，日军根据特务提供抗联部队在二站南沟活动的情报，命令伪穆棱县治安大队携带机枪、小炮协助日军"讨伐"。日军将伪穆棱县治安大队排在"讨伐"队前，气势汹汹地向二战南沟开去。抗联五军得知消息做好迎敌准备。日伪军进入二战南沟后，抗联部队发起猛烈攻击，打死打伤日伪兵30多人，俘虏5人，缴获小炮1门、军马4匹。为更有效地打击敌人，抗联在二站、金山等地采取让爱国群众"向敌人报信，引敌讨伐"的策略，军民配合，又多次成功伏击日伪军，打击了敌人嚣张气焰。

在泉眼河大战尾追日军

1938年8月，宋一夫叛变投敌，日伪穆棱县当局实行大逮捕、大屠杀，仅穆棱县一带就有300多名地下党员、反日会员和爱国群众被捕，全县党员仅存20多人，出现了历史上骇人听闻的"黑帽子"事件。在这种严峻的形势下，活动在穆棱县的抗联队伍，为避开日伪兵进山围剿，采取"能打则打之、不能打则绕之"的战略战术，以便集中优势兵力狠狠地打击敌人。

1939年4月20日，抗联五军副军长柴世荣为避开日军讨伐，率先头部队由南向北到达穆棱县梨树镇西北的白石砬子附近休整。21日，他命令部队前卫改后卫，沿山向南返回，向八面通、穆棱方向进军。22日，柴世荣带领部队准备从穆棱站以西越过铁路，发现后面有日军尾追，便命令部队继续行军并随时做好战斗准备。当部队到达穆棱站以西的擀面石后，连夜越过铁路，向泉眼河方向挺进，而日军也紧跟其后。为甩掉日军，柴世荣命令部队以最快的速度行军，提前到达泉眼河，准备迎击日军。23日清晨，日军300多人进入伏击圈。经5小时战斗，打死日军官兵100多人，打伤40多人，缴获一批武器弹药；其余日军大败而逃。

解除杨木桥子森警队武装

1941年11月末，柴世荣、季青领导的抗日联合军第五军奉命赴苏，途经穆棱县杨木桥子时，侦察到杨木桥子森林警察队对五军行踪毫无察觉。柴世荣命令部队顺势包围并解除了森林警察队的全部武装，缴获长短枪40多支，抗联战士不费一枪一弹，无一人伤亡。

抗联五军继续前进到穆棱县桦木林子区域时，在金刚台遇上了日本边防军，在打死打伤日军多人后，机智地甩掉日军，顺利到达苏联境内。

第八节　穆棱人民支持抗战

抗战期间，穆棱发生了许多老百姓支持抗战的故事，如照顾抗联伤员、掩护抗联人员免受敌人抓捕、送子参军送夫参军、为抗联传递情报等等，不胜枚举。在此讲述一个猴石沟百姓不惜以生命为代价支持抗联抗击侵略者的悲壮故事。

猴石沟位于兴源镇内，1940年初秋，抗联五军敦化战斗后转战兴源，扎营在大顶子山。频繁的战斗，长途跋涉，粮食吃光，衣服穿破，鞋不挂足……部队急需补给。抗联部队扎营休整，派副官长冯丕让带一名战士下山，到附近的猴石沟寻求支援。

猴石沟百姓推举的屯长王树堂、刘宪仁都是硬汉子，他们饱尝日寇凌辱，从不在鬼子面前奴颜婢膝。他们心里装着全屯老小，沟里沟外、上上下下为大伙操劳，深受全屯百姓信任和爱戴。

午夜，当屯一位老乡给刘宪仁领来两位不速之客。刘宪仁一搭眼就认出是山里来的，忙着让座，张罗烧水。冯丕让看他那个热情劲儿，心里托了底，主动介绍了自己的身份和来意。他说："抗联进大顶子休整，现在部队断粮两天了，请帮助买些粮食，还想请帮助察听一下，街里鬼子兵和伪警察队的部署、动静……"刘宪仁听到这儿，说了声"行！"临行约定两天后在王八脖子后山接粮、送信。

事关重大，不能迟疑，刘宪仁连夜到街里去找王树堂商量。

王树堂性情耿直，是个大户人家的掌柜，说话办事痛快。听刘宪仁这么一说，心想：现在正青黄不接，小麦还没上场，为这事向别人齐粮容易坏事。于是告诉刘宪仁："我家还有一麻袋小米，先送去解难。"

到了约定的日子，天刚上黑，王树堂和刘宪仁背上小米，带上白天从街里买回来的五包香烟，直奔约定地点。等候接粮的战士，一见是刘宪仁来了，便邀其进山。他俩到营地会见了部队首长，详细讲述了日本军队和伪警察队在兴源一带的部署和活动情况。为了防备当屯伪自卫团的人发现破绽，他俩连夜回屯。

抗联首长听了情况介绍，分析鬼子又要行动，要避开敌人锋芒，保存自己，需及早转移。于是再次送信给刘宪仁帮忙买粮。

刘宪仁这回可发了愁，他知道家家户户都没有现成的粮食。王树堂拿出主意，说："我有一块麦地在沟里，离大顶子山近，鬼子不易发现，打下粮食也好送，我看明天平场院，拉麦子，晚上打场。"刘宪仁听了高兴地拍了下大腿说："好主意，就这么办！"抗联部队听说他们要拉麦打场，暗地里派战士给他们放哨。白天平了场院，拉了两大车麦个子，晚上摸黑打了两场，收麦两千来斤，抗联战士连夜付款带走了粮食。

抗联部队决定向白石砬子转移，行前又把王树堂和刘宪仁找去，商量找向导和买衣物等事情。他俩事事应承，带上抗联部队给的二百块钱下山。

二人回屯路上边走边合计：找谁去拉道（当向导）合适呢？要说知道道的人倒有几个，可准成的就刘宪福一个。

刘宪福，二十出头，个子不高，黝黑的脸庞，浓眉大眼，平时少言寡语，整天跟着哥哥在田里劳动，屯里老年人都夸他是个老实、懂事的孩子。听哥哥说叫他去给抗联拉道，他高兴地说："别说是去拉道，就是让我跟着去打日本子也行！"

8月11日，天刚放亮，刘宪福就领着七名先遣战士趟着露水，翻山越岭，直奔白石砬子。走到小金山，探路近半，原路返回，到家已是三更天了。

王树堂、刘宪仁到兴源街里"长盛圆""天义成"几家店铺偷偷买了48件衣服、48双鞋、30斤豆油、100斤盐、12包烟，分别用破麻袋包好，混在犁仗、马槽子、草料一块装上马车，准备傍黑进山。

8月13日，夜幕刚刚降临，车老板子许殿华套车出街。刚走去不远，大雨倾盆，柳毛河水像一头受惊的野兽，咆哮着在河床里翻滚，车被出槽的河水拦住。在伸手不见五指、雷雨交加的夜晚，车停在猛涨的河水旁，急得车老板团团打转。欲过不成，久留又危险，无奈之际，许殿华灵机一动，索性把抗联买的东西一件件背到道南王树堂的麦地，藏在刚割完的麦码子里，等水落之后再进山。

8月14日，穆棱警务科传达新的"讨伐"令，命令穆棱、兴源、下城子三地日本守备队和警察队、自卫团，齐向兴源北部山区推进，寻找抗日联军，妄图"聚而歼之"。

大雨刚过，河水未消，北犯的兴源警察队和自卫团也被柳毛河水挡住去路，只好就地休息等候命令。雨后地湿，待命之敌纷纷跑到道南麦地里去捞麦个子当坐垫。不料，许老板苦心隐藏的东西，被敌人发现。日军如获至宝，赶忙派人向警务科长丁盛报告。丁盛接到电话，即刻找到张署长、刘翻译，飞马直奔现场。狡猾的丁盛断定猴石沟一带有抗联，猴石沟屯有通抗联的人，于是集结各讨伐队，封锁猴石沟进行大逮捕。王树堂、刘宪仁、刘宪福等十几个人被抓到自卫团部。

丁盛是个惨无人道的日本刽子手，在一群走狗的簇拥下，更暴露其淫威。他两只三角眼贼溜溜地乱转，不时地搜索着周围的一切。这个伪警务科的头子，双手沾满中国人的鲜血。他把抓来的村民吊在房梁上挨个逼问，问谁谁说"不知道！"只见发了怒的丁盛满脸横肉直抽搐，额头上青筋乱蹦，龇着牙，不停地号叫着："枯拉！八嘎！"抡起马鞭乱打一气。再问，还是"不知道！"他就叫站在一旁的帮凶挨个灌辣椒水。把人捆绑着死死地按在长条凳上，仰面朝下，一瓢瓢辣椒水把人折磨得死去活来。

这时，刘宪福从晕迷中醒过来，抬头看看左右乡亲，惨不忍睹，心如刀绞，恨不得张开大嘴把这群恶魔一口吞掉。他横下一条心，宁肯自己死，也不愿让大家活受罪，他慷慨激昂地喊了一声："我知道！"

正在发疯的丁盛顿时迫不及待地脱口说道："哟西！你的带路！"受难的乡亲一听是刘宪福搭话，不由地惊讶，一时心里纳闷：莫非刘宪福受不了啦？真想给鬼子带路？还是想捞点什么好处？不知道他葫芦里装的什么药，都以疑惑的眼光盯着他。只有王树堂和刘宪仁相信，刘宪福不会干出丧良心出卖中国人的事。

三股讨伐队很快集结，在丁盛的指挥下开始行动。刘宪福从容地走在前边，王树堂、刘宪仁他们十几个人被捆绑着，由一大群自卫团看押尾随在后。讨伐队出了屯子，刘宪福没往西面的猴石沟带，因为抗联营地在猴石沟头大顶子山，而是往北面的砍椽沟领。他大道不走，偏翻山越岭穿树林子走荒山野道，一气走了几十里地，也没见一个抗联人影。

再说丁盛，唯恐上当受骗，大队刚起步，他就带着几个骑马的帮凶，满山遍野到处搜查。当和大队会合时，这帮日伪军已经累得筋疲力尽，张罗着要休息。于是，他下令都集合在大锯架子下。

　　老奸巨猾的丁盛意识到受骗，扯过刘宪福问："'胡子'（指抗联）的哪边的有？"刘宪福从容地答："这边的有（指砍椽沟），现在哪边去了不知道。"丁盛一听，恼羞成怒，抽出腰间的大战刀，扯着刘宪福的衣领，把他拽到离地两米来高的大锯架子上，用刀指着刘宪福的鼻子吼着："'胡子'的哪边的有？快快的说！不说死啦死啦的！"面对寒光闪闪的战刀，刘宪福丝毫没有怯懦，依然从容镇静。"哪边去了，我的不知道！"丁盛一听还是"不知道"，眼射凶光，抢起战刀，"八嘎"一声嚎叫，刘宪福的头被砍落在地。

　　乡亲们看到刘宪福英勇就义，个个流出悲愤的泪水。刘宪仁哭喊着说道："他没有罪啊！"

　　正是刘宪福与日军的誓死周旋，使日军"讨伐"未果，抗联队伍闻讯得以安全转移。

　　正是无数像刘宪福、王树堂、刘宪仁这样的爱国民众，舍生忘死尽其所能地给抗联队伍数不尽的默默支持，才使东北抗联在极其艰苦的战斗环境中不屈不挠地坚持抗战，给侵略者以有力的牵制和打击，为东北抗战乃至全国抗战的胜利做出了不可磨灭的贡献。

第四章 穆棱建立民主政权及支援解放战争

（1945.8—1949.9）

抗日战争的伟大胜利让中华民族看到了希望的曙光。在中国共产党的领导下，光复后的穆棱及时建立民主政权，开展土改运动、解放战争、支前运动，肃剿土匪武装，使风雨飘摇中的穆棱一步步走向光明之路。

第一节 穆棱光复

在极为艰苦的抗战环境中，抗联为保存有生力量，1941年初，各部队离开游击区，陆续进入苏联境内休整。后经东北党组织和东北抗联各路军领导研究决定，将所有在苏境内的抗联指战员统一组成东北抗日联军教导旅，亦称苏联红旗军独立步兵第八十八旅。后勤供应由苏军负责，军事训练按照苏军条令进行，增加了爆破、跳伞、滑雪、游泳、攀岩、照相、测绘、收发报等侦察技术训练，整体军事素质有了很大提高。

1943年3月，教导旅旅长周保中将部队中的中共党员王亚东、冯淑艳夫妇派回穆棱镇泉眼河村建立了泉眼河秘密交通站，搜集周边地区日军情报，建立反日会、抗日儿童团和抗日游击队，以泉眼河为根据地，在六峰山扎下密营，积极开展抗日活动。

　　1945年8月7日，王亚东、冯淑艳收到了周保中的指示："苏联红军飞机进入穆棱县后，抗联小分队要配合苏军歼灭日军。"当晚半夜，他们在泉眼河破庙后主持召开抗联小分队、反日会、抗日儿童团负责人紧急会议，研究配合苏军歼灭日军的准备工作。

　　9日，苏联飞机到穆棱县境内，轰炸了日本东大营、西大营，还炸毁了八面通日军飞机场和兴源车站大桥以及县城警察街的日本商店、料理屋、电影院等地。苏联红军与日军在穆棱县城西山和东山的两个大营交战，战斗非常激烈，双方死伤惨重。战斗期间，全县各地日军、伪警、政、宪、特机关一片混乱，各自逃跑。王亚东、冯淑艳带领抗联小分队、反日会、抗日儿童团员和爱国群众处死了驻泉眼河屯警察分所宋所长，宽大了伪警士刘新堂，打开日军仓库，取出枪支弹药、粮食和衣物。眼看日本鬼侵略者末日将至，老百姓纷纷送子参军、送夫上阵，使抗联小分队一下壮大到200多人。新老战士情绪高昂，在王亚东、冯淑艳的带领下，根据日军逃跑路线，埋伏在峡谷两侧，打死日军300多人，打伤多人，抓俘日本妇女50多人，其余溃散而逃。

　　10日，苏军坦克开进穆棱县；11日，苏军大部队来到穆棱县。王亚东、冯淑艳率领抗联小分队转战大石头河、小石头河、大碱场、牛心山、长沙岭、行军岭、庙岭、狮子桥、猴石沟、金场沟、荒草沟一带，配合苏军对日军作战。

　　8月14日，穆棱全境光复，结束了长达十几年的日伪统治，迎来了新生活的曙光。

第二节 反动政权在穆棱建立

穆棱县光复后，日伪军政警特和地主劣绅不甘灭亡，虽然跑了，但许多人又跑了回来，串通国民党结成反动势力，趁革命力量比较薄弱之机建立反动组织，企盼国民党军队的反扑。

光复当月，日伪时期穆棱街副街长王槐卿便牵头成立了"穆棱地方复兴委员会"，自任委员长。下设总务、公安两个部，会俄语的修敬斋任总务部长，负责供应苏联红军所需物资；田永春任公安部长，负责维持地方秩序。

9月初，国民党牡丹江党务专员办事处派周福祥等人到穆棱县建政，将"穆棱县复兴委员会"改称"穆棱县国民政府"。前穆棱材木公司副经理马海涛为县长，政府机构为一局五科：公安局、总务科、民政科、财务科、实业科、教育科。王槐卿为公安局长，关信昌为总务科长，张富全为民政科长，孙守余为财务科长，县政府设在穆棱镇日伪时的县公署旧址。

10月13日，国民党牡丹江党党部派张德山、姜学蓉到穆棱县找马海涛等人开会，研究成立穆棱县国民党组织问题，将组织机构人员名单上报牡丹江国民党部和牡丹江国民党党务专员办事处。10月15日上午，在原日伪穆棱县公署楼下经理室，成立中国国民党穆棱县执行委员会，挂出牌子。当天下午，国民党穆棱县执行委员会委员、国民党穆棱县国民政府科级以上官员、县城各单位首脑、牡丹江国民党党部和牡丹江国民党党务专员办事处前来参加会议的官员，在街里饭店进行了大宴会。即日起，全县各地普遍升起国民党"青天白日旗"。

国民党穆棱县执行委员会成立后，大力发展国民党员，将他们安排到重要部位。委员会宣传科大办国民党穆棱党报，举办讲演会，张贴反动标语，排演文艺节目，大肆进行反共宣传。同时组建了国民党穆棱县保安队，在全县各地建立了保安分队，旨在倾力反共，加强国民党政府的政权统治。

第三节　建立民主政权

1945年8月16日，抗联干部金光侠、陶雨峰、乔树贵等率抗联小分队随苏联红军进入牡丹江市，建立牡丹江卫戍司令部。25日，根据东北党委会指示，建立了中共牡丹江地区工作委员会，书记金光侠，委员陶雨峰、乔树贵；同时建立东北国民军牡丹江地区司令部，陶雨峰任司令员，金光侠兼政委。11月上旬，建立牡丹江军区司令部和牡丹江市政府，抗联五军一师师长李荆璞任司令兼市长，我党在牡丹江地区逐步建立各级政权，为后来在北满建立巩固根据地、解放东北乃至全国奠定了坚实的基础。

泉眼河屯距离县城穆棱街34华里，是穆棱与东宁公路交通的必经之路，王亚杰、冯淑艳领导的抗联小分队占领有利地理位置，积极清剿日寇残兵败将，扩大队伍、加强训练，随时为武装接收政权作准备。中共党员许泰东在八面通组织起一支200多人的朝鲜族武装，维持地方治安。

10月中旬，牡丹江军区司令员陶雨峰带领解放军十二团进驻穆棱，直接开往泉眼河屯，成立牡丹江军区绥东军分区司令部。把王亚东、冯淑艳领导的原抗联武装编为穆棱县独立营，把许泰东的部队编为朝鲜独立营，把国民政府保安队改编为东北自治军二十九团。

11月，中共牡丹江省委指示："要保住绥东各县，特别是穆棱"，派从延安来的于忠友和爱人林明及魏绍武和爱人吴舒兰、刘德俊、于佑民6人到穆棱县成立中共穆棱县中心县委，县委书记于忠友，领导穆棱县、东宁县、绥阳县工作，兼做穆棱县委工作，县委机关设在穆棱镇。此时国共两党及其领导的军队明争暗斗达到了十分激烈的程度。共产党领导的牡丹江军区来电，命令撤销"中国国民党穆棱县执行委员会"，该机构的牌子被摘掉。12月初，共产党员马朝德以旧交打入穆棱县国民政府内部，出任副县长，为对敌斗争提供情报。

1946年2月1日，农历腊月三十早8时，穆棱镇苏联红军司令部以开会名义，将穆棱县国民政府官员、东北吉林先遣军十一师三十一团官兵和公安局警察共1 900余人集合在一起，于忠友、陶雨峰、马朝德等人率领穆棱独立营和绥东军分区十四团计400多人包围了会场，逮捕了伪县长马海涛、团长田永春、团书记王槐梦、公安局长陈福山、行政科长王富全等反动官员，缴收了三十一团和公安局的枪支和4门迫击炮，推翻了穆棱县国民党反动政权。

同日，穆棱县委员会和穆棱县民主政府正式成立，县址设在穆棱镇旧县公署所在地。穆棱中心县委书记于忠友、穆棱县委书记刘野亮、县长马朝德、副县长尚景波、妇女主任田仲樵。民主政府设一科、二科、公安局、保安大队等机构。

1947年1月，将穆棱县划为南北两个县，穆南县政府设在穆棱镇，穆北县政府设在八面通镇。10月初，南北两个县又合二为一，县址设在八面通。

第四节 "土改"和"支前"

"土改"是创建东北根据地过程中的一场重大政治斗争，同时也是消灭几千年来封建剥削制度的一场大革命。穆棱县民主政府成立以后，就开始进行剿匪、"土改"、"支前"，为我党在东北建立巩固的根据地做出了重大贡献。

1945年，全县人口约5.76万人，土地34.68万亩，其中被日本侵略者霸占约80%，除军事占用外，其余均为开拓地、满拓地，由日本移民控制，然后转由当地地主、富农经营，租给广大贫雇农耕种；大批失去土地的农民被强迫赶到边境黑河去开荒。全县地主、富农890户，占全县农户的7%，占全县耕地面积的60%；中农、贫农2 920户，占全县农户的23%，占全县耕地面积的26%；佃农、扛活和讨饭的农民8 908户，占全县农户的70%。一些大汉奸、大地主与日军勾结，占有大量土地。

穆棱县"土改"运动在全国处于领先地位，从1946年5月开始到1948年5月结束。根据中共中央东北局关于《分配敌伪土地的指示》精神，1946年5月，中共北满分局召开省委书记会议，决定派出"土改"工作团深入农村发动群众，开展剿匪、反奸清算、分配土地运动。从延安、晋绥派来干部92人，成立了绥东工作团，团部设在八面通，领导绥东地区穆棱、绥阳、东宁等县"土改"工作。李华生任书记，易吉光、丁本淳任副书记。

工作团了解到，虽然从上到下接收了各级政权，但并没有从根本上触动土匪、汉奸、恶霸势力，他们趁机霸占开拓地、满拓地，有的甚至钻入我们政权中占据要职，暗地支持和策划叛乱等待国民党接收。特别是当国民党军队占领山海关锦州、沈阳、四平、长春、吉林等大中城市以后，土匪武装和日伪残余势力更加嚣张。对此，工作团按照上级指示，以发动群众为核心，以剿匪、发展生产、支前为主要任务，分五个阶段开展了轰轰烈烈的"土改"运动。

第一阶段：减租减息。

1946年4月中旬，根据刘少奇同志给东北局负责人《以主要力量建立东、北、西满根据地》的电报指示精神，放手发动群众，在农村发展党员，建立党组织，巩固农村各级革命政权，实行"二五"减租减息，即地租减一半，高利贷减一半。并把日本开拓团、日满军、伪政权土地2 243垧分给了没有土地的农民。但由于对土地所有制问题没有解决，出现了"地主、富农不愿减租减息，农民不敢少给地租和利息"的问题。

第二阶段：清算斗争。

1946年5月4日，党中央发布了《关于土地问题的指示》，决定把抗日战争时期和抗日战争胜利后一段时间内仍然实行减租减息的政策，改为没收地主土地分给农民。这一政策受到了广大农民的热烈拥护，土地革命运动轰轰热烈地展开了。穆棱县将伪满遗留下来的"街村制"改成"区乡制"，筹建区乡党委和区乡政府。

8月初，穆棱县委派出了大批"土改"工作团深入全县各地，贯彻党的政策，发动群众，培养大批骨干分子，在全县广大村屯普遍建立了以贫农、雇农为基础的农会，广泛宣传"土改"意义和政策，诉苦挖根，提高群众阶级觉悟，进而开展划阶级、定成分工作。全县12 703户农民，划定8 893户为贫雇农作为依靠对象，划定2 540户为中农作为团结对象，划定1 270户为地主、富农作为孤立打击对象。全县揪斗地富反坏437人，控诉罪行2 897件，处决58名罪大恶极的地主和反动分子，彻底打掉了地主阶级的威风，摧毁了封建势力的基础。

全县共没收26.25万亩耕地，15 736头耕畜，13 693间房子，粮食、农具、现金以及其他一些浮物，通过比成分、比劳动、比人口、比家底、比社会关系进行排队，评定等级，确定分配方案，每户分得1至2头大牲畜和1至2间房屋。每人平均分得土地4亩，发放地照，烧毁旧地照。

第三阶段：煮"夹生饭"。

当时把"土改"工作中出现的反复称"夹生饭"。为便于开展工作，1947年1月23日，将穆棱县划分为穆南、穆北两个县。经过检查，有梨树镇、福禄、下城子、马桥河、穆棱等5个区的36个村的土地分配不公，占全县90个村的40％，其中有8个村干部贪占胜利果实，有127户群众白天分财产，晚间给地主、富农送回；有7个村的地主反把倒算。为解决这些问题，退赃并罢免了贪污胜利果实的村干部，枪毙了反把倒算的7个地主，对于土地分配不公的36个村进行调整，少数村重新分了土地。

第四阶段："砍挖"斗争

1947年6月，中共中央东北局发出《关于继续完成土地革命，深入群众运动的指示》，要求各地把"砍大树""挖财宝"作为土地改革运动的重要步骤来抓。斗争地主、富农、恶霸931人，挖出黄金283两，白银131两，银圆217枚，另有金银首饰、绸缎布料、绸缎衣服等，总价值东北流通券35亿元。

第五阶段：平分土地。

中共中央于1947年10月10日发布了《中国土地法大纲》，决定废除封建土地制度，平分土地。1948年2月全县以村为单位，对所有土地统一丈量，逐块评定等级，按雇农、贫农、下中农、中农、上中农的顺序和土地等级的顺序平分土地，劣次土地分给地主、富农，全县农村平均每人分到土地0.52垧。

至此，穆棱县"土改"运动胜利结束。"土改"的同时，还在城镇斗争了官僚买办资产阶级，没收了其生产资料和全部财产，变为国营经济。如：八面通镇没收了铁工厂、木工厂大商号；兴源镇没收了陈端祥的全部财产，包括酒厂、油坊、木匠铺、祥记商店、配给店和100多垧土地；穆棱镇没收了制米厂、大商号，等等。穆棱县全民所有制的国营经济从此诞生。

穆棱县解放后，敌我军事较量并未结束。6月26日，蒋介石发动全面内战，直接调到锦州、沈阳、四平、长春等地十余万部队，企图北进哈尔滨、牡丹江，攻占全东北。为了支援东北解放战争，全县开展了轰轰烈烈的支前运动。

史无前例的土地革命运动的伟大胜利，激发了穆棱县人民的革命热情，广大青壮年为了解放全中国，积极要求参加解放军。有的父亲替儿子报名，也有的哥哥替弟弟报名，还有的妻子替丈夫报名，一时披红戴花，锣鼓喧天，鞭炮齐鸣，热烈欢送被批准入伍的青壮年。

新兵入伍后，穆棱县的人民群众在县委、县人民政府的号召下，选好粮、多交粮，支援前方。仅从1948年末到新中国成立之初，穆棱县委、县政府组织领导全县人民先后捐款850万元，捐粮600石，做军鞋17 300多双，捐豆油25万斤，粉条26万斤，干菜2.7万斤，生猪225头，小鸡85万只。

从1945年8月至1949年9月底，穆棱县青年共有3 201人参军，其中牺牲203人，立功受奖380多人；全县出担架队1 382人，战勤民工182人，战勤马车92辆，其中102人被评为功臣，82人被评为模范，另有238名群众被评为支前模范。

穆棱县人民群众在艰苦的解放战争年代，为全中国人民的解放事业做出了重要贡献。先辈们的爱国情怀，有力地激励后人在社会主义建设不同时期，为穆棱和祖国的发展建设做出自己的一份贡献。

第五节　重炮三团的建立及其功勋

1945年秋，延安炮兵学校奉命开赴东北，准备接收日本投降留下的炮兵装备，继续办学。由于日本投降后留下的较完整的火炮被苏军运走，一些残存的火炮都被破坏，丢在各作战区，或藏在山上。炮校到东北时，正是国民党军队大举进攻东北之时，同时还有大量的被国民党封官加爵的土匪的骚扰，因而确定"变学校为部队，以部队当学校"，把学校大部分干部分到各地组建部队，随时准备参加保卫东北的战斗。

1946年，东北民主联军重炮三团在牡丹江组建，随即开赴穆棱县八面通，其任务有四项：

一是剿匪。我们的剿匪方针是哪里有土匪，我们就追到哪里，打到哪里。当时因群众还没有发动起来，老百姓怕遭匪徒报复，不敢及时给我们报告匪情，只好一边发动群众，一边进行清剿土匪。先调查研究掌握匪情，一发现有土匪活动，就立即前往清剿，使土匪没有喘息之机。在围剿土匪的战斗中，炮三团的战斗力很强，除了三个老八路连，还有一个朝鲜族连队，打起仗来都很勇敢。当时土匪不知道我们的炮三团只有四个连，只知道是炮三团还有一辆日式旧装甲车，因此被追得到处跑。

二是做群众工作。被日本人统治了14年之久的东北人民，对共产党、解放军了解不深，炮三团组织了宣传队，编排了很多具有一定政治意义的节目，深入农村向老百姓进行宣传，使群众树立对我军的信任感。为了减轻群众的负担，自己动手搞生产，用以解决经费不足的问题，请教当地老百姓帮助，开展了烧酒、榨油、采煤等生产活动，解决了军需不足的困难，使群众对共产党的部队有了较多的了解，增加了彼此间的友谊。

三是扩大补充兵员。为了增加作战部队，必须不断扩充兵员，组建新连队，加强训练，使新连队能尽快参加战斗。经过宣传、联系，再加上取得了马桥河、梨树等地剿匪战斗的胜利，老百姓愿意参加我们的队伍。有的是父母送儿子，有的是妻子送丈夫，还有很多自己报名参加我们的队伍，使炮三团在一年的时间里，边战斗边扩军，到1946年底已扩大到四个营，共12个连队。

四是搜集、整理日本投降时丢弃的零散火炮。在穆棱周围，南至长春、北至漠河、东至绥芬河、西至齐齐哈尔等地进行搜集。由于日本关东军投降时把火炮大部分都破坏了，少部分完好的被苏军运走，剩下的残损炮和各种零部件又都丢在各作战区。炮三团成立了军械修理所，修理搜集来的各种火炮和器材，先后共修复了大口径火炮40余门，装备了4个营。一营二连成绩突出，他们在深山老林中苦战60昼夜，搜集重炮14门，其中15厘米榴弹炮就有9门。二连全连荣立三等功，该连长周天才被炮兵领导机关授予"搜炮英雄"称号，并获得一枚"毛泽东奖章"。武器基本解决后，就开始了大规模训练，很快成为一个有战斗力的东北第一个摩托机械化牵引的重炮团。

1948年3月，第二营参加了四平战役，9—10月份又参加了辽沈战役的解放义县、锦州的战斗和塔山阻击战。平津战役后，又南下参加了解放珠江口、内玲町、外玲町、万山群岛等战斗。

炮兵第三团是我军第一个机械化重炮团，由我国的最北边疆一直打到祖国的最南边陲海南岛，1950年又参加了抗美援朝作战。这支部队是在牡丹江组建、在穆棱县发展壮大的，多数成员是穆棱子弟，在解放战争和抗美援朝战争中做出了巨大贡献。因此，穆棱可谓是解放军重炮团的发源地。目前正在建设的穆棱河流域博物馆，已将"重炮三团"列为重要的展馆内容筹备单独布展，以兹纪念。

第六节　穆棱剿匪

东北地区局势动荡，行政区划比较混乱。晚清和"民国"时期大致以松花江干流为界，西为黑龙江省，东为吉林省。伪满时期东北地区最多设有19个省，通常所说的"北满"大致相当于现在的黑龙江省，现今的牡丹江和鸡西一带称绥宁省，现在的鸡西市梨树区当时归穆棱县管辖。

抗战胜利之初，国民党主力部队到东北之前，派遣了大批特务等人员进入东北各地，与土匪和各种帮会建立联系，委以高官，组成所谓的"先遣军""忠义救国军"，被老百姓称为"中央胡子"。穆棱有大小匪徒20余股，与北满地区其他土匪相互勾结，流窜各地，与新生的人民政权为敌，杀害干部群众，掠夺财物，危害极大。

1946年2月1日，穆棱县委、县民主政府正式成立，隶属穆棱中心县委，县委书记刘野亮。穆棱县委、县政府成立后办的第一件大事，就是迅速发展武装，掌握战略要点，开展全面的剿匪斗争。4月，绥东军分区司令部驻穆棱县城司令员陶雨峰被调走，宋承志任司令员、政委刘野亮、参谋长王亚东。司令部下设直属连150多人，警卫排50多人，穆棱骑兵独立连180多人。此外还有步兵第三团1 060人，炮兵第三团1 920多人。1947年5月，牡丹江军分区二团、三团一部分也曾在穆棱县参加剿匪斗争。

在穆棱县委领导下，穆棱县境内的剿匪斗争捷报频传，剿匪部队日益壮大。先后有10个部队2 000多人投入剿匪，击毙和重伤500多匪徒，俘虏1 500多人，缴获大炮6门，各种枪支2 500多支。

击毙土匪头子傅老鸹

1946年2月的一天,傅老鸹带领他的匪队300多人进入兴源镇,村长刘宪廷立即去穆棱镇绥东军分区司令部报告。政委刘野亮派人侦察发现土匪大部队已经撤到猴石沟去了,只有傅老鸹的大舅哥郎聋子领少数人留下做后卫。

刘政委组织军分区司令部领导研究敌情,随即从司令部抽出30人,又从泉眼河调来一个朝鲜排,共60多人,尚不足土匪人数的四分之一。队伍由刘俊德同志为总指挥,半夜12时从穆棱镇出发,在猴石沟屯附近停下来布置兵力和进攻方向。部队兵分三路:警卫队两个班堵击北门,朝鲜排堵击南门,刘俊德带警卫队一个班从东侧主攻。南北两侧部队,接近南北门200米处潜伏待攻,以东侧主攻部队枪响为令,一齐进攻。

当东侧主攻部队刚爬到山腰的悬崖下时,被山顶土匪岗哨发现,两支冲锋枪向我军射来。主攻部队躲避后绕过悬崖,边打边向山上冲,因天黑两个岗哨弄不准我军人数,听到枪声越来越近急忙向屯子跑去。待我军追过去,屯子里土匪也都上了城墙进行阻击。匪队有40挺苏式轻机枪、70多支冲锋枪,一齐进行火力封锁。南侧部队攻上去,又被打下来。我军没有重武器,只带两挺九九式轻机枪、两个掷弹筒。敌人火力太强,交战时间不长,我方轻机枪就被打坏一挺,机枪手也负了伤,部队只好撤到机枪够不上的地方,由攻变守。

一个多小时后,天渐渐放亮,可以看到对方的火力目标。这时我军两个掷弹筒一齐开火,在屯里匪徒聚集的地方开了花。傅老鸹不知我方人力和装备情况,觉得继续打下去对匪队不利,急忙组织匪队冲出南门,想奔上南山与我军顽抗,以发挥他们人多、枪多和机枪射程优势。不料,当匪队刚一冲出南门,傅老鸹就被击毙。匪队慌忙撤回,傅老鸹的小老婆重新组织力量,抬着傅老鸹的尸体从屯子西头突围出去。

县城保卫战

傅老鸹被击毙后，其小老婆郎氏为给丈夫报仇，勾结王佐、朱维先为首的两股土匪300多人，于1946年5月12日下午2时左右，趁穆棱县公安大队长卢凤歧结婚、县独立营前往下城子一带剿匪之际，从大桥、西岗、团结三个方向窜进县城穆棱镇，分别向县政府办公楼、独立营部、车站三个方向发起进攻。

县政府办公楼东靠小河，西是车站，南紧靠小河桥头是独立营部。当时，县委书记李毅、副县长尚景波和第二科长赵福等正在二楼研究工作。尚县长的警卫员王永清站在三楼阳台放哨，突然发现火车站旁边有许多鬼鬼祟祟的人影移动，仔细一看西边的树林里也有许多提枪的人三三两两跑进楼南的一个破房框里。他急忙往二楼跑去，边跑边喊："尚县长，土匪来了！"李毅和尚景波听到喊声，跑到三楼阳台一看，的确是土匪进城了，于是马上组织楼内人员进行反击。

土匪知道楼上的人不多，妄图一举拿下政府办公楼，便集中了火力，子弹像雨点似地射过来，窗上的玻璃被打得稀里哗啦，楼外墙面上的弹坑一个挨一个。土匪一边打，一边嚣张地喊："快投降吧，不投降抓活的了啦！"楼内算上炊事员和勤杂工总共才十几个人，好在机关干部人人有枪，在两位县领导的指挥下，大家不惧土匪的威胁，借着窗口向土匪猛烈开火。炊事员和几个勤杂人员也主动组织起来，把守一楼前后门，防止土匪进入楼内。

眼看几十个匪徒离楼门只有十来米远了，尚县长见状，操起机枪，借着三楼窗口，向冲在前面的土匪一阵猛扫，七八个匪徒应声倒地，后边的匪徒见势不好，慌忙掉头向后跑去。

郎某又将匪徒分成三股往上冲。尚县长一面用机枪左右扫射，一面命令警卫员吹冲锋号，蜂拥而上的匪徒听到这突如其来的冲锋号声，一时摸不着头脑，又掉头跑到破房框后面。过了一会儿，发现只有号声没有人冲出来，方知上当。郎某气急败坏地再次组织反扑。

在这紧要关头，二楼阻击的赵福科突然想起后院有一门日本投降时扔下的炮，马上叫上一名警卫员跑向后院。两人装好炮弹，对准破房框就是一炮，炸死六七个土匪，接着又是几炮，匪首以为增援部队打来，带领匪徒连滚带爬地逃向山边的树林。

土匪撤到树林后，只向这边打冷枪不敢贸然行动。李毅和尚景波考虑楼内人手太少，弹药不足，再这样坚持下去，于我方不利。研究决定将楼内的十几名同志从后院撤出楼外上铁路，用铁轨当枪架，以路基为掩体，打退了匪队数次进攻。

桥头那边守卫独立营部的战斗也很激烈，土匪在此投放了一百五六十人的兵力，利用横穿穆棱街铁路的有利地形，向独立营部包抄，企图拿下独立营部楼以便控制全城。独立营部内共有17名战士，其中有8名刚入伍两天的新兵，6名伤病员。

排长许万玉、营管理员李南海、排长金哲龙、班长许万珠等同志沉着机智地组织指挥这一突如其来的战斗。许排长把伤病员调动起来，每个老兵带一名新兵作为一个战斗组，分成8组，一个组负责一个窗口，两个组包打一面。

土匪为尽快占领独立营部控制全城局势，以十倍于我的兵力疯狂地从四面压过来，一边向楼内射击，一边向院内投手榴弹。吓得到营部避难的妇女儿童一片哭喊声，一时楼内秩序很乱。

许排长把轻机枪架在二楼的阳台门口，向企图跨越铁路的土匪群猛打起来，土匪抗不住这突然还击，丢下几具尸体退至路基后边。许排长继续点射控制西侧土匪进犯。许万珠负责的西南角，打死了跑在前面的几个匪徒，压住了土匪的火力，虽身受重伤仍坚持战斗，并命令大家节省子弹，瞄准再打。坚持了一个多小时，土匪没能靠近营部楼。此时后院的两声炮响增加了战士们的斗志，土匪被炮声吓退到西岗的树林。

火车站里，驻站军代表申太焕和金弘国听到南街方向的枪声赶紧跑出来，发现西岗方向有四五十土匪向车站猛扑过来。二人敏捷地跑到站外掩体进行阻击。一排子弹射过来，金弘国同志腰部受重伤，申太焕同志的军帽被打飞。申太焕赶紧扶起受伤的战友，迅速撤到车站内进行还击。申太焕迅速将金弘国的枪和子弹袋提在窗台上，一人操两支枪，利用四个窗口来回跑动，沉着地瞄准敌人射击。连续打死了几个土匪，其余的不敢再露头，土匪只好盲目地向站内射击，直到县政府方向传来炮声，匪徒才向西岗撤去。夜半时分，一部分土匪留在东岗，不断向镇内打冷枪；一部分土匪窜至北街，骚扰百姓，抢掠财物。

在下城子待命准备讨伐马桥河土匪的独立营接到紧急报告，连夜急行军50多里返回穆棱。侦察员报告说，土匪多数在北街，油坊是指挥中心。营长许泰东用望远镜观察后，命令机炮排直射油坊，炮班长任观海等同志用两门小野炮向北街连发了几颗炮弹，其中一颗正中油坊院内装着物资的一辆马车，还倒下三四个土匪。土匪乱成一团，还没等独立营发起进攻，土匪就像惊弓之鸟，潮水般地往西南方向逃窜。

这场县城保卫战历时15个小时，打死土匪30人，我方仅4人伤亡。缴获冲锋枪1支、连珠枪1支、九九枪3支、子弹3箱，截回粮食数万斤；傅老鸹的小老婆负伤被残匪抬走，不久身亡。

马桥河围剿战

马桥河位于原穆棱县城东北部，四面环山，东面山上有三个沟岔，构成鸡爪形；西山底有一条南通牡丹江、北通八面通的公路。山上树林茂密，土匪经常出没，当地老百姓深受其害。光复后，马桥河伪村长借机捡来日本投降时扔下的枪支，把一些伪警和地痞流氓组织起来，凑了近100来的队伍进行操练，准备迎接国民党中央军的到来，好混个官当。

1946年4月，穆棱县开始轰轰烈烈的土地改革运动，牡丹江市和穆棱县城相继进驻了军队，马桥河这股武装深感自己势力单薄，决定同绥阳的王枝林匪队及吴营、姜营、徐营、桑营几股土匪合为一股。

5月10日，多股土匪在王枝林的带领下，携枪带炮到马桥河进行整顿合编。由于土匪间争权夺利，梦想国民党大军到来时升官发财，所以在整编过程中争执不休，没能达成协议。匪首们认为人多，在这里有吃有喝地多住几天、多划拉点东西不会有什么危险，没想到他们刚到马桥河，就被牡丹江军区司令部得知，并派侦察员去马桥河侦察了解情况。与此同时，又得知特务头子姜学蓉、王介孚早就勾结土匪头子傅邦俊、王小丁等300余人，要在5月15日凌晨进攻牡丹江，妄图推翻我革命政权。

为了消灭这两股土匪，军区司令部作了周密布置，确定"集中优势兵力，各个击破"的作战方案，决定先消灭进攻牡丹江市的这股土匪，再围歼马桥河的土匪，并命令驻穆棱的绥东军分区到下城子待命，配合牡丹江军区一起夜袭马桥河土匪。

14日下午，牡丹江军区部队由刘贤权副司令员带领上了穆棱的火车，部队到穆棱镇下车，天黑后又返回牡丹江，上演了一场假空城计。15日凌晨，土匪进攻牡丹江，结果遭到我军优势兵力痛击，除姜学蓉、傅邦俊带领几名残匪乘乱而逃外，匪首王介孚在绝望中自杀，王小丁及200多名匪徒均做了瓮中之鳖。

牡丹江保卫战胜利后，部队迅速打扫战场，再次整装出发。当天下午8时多，副司令员刘贤权带领一团三营、十四团、十五团各一个营坐火车到达穆棱县下城子，同在这里待命的绥东军分区部队会合。由于向导走错了路，部队没能在午夜前赶到马桥河，不得不由夜袭改成围歼。刘副司令员将前来参战的部队1 000余人分别布置在马桥河的四周山上。南山上设有重炮，北面有两挺机枪，东面由重兵把守，村西大桥方面由绥东军分区穆棱独立营同一团三营担任主攻。

16日拂晓5时，南山上的大炮率先开了火，第一炮就命中了匪队的一个团部。匪团长被这突如其来的炮声吓晕了头，跑到后边老百姓家里躲藏起来。绥东军分区穆棱独立营和一团三营全体指战员举起红旗呐喊着向村子冲去。村内的匪徒乱了营，大多还没有起床，睡梦中听到枪声慌了手脚，拽衣服、找裤子乱作一团。匪首们听到四面传来的枪炮声和呐喊声知道情况不妙，赶紧组织力量反击。当他们发现我军主攻部队在西大桥方向快要冲进村口时，慌忙叫来被匪队收留的日军机枪手，在村西口利用大墙作掩护，架起了一挺机枪，疯狂扫射起来。主攻部队一时被压下来，但匪队想从西路逃跑已不可能。

狡猾的匪首心生一计，调来平射炮，对准南山我军炮位连放几炮，其中一炮正中我军炮位，8名战士牺牲。匪队趁机组织全部力量拼命向东南方向逃窜，这个较突出的山头上有三营一个班扼守，残匪一面疯狂打枪，一面拼命往上冲，企图越过山头逃命。这个班在营预备队的侧击火力支援下打得非常英勇，在敌众我寡的情况下，等敌人接近山头时，用有效射击和手榴弹大量杀伤敌人，除少数土匪逃向绥阳，其余都被消灭在这个班的阵地前。前去增援的同志赶到时，山上的枪声已停止，全班勇士牺牲殆尽。

战斗至10时结束，共打死匪徒100多人，生俘100多人，缴获平射炮1门、重机枪2挺、轻机枪4挺、长短枪100多支、汽车4辆、粮食7万多斤。剿匪部队负伤30人，10人牺牲。第二天早上，另一队土匪从绥阳乘火车逆袭，企图重新占领马桥河，遭我军阻击后逃走。逃出的土匪到绥芬河、东宁又扩编合编到2 000多人,妄图固守东宁县城。牡丹江军区各部在刘贤权副司令员的带领下,乘胜追击到绥芬河、东宁,全歼了这股匪徒。

八面通镇保卫战

穆棱县民主政府建立之初县城设在穆棱镇,八面通只是下辖的一个镇,当时各级人民政权虽然不十分健全和巩固,但群众的爱国热情很高。日军投降后,八面通的商业活动和农业生产很快恢复和发展,并逐渐呈现繁荣景象,土匪对这个富庶的小镇垂涎三尺。八面通建有一个保安队,下属汉族、朝鲜族各一个排,共70余人,连长黄连俊,指导员崔晨风,战士绝大部分由当地有觉悟的农民组成。此外,驻扎在八面通的还有穆棱朝鲜族独立营四中队少数留守人员。

1946年1月,被国民党东北挺进军收编的东北挺进军第一纵队第三旅第九团团长孟大光,在穆棱县福禄、河西、八面通、兴源、穆棱一带残害百姓,抢劫民财。

6月初,孟大光带着他收拢的匪徒80多人窜到兴源镇,被县保安大队和兴源区保安中队100多人追击,在柳毛河双方交战4个多小时,打死匪徒40多人,缴获长短枪74支。孟大光见势不妙,带着部分亲信狼狈而逃。

6月19日凌晨1点多,孟大光勾结东北先遣军郎团(团长郎亚彬)、郭团(团长郭维德)、"姜左撇子"等600多人进攻八面通。匪徒们打死南门外岗哨后,从东南两面攻入八面通南半街。当窜到保安队门前时,遭到我军猛烈阻击,队长和指导员都具有丰富的战斗经验,机智冷静地指挥战斗,保安队战士都表现得十分勇敢。敌人为了攻占保安队,先后组织了成排成连的进攻20余次,都被我军击退。匪参谋长宁景阳率匪徒冲锋时,被我军击毙于大门外。

　　土匪看硬攻不行，便威逼部分朝鲜族群众为前导，他们尾随其后，向保安队院内冲击。黄队长和崔指导员及时提醒大家，不要误伤百姓，把老乡一个个让进屋内再还击匪徒，等最后一位老人惊恐地进屋后，战士们进行了猛烈反击，匪徒们被打退下去。战斗中，匪徒向室内投掷手榴弹，崔指导员沉着地将手榴弹反投回去，不仅没伤着战士和群众，反而炸死许多土匪。

　　土匪恼羞成怒，绕到后院把保安队的房子点着，黄队长和战士们仍顽强抵抗，终因寡不敌众，黄队长带领保安队冲杀出来，途经四合村，越过穆棱河奔向福来村。凶残的土匪在街里大开杀戒，残忍杀害朝鲜族居民100多人，抢掠财物无数。

　　19日上午，一部分土匪留在八面通镇里，另外40多名匪兵由孟大光带领到三道河子堵截火车。原抗联战士李凤山得知消息后，徒步跑到福来村向保安队报信，黄连俊带领保安队员在向阳村南与八五九旅某小分队会合，拉山奔三道河子站西山堵截。匪队到三道河子车站后向列车射击，摘掉了挂钩，使车头只拉一节车厢驶向八面通，其余车厢全部脱轨停车。匪徒上车抢夺货物民财，带着抢来的财物向三道河子西山逃跑。我军这时从西山后坡兜过来包围了土匪，经过激战，除孟大光带几名亲信趁乱逃跑外，其余30多名匪徒全被歼灭，缴获步枪30多支、子弹上千发，被抢走的财物全部收回。

　　穆棱县县委书记李毅带领一个排，乘火车从县城穆棱站开往八面通增援，当火车开到钟山村对面时，向八面通南侧连打三炮，郎团、郭团等土匪闻声仓皇逃走。

　　在这场保卫战中，共歼灭匪徒100余人，生擒2人，保安队12名战士牺牲，战士们用鲜血和生命捍卫了新生的人民政权。

　　孟大光带领几个亲信逃往长春，加入了国民党辽东区东北光复先遣军，充当上校队长，又招收匪徒140多人，在本溪、抚顺、台安一带与我东北民主联军对抗。后被捉拿归案，押回八面通枪决。

"九彪"覆灭

"九彪"，活动于穆棱县磨刀石一带的土匪头子，原名刘文俊，别名刘亚杰，原籍山东省沂水县。他从小就好逸恶劳、不务正业，凭身高力大为非作歹。1909年至1911年在吉林省桦甸南沟老白山地区抢劫勒索，1912年来到穆棱县磨刀石，在土匪"战中原"队任炮头。"战中原"率队到江北向旧东北军投降后，他留在磨刀石二顶子一带，伙同他人种大烟，还收烟刀，就是按别人种大烟的数量，估产酌情勒索一定数量的大烟。

1932年4月，九彪在磨刀石立山头，活动于穆棱、宁安、林口、鸡西、密山等地。日本鬼子烧杀抢掠使很多良民倾家荡产、妻离子散，走投无路被迫投靠九彪进山为匪，匪队人数从二三百人发展到1 000余人，绑票、抢掠民财，有时也与日军对抗，曾两劫日本列车。

1931年"九一八"事变后，国民政府采取不抵抗政策，国民党军队四分五裂，一部分反日派进山为匪：1932年4月，国民党自卫军二七六团大洞守备排30余人，立山头为"德胜"；1932年秋，救国军王林卫队营一连90余人，由连长刘熙然带队从宁安到磨刀石，立山头为"五省"；1932年自卫军又有两个排立山头为"战江""双全"；1933年春自卫军齐德胜连，被日军打剩29人，由连长齐德胜带队立山头为"五族"；1933年冬，由岳兴海带领近40人立山头为"海龙"。以上各部均进山与九彪匪队合并，隶属于九彪麾下。

由于九彪匪队大多是军人、炮手，武器装备也很强，1933年至1935年间，数次与日军交战，有过令日本军生畏的战绩。但由于土匪没有政治理想，只是追求个人享乐，最终在日军的围困和威逼利诱下四分五裂，1940年冬九彪带10余人在宁安花脸沟向日军投降。投降后，以九彪、梁俊德为首的全部匪徒均在牡丹江日本陆军特务机关当特务，搜索抗联活动信息，充当汉奸走狗。

光复后，龙彪等人被苏军抓往苏联，四五个月后被释放回到磨刀石。九彪匪性不改，于1946年3月采取欺骗、拉拢、威逼等手段，重新组织了近百人继续进山为匪。他们错误地估计形势，把升官发财的希望寄托在国民党身上，一面加紧扩大队伍谎报实力，一面和国民党吉林地下组织联系，被国民党东北吉林地下先遣军司令孔宪荣委任为地下先遣军第九旅旅长。

1946年6月，牡丹江军分区开始全面剿匪，九彪匪队忧恐不安。为壮大力量，九彪千方百计拉拢青壮年进山为匪。

6月15日上午11时许，九彪率匪队带两挺轻机枪埋伏在号称"鬼门关"的小洞子东1华里转弯处，袭击我军列车，打死东北民主联军十五团排长1人，伤军民7人，抓住跟车战士3人，并将1门日式山炮、3支步枪和我军一份通报截走。

6月28日上午10点，牡丹江军分区二支队二团一营和三营，由军分区二团长王敬之带队，到穆棱县一带剿匪。列车驶进磨刀石区域内遭遇九彪袭击脱轨。原来，九彪得到探子情报，打劫这列客货混合列车。王敬之团长和军区政治部副主任李伟从倾覆车厢里钻出来，看到土匪正吵吵嚷嚷从山头冲下来，急命陈大正集合一、二连从后面绕上去打敌人的屁股；三连凭着路基、车厢的掩护，迎头痛击冲下来的土匪。杨子荣见状迅速从车厢里爬出，伏在铁路旁的一条小沟坎下，趁土匪机枪扫射过后打掉了机枪手。这时山顶上响起冲锋号，陈大正带150多名战士从敌人背后冲杀过来。土匪受到两面夹击，九彪慌忙组织撤退，凭着路熟，带着残匪仓皇逃走。我军打死敌人113人，伤俘120人；我军阵亡31人，土匪劫去东北流通券200万元。

7月13日,九彪又一次亲自带队在北林子车站西1公里处,妄图颠覆、劫击我军列车。然而,事与愿违,地雷没有爆炸,列车安然通过。

几劫火车未遂,九彪转回八里地。我军根据土匪大多是磨刀石青壮年的情况,组织家属劝亲人下山投降,投降或自行隐蔽的土匪约60余人。九彪身边只剩40来人,仍在山里坚持与我军周旋。

农历8月初,九彪带匪徒夜闯东和屯,找人连夜给周围各村送信,索要越冬被服和过中秋食品,限期送到桦子房沟口,违者以火烧村为罚。为虚张声势威胁群众,信尾落款"东北先遣军第九旅旅长九彪"。我军获得消息,派一个村用车送去粮物,匪徒得到粮食支灶煮饭,饭刚熟剿匪小分队就来了,土匪饭也没来得及吃狼狈逃跑。为缩小目标,九彪领20人继续以磨刀石八里地为基地越冬;刘熙然率其余20多人,到宁安东部山区,以簸箕掌屯为基地进行活动。

12月27日,十四团团长董振东率领十二连、二营六连及骑兵一个班和警卫班的部分战士挺向磨刀石。29日晚6时,部队在向导的带领下秘密出发,踏着没膝大雪,顶着凛冽寒风翻山越岭直插匪巢。土匪们正吃早饭,被突然袭击,一部分向北跑去,被六连一排枪弹全部撂倒。一伙土匪向东北方向逃去,刚跑到崖边,我军几挺机枪一齐扫射,土匪们应声摔进崖下山沟里。十二连用机枪把各匪穴洞口封住,里面100多土匪自知无法逃跑,纷纷投降。清点时却发现没有九彪和李发,一问方知转心堂村设有一匪团部。董团长命令六连负责清理战场,其余随他奔向转心堂村。

两个多小时后一到转心堂村,部队迅速围上去。匪队发现后向山里逃窜,正与我骑兵班、警卫班碰个对面,遭到迎头痛击,又掉头向南跑,十二连猛追不舍。董团长喊话"缴枪不杀!我们优待俘虏！"不料左腿中弹。董团长见匪队如此顽固，于是命令把机枪架到高处，向匪群狠狠地打。匪团长急忙举起白手帕，率残匪投降。这次围歼战，百人匪队被打死过半，剩余大部投降。

九彪逃跑后仍不改悔，于1947年1月重新纠集逃散的20多人继续在磨刀石周围为患。穆棱县公安局和民兵基干队先后数次进山围剿，虽追得土匪东躲西藏，难于支撑，但狡猾的九彪依然未被擒获。

1952年7月，穆棱县委找到九彪隐藏地的线索，从武装部挑选出18名战士、两名警卫员，还有两名群众炮手，武装部政工科长王选五任剿匪小分队队长兼突击组组长。20多人的小分队配2挺机枪，每人配1支步枪、100发子弹、5枚手榴弹、五天口粮，开始进山围剿。

16日凌晨，山里大雾弥漫，小分队将九彪隐藏的地窖子包围。突然地窖子门开了，走出一人，那人稍一怔神儿，随手去掏枪，却被王选五抬手一枪打在右手腕上。那人又用左手掏枪，一下没掏出来，迅速转身拽起小门内的一个背筐向南跑去。王选五从后面打了一梭子，又投去一枚手榴弹，那人一头倒地毙命。经确认，此人就是九彪。

九彪自1909年为匪至1952年7月16日被击毙，经历了清末、"民国"、伪满、新中国四个时期，作恶近40年，其间虽也有过抗日义举，但匪性不改，作恶多端，几经搜捕，几番脱逃，最终还是落得了应有的下场。

第五章 穆棱在新中国成立和社会主义过渡阶段的发展

（1949.10—1956.9）

1949年到1956年，是新中国从新民主主义向社会主义过渡时期。这个时期穆棱县社会经济发展经历了国民经济恢复时期和全面开展生产资料私有制社会主义改造、进行有计划的经济建设时期。前一阶段，全县根据新民主主义建国纲领，遵循党中央确定的方针、路线、政策，加强党组织和政权建设，开展剿匪收尾和镇压反革命、抗美援朝、整党整风、建立县级人民代表大会制度等政治运动，积极组建国营和集体经济，发展工农业生产，兴办各项社会事业，努力恢复国民经济，巩固新生民主政权。第二阶段，全县人民宣传贯彻党在过渡时期的总路线、总任务，实施国民经济发展第一个五年计划，积极稳妥地对农业、手工业和资本主义工商业进行社会主义改造，顺利实现了由新民主主义向社会主义的过渡。

第一节 加强基层政权建设

新中国成立之初，穆棱县由于受长期战争创伤和多次自然灾害影响，百废待兴。但相对而言，当时穆棱社会经济状况还算稍好一些，因为日本投降后，党中央做出进入东北建立根据地的重大决定，穆棱成为新的解放区和根据地，率先完成了土地革命并取得了剿匪斗争的重大胜利。为适应新的形势发展，创造稳定的社会秩序和发展环境，穆棱将强化基层政权建设作为重要的基础工作。

从1948年12月开始，穆棱公开组织发展党员，建立基层党支部。县委、县政府召开建政工作会议，派出大批干部深入区、村，成立区、村政府，民主选举政府干部。到新中国成立时，全县8个区（乡）和83个村已全部建立起两级基层政权及党组织。此外，还成立穆棱县人民法院，组建了穆棱新民主主义青年团委员会。尽管如此，到新中国成立之初，按党中央和中央政府要求，原有党的建设水平和基层政权工作必须予以进一步强化和完善。

穆棱县委、县政府从实际情况出发，将没有建立党支部的空白点建立党支部。由于绝大多数支委会成员文化程度低或没文化、缺乏党的工作经验，致使支部作用不能得到较好发挥，影响上级党的政策任务的快速落实。当时部分党员干部存在党性不强、作风漂浮、纪律松弛、自由主义等各种倾向，少数领导干部甚至腐化蜕变，败坏了党的形象，阻碍了党的工作顺利开展。为扭转局面，县委、县政府于1949年10月10日对全县各区委员会进行整编，从县委机关选出能力较强、政治素养较高的优秀党员干部配齐配强各区党委书记和区委委员，接着对全县干部进行鉴定，纯洁队伍。同时为加强党对矿山企业的领导，重新组建了穆棱煤矿、八面通金矿等4个矿企基层党组织。12月，县委派出139名工作组成员到全县各区开展试点整顿工作，历时5个月，对全县党员进行了一次党的纲领、章程和党性教育，大幅提高了全县党员党风党纪观念和为人民服务宗旨意识，纯洁了党的队伍，对少数违反党纪、作风腐化变质分子进行了党纪处分（开出党籍4人，党的纪律处分16人）。在整党运动中也发展了一批新党员，壮大了党的基层队伍，使各区委、各农村、企业支部的政治核心领导力量得到增强，为基层党的政权建设注入了活力。1950年1月，县委又通过开办首批农村党员集训班，使农村党员提高了党的观念，增强了党员的纪律性，增添了带领群众听党话跟党走的积极性和自觉性，有效提高了基层党员干部的工作水平。

为加强党的工作，穆棱县委经过讨论研究决定，从1950年5月1日起实行党政分开，同时加强对公安、农村人民武装、工会、青年团、妇女、供销商业、教育等各方面工作的领导，使穆棱县的党组织从县到农村、到工矿企业的整体政治合力增强，为以后各方面工作和各项运动的开展打下了强有力的政治基础和组织基础。

第二节 恢复经济 整顿秩序

穆棱光复之处，煤矿和金矿生产秩序较为混乱，企业仍采用封建"工把头式"的管理办法，官僚主义、军阀作风严重，企业管理者和工人之间矛盾尖锐。加之，企业领导缺乏科学管理经验，导致企业生产无计划、无规章，贪污现象严重，工人收入低，以至出现工人数量减少，有时生产难以为继。当时穆棱工矿业生产比重是农业的四倍，企业如果不恢复好，会严重影响穆棱经济发展。针对这种状况，结束土改后的穆棱县委、县政府迅即采取措施，快速扭转工矿企业的混乱局面。

首先是抓党组织建设。原来穆棱煤矿3 000多工人只有12名党员，连党的基层支部都没有建立起来。1949年10月，县委就从党政机关抽调12名能力强、懂工业生产的领导干部进驻煤矿，和工人同吃住（其中有几位领导就是工人出身），很快摸清了情况。经过一个半月艰苦细致的工作，选出了新领导，培养了一批骨干，组成了新的企业领导班子，还建立了党支部委员会，发展了75名新党员。同时，对新的企业领导班子进行企业生产管理能力整训提高，使新生领导水平有了快速提高。在此基础上，又狠抓企业工会组织建设，使煤矿工会由原来只有一个职员负责的可有可无状态，变成有七个人组成的矿山工会委员会。二是开办企业工人训练班，对工人开展爱国、爱企的主人翁教育和安全生产教育，加强组织纪律和互帮互助观念，从整体上提高了工人群体思想政治觉悟，整体大局观念、生产积极性明显增强。三是建立新的生产安全管理制度，用规章制度管理，组织生产，工人的纪律性有了较大的变化。四是号召农民劳动力到矿山企业当工人，增加企业生产能力。五是进行技术改造，引进机械设备，提高矿业生产力。

以上措施迅速建立起生产新秩序，加快了生产恢复和发展速度，使穆棱的主导产业在新中国成立之初就打下了良好基础。工人数量的增加和机械设备的使用，使全县煤炭和黄金产量有了大幅提高，以1950年1月份为例，煤炭产量达1 300吨，比原计划增长62.5%；黄金产量达1 000两，比以前最高月产量增长25%。

解放初期，农村也出现了一些亟待解决的问题。一是一些极度贫困的农民因种种原因出卖自己刚分得的土地，又当上了新的雇农游民。二是农村中比较富一些的有房户，往外租房要高价，使有些比较困难的无房户租不起住房，难以安心生产生活；有房户因为没有办房照心里不托底，不能及时修缮房屋，导致房屋破损度增加，减少了出租房的总量。针对以上情况，县政府于1950年秋下达禁止买卖土地的文件和禁止高价出租房屋的通知。为解决困难农民住房难题，政府为有房户集中办理房照，降低房租价格，还拿出部分资金与区、村政府协同，新修建了580多间住房，使农村缺房、少房、无房住的难题基本得到解决。在政府的检查督促下，绝大部分卖出土地的农户也赎回了土地，稳定了民心，生产生活得到了保障。

为解决农户缺少畜力、农具导致生产经营困难的问题，政府引导农户采取插具组、换工组等互助合作的办法，使农户得以维持简单的生产经营。为扩大农业生产，增加农村劳动力，1950—1953年间向省政府请办安置了外省移民1 300多人，安置朝鲜军政干部家属800多人。为改变耕地不足的现状，政府每年都对各区、村下达开荒任务指标，对任务完成好的区、村、户予以表彰奖励。到1953年，全县共增加农田面积11万亩。这些举措使农民群众特别是困难农民有了基本的生产生活保障。

在抓好工农业生产秩序恢复的同时，穆棱县也下力气解决城乡流通领域产销不畅的问题。新中国成立初期全县85个村，只有18个小型供销互助合作社，为扭转网点少、入股股金少、进货量少、盈利少的状况，实施了以下办法：一是在全县区区村村建立供销合作社，使全县没有空白点；二是开办培训班，提高合作社干部的政治素质和业务水平；三是整顿现有的合作社，完善经营管理制度；四是确定合作社经营方式为供应、运输、销售并重；五是整顿个体商贩，协调经营关系。为扩大农产品销售总量，1951年成立了穆棱县土产、粮食、百货三大公司。这些措施的实行，使全县城乡出现产销协调、供销两旺的可喜局面，保证和扩大了农民的经济收益，繁荣了城乡经济，也将散漫的群众从经济战线上组织起来，逐渐走向集体化道路。

　　新中国成立初期，穆棱社会治安也不稳定。被打倒的封建地主阶级，有的怀揣变天账，欲行反攻倒算，有的利用种种手段拉拢党政领导干部。解放战争胜利后，国民党军队残余有的潜伏过来与地方的反动分子相勾结，试图破坏新生政权；城镇暗娼没有根绝，农村赌博之风泛滥；土匪顽固分子尚未消灭干净，地痞流氓时有犯罪；反动会道门活动猖狂，扰乱民心。混乱的社会治安，严重影响社会稳定和工农业生产。面对这种复杂的社会局面，县委、县政府果断采取措施，强力打击各种反动势力，整治各种社会毒瘤，惩办各种刑事犯罪。

　　县委于1949年冬下发文件，加强对公安工作的领导，为公安系统增加编制，选调强有力领导干部和优秀青年干部充实公安领导班子和公安队伍，增加了对各种案情的侦破力量。对被土改运动斗争过的地富分子，发动贫下中农和基干民兵对他们实行更严格的监督改造，以防他们闹事捣乱。公安部门两个月捣毁县城内暗娼窝点3处，查封聚赌场所9处，19名惯赌分子实行劳动教养改造。对地痞流氓犯罪活动采取严厉的治安管理办法，不让他们在社会上肆意妄行扰乱秩序。对一度作乱的反动会道门反动党团分子，公安部门于1950年1月开始发动群众进行举报详查登记，先后有国民党党员、三青团团员、兰星团团员、暗杀团团员、国民党谍报员、国民党原军官、蒋军地下武装人员、大韩民主党员等计129人被登记上册，使其完全置于公安部门的掌控之中。全县查出各种会道门组织16个，教徒1 269人，公开宣布一贯道为反动会道门，予以取缔，对其首要分子给予惩治。1950年至1952年，县境内发生7起火灾，对9个纵火分子依法予以严惩。

　　以上措施，严厉打击了各种敌特反动分子的反动气焰，控制了各种社会乱象的滋生泛滥，为工农业生产和人民生活创造了较为稳定的发展环境和社会局面。

第三节　支援抗美援朝

正当全国人民集中力量争取经济状况好转的时候，1950年6月朝鲜战争爆发，新中国受到外国侵略的严重威胁。10月，党中央发出中国人民志愿军赴朝作战的命令。10月19日，中国人民志愿军赴朝参战。1951年6月1日，全国抗美援朝总会发出号召，要求全国各地开展订立爱国公约活动，以实际行动支援中国人民志愿军打击美国侵略者。全县各行各业在县抗美援朝支会的精心组织下，广泛开展订立爱国公约活动。如：农村订立增产爱国公约，在广大农民群众中开展爱国丰产竞赛，精耕细作，发展副业，扩大生产，农业生产积极性普遍提高；城镇订立节约爱国公约，在居民中倡导节约反对浪费，使节约成为移风易俗的社会风气；工厂订立生产竞赛爱国公约，车间、班组、职工之间开展生产竞赛，提高产品数量和质量。到12月底，全县城乡家家户户都订立了爱国公约。

穆棱县积极响应中国人民抗美援朝总会向全国人民发出的捐资购买飞机大炮的号召，动员全县各界同胞自愿捐献钱物，共计捐款11万元。穆棱光复建政后，2 806名适龄青年踊跃参军，随四野转战大半个中国后，作为抗美援朝志愿军主力部队入朝作战。1950年11月，穆棱又有247名青壮年参军，其中朝鲜族80人。至此，穆棱籍志愿军战士达到3 200多名。

为支援前线，1950年10月下旬，穆棱县委、县政府接到松江省委、省政府的指示，要以最快速度、最好质量组成一支800人的担架队伍。县委向全县人民发出紧急动员令，1 400多人踊跃报名。其中一位田进财老汉，怕报名处嫌他年龄大，把胡子刮得光光，软磨硬泡坚决要去支前。区长看他态度诚恳，最终批准他参加了担架队。

穆棱支前担架支队下编两个大队，大队下设中队，队伍中朝鲜族同志占比重很大，大队、中队都配备了朝鲜族同志担任领导职务，并配备了朝鲜族翻译。担架队由副县长卢桂勤同志带队于11月初出发，乘坐闷罐专列两天一夜到达中朝边境吉林省通化县临江车站。当夜跨过临江鸭绿江大桥，急行军50里路，天亮前各中队把饭做好，避免天亮动烟火遭到敌机轰炸。队员们看到整个朝鲜几乎全是战场，夜间行军，白天防空。第三天拂晓，4架飞机对第一大队驻地石慕洞村轮番轰炸，一大队教导员王澄耳朵被震聋。支队趁着夜幕向三浦里开进，在离三浦里10公里左右的小村子趁着夜色运送伤员，搬运军用物资。那时志愿军在战场上直接受伤的并不多，而美军和李承晚军队伤亡却很大。因为朝鲜大部是山地，我志愿军善于运动、包抄、发动突然攻击，打得敌人狼狈不堪。我军伤员多是冻伤，因志愿军急于应战，没来得及换装就直接上了战场，冰天雪地里一卧就是几个小时，故冻伤甚多。我担架队员小心翼翼地运送伤员，向他们投以崇敬的目光。

在三浦里完成任务后，按上级指示经过长津湖过荒草岭向咸兴进发。这时狡猾的敌机又通过投掷照明弹进行夜间空袭。当晚，穆棱支队部分人员在长津里执行任务时遭敌机轰炸扫射，大队马夫、当初刮胡子报名的田进财老汉动脉被弹片切断，血流不止，军马被炸死。虽快速送往附近野战医院抢救，但因伤势严重，光荣牺牲。1954年，新华社记者编绘出版了田老汉事迹画册。

穆棱支队奉上级指示继续向咸兴进发。大家吃炒面，随身带的凉水用完就抓路边的雪往下吞炒面。大队人马爬过荒草岭接近北坡时，看到公路两旁七斜八歪尽是些美国坦克和卡车，从当地一位朝鲜老大爷口中得知，那是投降的美国兵丢下的装备。看到志愿军的胜利战况，担架队员们也士气高涨，行军速度加快。美国飞机也不像刚入朝时那样猖獗了，担架队就是大白天昂首阔步走过荒草岭，进入朝鲜北方城市咸兴市。

咸兴是朝鲜民主主义人民共和国咸镜北道的首府，但遭受严重战争创伤，满目疮痍。队伍到咸兴市以北七八公里的村屯驻扎下来。此时，战线已南移到"三八线"附近。穆棱支队奉命在这里边执行任务边休整，严格执行"三大纪律八项注意"，同朝鲜人民关系融洽，还和朝鲜老百姓共同度过了春节。

春节过后，支队接受命令向"三八线"前进。在南进的路上常常看到敌机被我空军击落的情景，许多同志摘下帽子向空中挥动，欢呼跳跃地庆祝胜利。经几天急行军，支队到了"三八线"以南离汉城（今首尔）较近的春川附近，此刻中朝军队已将汉城团团包围。美帝为挽回战略困境，变换手法乞求和平谈判。支队奉命迅速北撤到离阳德60公里的一个叫熙川球场的村子。

1951年1月31日，穆棱县又派出第二批抗美援朝基干担架队，队员227人，同时组织汽车司机（含助手、学员）32人，另有朝鲜族翻译52人，赴省统一编组，3月入朝参战。

1951年4月，中国人民志愿军后勤部根据朝鲜战场谈谈打打的情况，志愿军后勤二分部决定从穆棱支队抽调大部分领导干部参加大站工作，担架队工作直属大站领导，一个大队只留下一两名干部继续执行担架队任务。大站的任务主要有两方面，一是向前方运送武器弹药、给养等军用物资，二是安排穆棱两个大队及肇东担架大队挖汽车待蔽洞，待蔽洞就是在山区沿公路一些弯道处给汽车挖的防空洞。白天敌机满天飞，再加上公路基本都是盘山道，两侧是悬崖绝壁，有了汽车防空洞，白天也可以运输军需物资，以保证前线急需。志愿军高炮部队入朝以来，每天都有敌机拖着浓烟栽下去，对运送物资起到了一定的保障作用。11月末，志愿军后勤司令部通知：在中朝人民军队的英勇反击下，美军及其帮凶受到惨痛打击，无力向"三八线"以北推进，只能和谈了。鉴于上述情况，在部队任职的干部和担架队员将分三批陆续回国。

1952年2月初，担架队领导卢贵勤等三人最后离开朝鲜回到八面通。至此，穆棱县抗美援朝担架队干部群众光荣地完成了支前使命。

抗美援朝期间，牺牲的穆棱籍官兵163人，其中朝鲜族烈士90多人。并先后组织三批战勤民工计7 410人、车辆1 272台参加朝鲜国防建设。

在"抗美援朝、保家卫国"战争中，穆棱人民充分发扬爱国主义和国际主义精神，付出了巨大的代价和牺牲。这些事迹已作为光辉的历史，载入穆棱的史册里。

第四节　发展农业生产合作社

土地改革后，农民依然单户分散经营，所分的车马、农具数量有限，限制了生产发展。1951年9月中共中央制定了《关于农业生产互助合作的决议（草案）》，要求根据生产发展的需要和可能，大量发展劳动互助组，在条件比较成熟的地区有重点发展土地入股的初级农业生产合作社。穆棱县委、县政府及时落实中央政策，在全县农村广泛地开展农业生产互助合作运动。

穆棱互助合作有较好的基础，穆棱农村互助合作早在1947年3月就已出现。当年第五区（今穆棱镇）河南村党支部书记杨立和第一个以7户36口人9个劳动力组织起来换工组，1948至1950年又有一定的发展。县委、县政府趁热打铁，到1951年冬，全县农村生产互助组发展到790个，其中常年互助组499个，常年互助组生命力旺盛，已显现出社会主义合作互助的萌芽状态。到1953年春，参加常年互助组的农户占全县总农户的84%。由于发挥了农业互助合作的作用，全县生产水平稳步上升，粮食产量和人均收入稳步增长，为下一步发展高级农业合作社奠定了良好的基础。

本着中央"自愿互利""逐步前进"的方针，为使广大农民群众在互助合作的基础上，进一步走上合作经营、共同富裕的道路，穆棱县委、县政府带领全县农民向发展农业高级合作社的社会主义道路继续前进。

穆棱县发展农业高级合作社大体经历四个阶段：试办阶段（1952—1953年），发展阶段（1954年），巩固发展阶段（1955年），大发展阶段（1956年春）。到1956年春，全县已成立84个高级农业合作社，穆棱县实现了完全社会主义性质的农业生产合作化。高级合作社的兴办，防止了农村两极分化，增强了生产能力和抗御自然灾害能力，粮食产量和社员收入逐年提高，体现了集体经营的优越性。

第五节　进行"三大改造"

"三大改造"指的是对农业、手工业、资本主义工商业的社会主义改造，通过走合作化道路的形式逐步变私有制为公有制。

在"三大改造"工作中，穆棱县农业从1952年试办初级农业生产合作社开始，经过不断发展，扩大到高级农业生产合作社，到1956年春已全面完成改造工作。

　　穆棱县手工业和私人商业改造始于1954年4月，到1956年底基本完成。穆棱私人手工业起势较早。1898年，县城一王姓人家酿酒成功，第一家烧锅揭开了本地私人手工业的序幕。1946年县民主政府成立后，为保护和扶持手工业发展，成立了县工商会。到全国解放时，全县私人手工业已经发展到166户，项目包括金属加工、建材、木材加工、纺织、皮革加工、食品加工等，门类比较齐全。到1953年发展到312户，年产值达到826万元，占全县工业产值的48.17％；私人商业256户，年营业额占全县商业的28.6％。在工商业改造工作中，穆棱县委、县政府做了大量细致扎实的工作，具体如下。

　　起步阶段。首先，为稳定私人手工业者和私商企业者思想情绪，避免出现停产休业影响人们生产生活正常秩序的现象，4月初，召开全县手工业、商业代表会议，向他们讲明党的三大改造意义，为他们指出了应选择的道路和方向。尤其强调说他们与资本家阶级的本质区别，及时扭转他们对国家、对政府的消极、对立情绪和畏惧心理，使他们的思想情绪很快稳定下来。二是为了提高干部政策水平，先后召开区委书记和财贸股长以上干部会议，传达学习上级和县委财经会议精神及中央关于进行"三大改造"的文件政策，使干部明确政策和工作中应遵循的原则方针。三是根据当时农村意识观念愚昧闭塞的情况，把宣传面从城镇扩大到农村，向人民讲明私人手工业者、工商业者在国家经济生活中的作用、存在的必要性和对他们实行改造的目的，使人民群众端正了对私营工商业者的态度。四是全面摸底调查分类，确定工作计划。五是为使工作顺利开展，实行按行业归口的策略。六是对经营有一定困难的业户采取必要的帮扶办法，使他们不至于因要进行改造而发生新的停产停业现象，增加新的工作难度。比如一些国合商业通过让品种、撤点、让时间、搭配降低批零批发起点、调整批零差价等具体方法，使全县82户当时有困难的私营商户基本维持正常营业，稳定了市场，缓解了公私关系，也调动了私人工商业者积极参加三大改造的积极性。这些工作的开展，为改造工作顺利进行打下良好的政治思想基础。

在进行改造过程中，县委、县政府主要采取"统筹兼顾、全面安排、积极引导、稳步前进"的政策方针，在组织形式上，由手工业者、供销生产小组向手工业供销生产合作社转变，再发展为手工业联社；方法上，从供销入手，实行生产改造，由小到大、由低级到高级，始终坚持自愿原则。合作社组成后，根据社章规定，经民主讨论合理处理财产经济问题，实行按劳取酬的原则。新形成的合作社，必须坚持为农业生产服务、为城乡人民生活需要及国家工业建设和出口需要服务的生产方针。参加合作社的对象为手工业企业工人，防止资本家、逃亡的地主富农、伪军官、反动党团分子、反动会道门分子混入合作社里来。干部选择任用要求成分纯洁、历史清楚，防止坏分子篡夺企业领导权。

对私人手工业改造采取以下几种形式：一是成立手工业供销生产小组，二是成立手工业供销生产社，三是成立手工业生产合作社。这些方法完成了手工业从低级到高级、从分散到集中、从手工生产转向机械化生产的改造过程。全县21个行业的561位手工业者组建手工业生产合作社36个，1956年成立了穆棱县手工业联社。

对私营商业改造则采取公私合营、联购联销、联购分销、经销兼代销等形式，经过近三年的努力工作，全县147个私营商业户组建了3个大的公私合营商业企业，组建合营网点46个，分布各区村。进入改造后期，乡村的私营商业户陆续并入供销社，全县统一调整为9个区乡级供销社，86个村级供销部和129个供销点。

"三大改造"任务的完成，标志着以公有制为主体的经济体系已形成，初步建立起社会主义制度，为在穆棱全面进行社会主义建设奠定了基础。

第六节　"镇反""三反""五反""肃反"运动

新中国成立之初，潜伏在大陆的大批国民党特务、反动党团骨干等反革命分子，采取各种手段同人民政府对抗。旧社会遗留的"一贯道""九宫道"等反动组织也大肆造谣惑众扰乱社会秩序。朝鲜战争爆发后，反革命分子更为嚣张，国民党感觉反攻大陆时机已到，加紧颠覆人民政权的各种破坏活动。解放初期的几年里，由于受封建主义、资本主义残余势力和腐朽思想的侵蚀，党内也出现一少部分官僚主义、腐化变质、贪污盗窃、作风败坏等现象。鉴于这样的政治背景与社会环境，党中央做出重大决策，在全国开展了"镇反""三反""五反"及"肃反"运动。

"镇反"，即镇压反革命。根据中央部署，穆棱县于1951年1月成立"镇反"工作领导小组，3月向各区委公安部门下发文件指示，加强对敌人员的管制调查。县公安局根据掌握的敌情材料，率先抓捕了4名国民党潜伏人员。1952年6月，县政府召开二届二次人民代表大会，发动全县各界群众对反革命分子进行斗争。7月，罪大恶极、顽抗多年潜入深山老林的国民党残匪反革命分子"九彪"被击毙，县境内的国民党残匪全部被肃清。穆棱"镇反"运动，共结案11起，缉捕归案汉奸、恶霸、地主、罪大恶极的伪满警察、特务、日伪宪兵等109人，其中从外地缉捕归案56人。经过运动，有力震慑了阶级敌人的反动气焰，进一步稳定了社会秩序，保卫了人民的生产生活，巩固了人民政权。

　　"三反"，即反贪污、反浪费、反官僚主义。根据上级部署，穆棱县于1951年冬季开始行动。县委对开展"三反"运动作出四项决定：一是在全县开展一次反贪污反浪费反官僚主义的教育宣传活动，以提高干部职工政治觉悟，积极投入到运动中来；二是改进领导作风，克服官僚主义作风；三是立即在全县各部门各单位迅速开展反贪污反浪费大检查；四是边查边改，建立完善的各项制度。运动高潮分为两个阶段：第一阶段二十天，为宣传教育、酝酿揭摆问题阶段；第二阶段十天，为审查处理总结阶段。工作中明确提出，对知情不报怕得罪人旁观者给予相应的处分；对互相包庇者与贪污同等论处；对积极揭发问题的有功者给予表扬奖励；对有贪污行为本人能主动交代反省、坦白并有决心改正者，可酌情减轻或减免处分；对自己有贪污问题而不自觉交代、被别人揭发出来的给予加重处分。通过这次运动，全县共查出犯有贪污问题的干部职工102名，贪污总额28 639元，追缴退赔22 457元。其中免予处分的26名，受到党纪政纪处分的42名，受到降职降薪的34名。

　　"五反"运动，是根据1952年1月26日中央发出的《关于在城市中限期展开大规模的坚决彻底的"五反"斗争》的指示，主要针对大中城市少数资本家行贿、偷税、漏税盗骗国家财产、偷工减料、盗窃国家经济情报犯罪行为开展的一项政治运动。由于穆棱县城内没有大型资本家企业，问题不突出，故而没有开展此项运动，只是根据"五反"运动精神，在全县工商业者中普遍进行一次守法经营教育活动。

　　1955年7月1日，中央发出《关于展开斗争肃清暗藏的反革命分子的指示》，依照中央部署，穆棱县又开展了肃清胡风反革命集团的"肃反"运动，全县分五批进行，到1960年1月底结束，整个运动查出了反坏分子74人，进一步肃清了反革命分子，保持了党的纯洁性和战斗力。

第七节　开展扫盲运动

新中国成立前，广大人民群众大多没有读书识字的条件和权利，人民群众文化素养普遍低下，文盲占90%左右，给生产生活、出行办事造成极大不便。解放后，人民当家做了主人，迫切需要改变没文化的窘境，因此，国家大规模开展扫盲运动，将提高人民文化素质，当作事关国家、民族前途和命运的大事来抓。穆棱县响应中央人民政府的号召，1952年开始在全县开展集中扫盲运动，高潮一直持续到50年代末。

1952年春，穆棱县成立扫盲工作委员会，1953年初召开了由各区党委书记、区长、教育、宣传部门领导参加的扫盲工作会议，制定扫盲工作规划，就扫盲工作的目标、任务、措施、实施步骤、方法及如何组织动员教育部门师生参加扫盲运动作了详尽的安排部署。秋收后，利用近半年的冬闲时间，一场轰轰烈烈的群众性大扫盲运动在全县展开。

扫盲有多种学习方式：主要方式是大办农民夜校。全县86个村一个不落地成立了农民扫盲夜校，进校学习的成年农民近2万人（当时全县农民人口65 644人），学员以男女劳力为主；其次是大办短期识字班。全县办起各种识字班685个，参加的人员主要是道路远、体弱孩子多、照顾老人脱不开身的妇女，就近组织起来学文化；还有一种形式是由学校教师和高年级学生送学送字到家帮助学习文化，全县有2 000多名师生参加送学活动。1954年冬又学习外地经验，推广速成识字法，夜校、识字班、炕头组、地头组、同院组、姐妹组等遍布村屯，出现了亲教亲、邻教邻、子女教家人，白天学、晚上学、劳动之余抢着学的扫盲学习热潮。据史料统计，1955年全县脱盲4 957人，占农民劳动力人口的34%；半脱盲12 343人，脱盲半脱盲的人数占全县农民总数的66%。许多村屯原来不识字的领导干部通过扫盲学习达到识字3 000字以上，参加上面会议能做记录，回来可以更准确明白地传达上级会议精神。好多不识字的农民学习后可以读报、看农业技术书籍，掌握不少科学种田技术知识，对生产生活帮助极大。不少青年农民有了文化，生活乐趣增加了，积极参加村里、乡里组织的业余文化活动，为丰富农村文化生活发挥了主力军作用。

随着成人扫盲运动的开展，农民子弟也开始大量进入学校接受文化知识教育。随着国家新婚姻法等民主改革法令的宣传和实施，农村普遍开展了破除封建迷信、改革陈规陋习等移风易俗活动，使闭塞守旧的乡村出现了许多新风气、新气象，对农村经济发展和社会稳定起到了重要作用。

在大规模开展群众性的扫盲运动的推动下，县委、县政府对全县的教育文化事业更加重视。从1950年起，在县城和区政府所在地均开办完全小学校，中等村以上均开办了初级小学，小村和边远村屯开设了单级复式班小学，归完全小学校领导。小学均使用东北行政区编印的教材，严令取消体罚打骂学生的封建教学方法。1954年小学均使用全国统一教材，1956年全县完全小学达到13所，乡村小学69所，在校初小学生8 690人，高小学生3 060人；全县中学已增至3所，班级数达到26个，学生达到1 372人。学校规模的扩大，为工农子女入学创造了有利的条件。

为满足人民群众读书的需要，1949年11月将东北书店牡丹江店八面通支店，扩建为东北新华书店八面通书店；1952年增设了流动发行人员，每区设立一处流动供应点。同年扩建了原来的八面通城内的小型图书馆，每天可接纳读者100余人。1950年将之前的"国民教育馆（读书看报和棋艺类游艺场所）改建为县文化馆，辅导群众学习文化艺术，开展文化娱乐活动；同年建立了八面通电影院。1952年成立县评剧团，从大连接来一批演职人员，轰动全县城乡；同年建立县广播站，每日用三小时转播中央和省台节目。1954年县城建起工人俱乐部，设有藏书室、阅览室、游艺室、舞厅、剧院等，使全县人民能在一个全新的政治文化社会环境下从事生产生活。这些文化机构的发展壮大，从根本上改变了新中国成立前国民政府时期穆棱人民在旧的文化教育影响下，形成的封建、闭塞的落后状态，增强了文化自信感，有力配合了扫盲运动。

总之，通过扫盲运动和文化教育事业的新发展，全县城乡群众提高了文化素质和思想政治觉悟，人们以焕然一新的精神风貌投入到社会主义革命和生产建设热潮当中。

第八节 完成"一五"计划

国家第一个五年计划，指中华人民共和国从1953年到1957年的国民经济发展计划，简称"一五"计划。"一五"计划的制定与实施标志着全国系统建设社会主义的开始。穆棱县委根据中央精神和省委、地委的部署，因地制宜制定本县"一五"计划，带领全县人民开展社会主义经济建设，县域经济和社会事业发展取得了可喜成就。

工业方面。"一五"期间，穆棱将工业发展重点放在煤炭和黄金企业上，五年固定资产投资428万元，平均每年85.6万元。1956年基本完成对手工业和资本主义工商业的社会主义改造。1957年县内全民工业企业发展到42个（其中工业系统7个、粮食系统2个、商业系统4个、手工系统29个），工业总产值337.7万元，比1952年的20.03万元增加68.7%，比计划增长13.87%，比建国时期的92.4万元增加了3.6倍。

农业方面。"一五"期间，全县完成了农业合作化由初级合作社到高级合作社的社会主义改造任务。到1956年，全县共有农业生产高级合作社84个，入高级社的农户13 187户，基本实现了农业高级合作化，广大农民成为社会主义集体劳动者。特别是1956年9月党的八大胜利召开后，县委带领全县人民深入贯彻《1956年—1967年全国农业发展纲要（草案）》，大力整顿巩固农业生产合作社，加强农业基础建设，改变农业生产靠天吃饭的旧生产方式，发挥合作社人多畜力多力量大的优越性，大规模开展农田水利排灌设施建设，从1953—1956年的四年里，修筑小型水利工程35处，旱田改水田6.8万亩，可灌溉面积达到29万亩，占总耕地面积的31%。并积极推广农业科技，坚持与水、旱、虫等自然灾害作斗争，到1956年，全县粮食总产达到6 670万斤，是1952年的148%。提前一年完成"一五"计划预定目标。县委在狠抓粮豆生产的同时，十分重视林牧副渔业的发展，从1953年开始到1956年底，植树造林5 800亩，田旁绿化植树323万株；以保护耕牛和发展生猪为主的畜牧业，到1956年底大牲畜（牛马）和生猪饲养量分别达到13 589万头（匹）和16 531万头，分别是1952年的114.9%和163%；鸡鸭鹅等家禽饲养总量猛增到21万只。这些主要生产指标都远远超过了计划目标。

"一五"期间，全县工商业经济通过对资本主义工商业的社会主义改造，全面实现了以国有经济为主导的社会主义计划经济，市场日益繁荣。到1956年底，全县商品零售总额达到2 245万元，平均年递增13.2%，其中粮食销售268万斤，比1952年增长2.6倍。全县农民每年交售给国家商品粮500多吨，有力支援了国家的工业建设和本县城镇人口的粮食供应。1953—1956年农业生产未遇大的自然灾害，农民生活得到了保障。由于农村副业生产搞得好，因而城镇居民的肉蛋菜供应充足。

"一五"期间，全县文教卫生等方面发展较快。教育方面，到1956年，小学达到82所，班级294个，在校小学生11 750人，教职员工达到400人；普通中学2处，学生1 372人，全县中小学校超过"一五"计划14%以上，达到社社有学校。五年培养小学毕业生1.23万人，除升学1 896人外，参加农业生产和城市就业1.8万人，为农村经济发展、工业生产建设输送了大批有文化的新生力量。文化事业方面，以农村文化活动室、城镇工人俱乐部、文化馆、图书馆、书店、有线广播、电影放映等为主的各项事业均有长足发展，基本达到各种文化活动有场所。农村每月可以看一次电影，天天能听到广播节目。特别通过扫盲运动，全县近万农民脱盲。卫生方面，1953年，全县七个行政区先后成立了中医联合诊所，中医医药人员发展到70人；1954年建立县中心医院一处，设有内科、外科、妇科、儿科、中医科、医疗预防等科室；通过每年一至两次的爱国卫生活动，整治城乡卫生环境，人居环境大为改善，减少了各种疾病的发生率；五年间县卫生部门组织上百次医疗下乡服务，巡回医疗群众近万人次；大力开展以接种卡介苗为主的免疫预防服务，使天花、麻疹、鼠疫等流行性传染病在全县得到基本控制。

"一五"期间，全县科技工作得到逐步发展。1955年，成立县科学技术普及协会。1956年后，大中专毕业生陆续分配到本县从事科学技术工作。合作化运动开始，农业生产开始引种良种和推广新技术，如：从山东等地引进对犁、推广马拉10行播种机、推行小麦平播技术，水稻推广点播、条播、水床育苗、人工插秧技术等；畜牧业采用炭疽芽孢菌苗注射技术，控制马的炭疽病害，用免化弱毒疫苗注射技术控制牛瘟等；林业生产采用人工育苗技术，大面积人工造林成活率明显提高；工业生产上，锻造工人采用夹板锤锻造等技术。五年间，县农业与科技部门组织科普讲座890多次，培训农民技术骨干上万人次。这些科技活动的开展和科技项目的运用，极大地推动了农业生产科技水平的不断提高，为提高工农业产业效益做出了积极的贡献。

穆棱人民在党的领导下，艰苦奋斗，提前一年全面完成"一五"计划各项任务，书写了新中国成立以来穆棱发展新篇章，为推进全县社会主义建设事业新发展，再绘"二五"蓝图打下了基础，积累了经验。

第九节 穆棱在社会主义过渡时期的经验和教训

从1949年到1956年的七年间，我国基本上实现了从新民主主义到社会主义的过渡，建立了社会主义基本制度。这期间，穆棱胜利完成了对农业、手工业和私人工商业的社会主义改造，在改造过程中避免了社会动荡，促进了生产力的发展，提前一年完成了"一五"计划。

穆棱县在社会主义过渡时期采取积极引导逐步过渡的方式，对农业社会主义改造采取由互助组到初级社到高级社的步骤，这种逐步过渡的办法符合农民的特点和生产力状况，避免了在改造期间引起农民思想波动而影响农作物减产的状况发生。对手工业进行社会主义改造时，也是采取循序渐进的方式，由手工业生产小组到手工业供销合作社到手工业生产合作社。对私人工商业的社会主义改造，采取和平赎买的方法，避免了在改造期间可能引发的社会动荡。以上各种方法的运用，不仅使"三大改造"平稳顺利地得以完成，而且在社会变革中保持了社会的稳定。

　　新中国成立后，应该建立怎样的所有制结构，经历了一个曲折的发展过程。由于在理论上片面教条地理解马克思主义关于社会主义所有制结构的理论，因而在社会主义建设上盲目求纯，提出要将生产资料公有制，成为国家和社会的唯一经济基础，让资本主义和小生产绝种，忽视以致否认在一定时期内和一定条件下保存和发展私营经济和个体经济，对于社会主义经济发展的补充和促进作用。在这种背景下，穆棱县也和全国各地一样实行单一公有制变革，建立起高度集中统一的计划经济体制，摒弃了商品经济和市场调解的积极作用。实践证明这种生产关系的变革，难以发挥工农业生产者个人和家庭经营的积极性，对社会生产力的发展在一定程度上产生了阻碍作用。

第六章 在社会主义建设道路上 探索前进

（1956.9—1966.5）

从1956年9月中共第八次代表大会召开到1966年5月"文化大革命"开始，是穆棱在党的社会主义建设总路线指引下，全县人民积极探索、艰苦奋斗，大力发展国民经济，全面进行社会主义建设的十年。期间，为加强党的建设和提高人民群众的政治思想觉悟，开展了党的整风运动、社会主义教育运动和学习毛主席著作、学习雷锋、学习解放军以及学习焦裕禄等活动，形成了良好的社会风气，增强了广大人民群众克服各种困难的勇气和信心。这段时间，穆棱人民在社会主义建设中既取得了显著成绩和成功经验，也产生过一些失误和教训，特别是急于求成的"大跃进"和"一大二公"的人民公社化运动，以及轰轰烈烈的"大炼钢铁"与"反右派"斗争扩大化等"左"的错误，使社会主义建设事业遭受到一定的挫折，给党和人民的事业造成了一定的损失。但在经历了20世纪60年代初期的三年困难时期考验后，县委、县政府依据党中央的正确决策，坚持实事求是的思想路线，认真总结经验教训，贯彻落实国民经济调整方针，全县经济发展仍取得了显著的成就，为社会主义现代化建设奠定了坚实基础。

第一节　开展"大跃进"和人民公社化活动

经过社会主义改造和全党整风，中央认为全国经济和政治思想战线上的社会主义革命已取得重大胜利，为了更好更快地发展经济建设，在1958年5月召开的党的八大二次会议上，制定并通过了"调动一切积极因素，正确地处理人民内部矛盾，鼓足干劲，力争上游，多快好省地建设社会主义"的总路线。在总路线的指导下，又开展了"大跃进"和人民公社化运动穆棱县按照中央精神和省地委部署，在全县开展了"大跃进"和人民公社化运动，但由于决策的急切和执行过程中发生偏差，经济建设和社会发展虽取得一定成就，但没有达到预期效果，甚至出现违背客观规律，严重破坏生产力的情况，给地方经济的后续发展带来严重后果。

总路线的核心是鼓足干劲，力争上游，多快好省地建设社会主义。为把社会主义建设总路线精神迅速贯彻到群众中去，焕发干部群众社会主义热情，穆棱县委在1958年秋召开的第三届一次代表大会上总结了1957年至1958年的工农业生产、社会事业各方面取得的成绩，按照总路线的更高要求，提出"必须在总路线灯塔光辉照耀下，实现1959年更大跃进"。为实现"更大跃进"的目标，对工业、农业、畜牧业、林业、财贸、文教、卫生、文化诸方面都分别制定快速发展的奋斗目标。为努力实现"大跃进"的各项任务指标，穆棱县委向全县干部群众提出了大干快上的工作要求，穆棱人民同全国人民一道，掀起了大干社会主义的空前热潮。

从1959年各项任务指标完成情况看，绝大多数指标是定得过高，如粮食总产实际达到73 652吨，比上年增加39.8%；工业产值达到312.3万元，比上年增加41%；造林完成9 877亩，比上年增加69.5%；教育事业确实发展加快了步伐，但也未能达到儿童入学率99%，高小毕业升中学100%的也未能达到。

在"大跃进"迅猛发展的同时，全国农业掀起人民公社化的热潮。1958年8月，中共中央政治局北戴河会议作出《关于在农村建立人民公社问题的决议》发表之后，全国农村只用一个多月就基本实现了公社化。1959年9月，穆棱县只用了7天时间就建起了7个人民公社（原来是3镇6乡）。人民公社的建立，在一定程度上解决了原有小社（高级社）所不能解决的矛盾，带来了小社所不能体现的优越性，给人们带来无穷的精神力量和高涨的生产热情。

人民公社成立时，由于时间快，工作急，一些地方出现了把高级社财产归为公社所有，在各生产大队之间搞无偿支援和"抽肥补瘦"的"一平二调"现象，在分配上又出现了平均主义、穷富拉平等问题，一度引起农民群众的不满与思想恐慌，挫伤了农民的生产积极性。1959年秋冬至1960年春，根据省地委指示，全县对人民公社进行整顿，在所有制分配制度、经营方式等方面作了调整，对无偿调拨的农业机械、牲畜、物资、资金予以退还补平，对水利工程会战平调的劳动义务工重新核定给予平衡。

在"大跃进"和人民公社化过程中，出现了一些瞎指挥、高指标、形式主义、官僚主义等严重问题，背离了党一向倡导的实事求是的原则，脱离了中国社会生产力的发展水平，违背了经济和社会发展客观规律。全县工业一哄而起办小工厂396个，机关、学校、农村也组织一大批人力开展"小土群""小高炉"炼钢炼铁炼焦生产运动，但由于缺乏技术、设备和原材料，好些群众甚至把家里的铁锅砸碎拿去炼钢炼铁，结果劳民伤财，炼炉开工不久就相继停工停产。

尽管出现一些严重问题，但工农业生产的干劲和社会事业发展的成绩还是值得肯定的。新上的工业企业有些得以保留下来，为60年代县域工业发展打下了基础。

第二节　反右派斗争

根据党的八大精神和现实生活中党内外出现的新情况新问题，1957年4月27日，中共中央正式发出《关于整风运动的指示》，决定在全党进行普遍深入的反对官僚主义、主观主义、宗派主义的整风运动。5至6月间，中央统战部召开13次各民主党派负责人和无党派民主人士的座谈会，中央统战部和国务院第八办公室联合召开25次工商界人士座谈会，广大干部群众包括许多有影响的党外人士积极响应号召，对党和政府的工作以及党政干部的思想作风提出了大量的批评和建议，其中极少数人趁机向党的新生社会主义制度发动攻击。根据这个情况，毛泽东在《事情正在起变化》一文中第一次提出"右派猖狂进攻"的问题。从此运动的重点开始由党内整风转向一场全国规模的群众性"反右派斗争"。

穆棱县反右派斗争从1957年11月中旬开始，遵照上级指示，运动分四个阶段：大鸣大放；反击右派；着重整改继续鸣放；学习文件，批评反省。参加本次整风运动除农村外，包括县直所有党群团体、行政机关、政法财贸、工业交通、文教卫生、公私合营、手工业、小商小贩等共288个大小单位，3 786名干部职工。运动要求全力开展好大鸣大放，充分发动群众，做到全体参加运动的每一个人都畅所欲言，放深、放透、放净。

由于种种原因，穆棱县整风和反右派斗争直到1958年11月才结束。直到20年后党的十一届三中全会召开前的1978年3月15

日，穆棱县委才根据中央精神对"右派分子"进行复查，使当年102名错划"右派分子"得以平反。

第三节　战胜自然灾害

1960年8月连续两天猛降暴雨，遭受建国以来较为严重的洪涝灾害。洪水冲毁农田5 154垧、民房788间、铁路20余公里、公路30余公里、桥梁20余座，洪水造成4人死亡。县委立即发出《关于切实做好生产救灾的紧急指示》，全县各地突击抢救农田作物，加强田间管理，采取"扶、洗、修、肥、培"等办法进行补救，力争降低作物损失。县委第一书记柳圣一、书记兼县长杨恩彬分别到受灾最重的八面通和穆棱两个镇指挥救灾，全县共组织4万多名干部群众参加抗洪救灾。1 600多人的抢险队利用61只木船，从洪水中救出30余人，抢出粮食10万余斤，同时组织800多人抢修铁路，经过五天昼夜连续奋战，铁路、公路恢复通车。抢修民房560间，修复桥梁20座，从水冲沙压中抢救起庄稼2 100多垧，受灾农民很快恢复了生产生活。

1961年春，穆棱遭受春旱和春冻灾害，全县受灾农田3 800多亩。1962年秋又发生早霜和秋涝灾害，受害面积5 900多亩。受灾地区粮食减产，农民减收。面对严重的灾害，穆棱县委领导全县人民战天斗地，奋力抗灾。自然灾害期间，除1960年粮食有所减产，其余两年对作物产量影响并不是很严重，但完成国家征购任务后，农民粮食难以自给自足，县委、县政府想尽一切办法缓解局面。

第一，在城乡掀起生产玉米秸淀粉会战热潮。全县建起淀粉加工厂138个，年生产淀粉10 200吨，农村人口每人补充近100

斤，城镇人口每人补给50斤。第二，发动人民群众大搞"瓜菜代"，补充粮食不足。凡能吃的野菜均收来食用，有的地方连榆树叶、皮，椴树叶、皮，农作物的糠皮，向日葵的头，牡丹江糖厂的甜菜渣子，等等，所有能吃的全部储存。据统计，当年各种"瓜菜代"采收总量在4 000万斤以上。第三，大搞秋春拣粮拣菜的"小春秋收"活动。共拣回粮食300多万斤，拣回各种菜类80多万斤。第四，秋收做到"五净"（割净、拉净、打净、扬净、拣净），尽力做到颗粒归仓。第五，在农村按人口分划给少量自留地。每人二分离村屯近便于伺弄的好地，让农民种小杂粮、蔬菜等，以此补充粮蔬不足。第六，号召并组织农民利用冬闲上山狩猎，夏天到河里打鱼，以补充肉食。以上办法，使全县农村人口的粮食得到低标准满足，生活得以维持，生产得到保证，没有出现饿死人的现象，稳定了民心。

为缓解城镇人民粮油肉菜供应不足，县委、县政府作出《关于机关企业部队学校大力开展以养猪禽种菜为中心的副食品生产自给决策》，要求城镇两年内达到副食品基本自给的水平，具体规定每人养一头猪、10只鸡、3只兔、100斤鱼，种10棵果树、生产600斤蔬菜。商业部门对城镇职工及家属的主要副食品供应根据各单位的食品生产计划，采取差额供应办法。为达到上述标准，县里要求各部门各单位要积极创造条件由小到大、由单一品种到多种经营，办好种植养殖场，有条件的发展机械化生产和水利化生产，提高产品的数量和质量。到1962年末，全县城镇共办起各种种植、养殖场280多个，累计养猪1.8万头，养鸡15万多只，养鱼50多万斤，种果树3万多株，生产各种蔬菜2.6万吨，粮食100多万斤，大多数单位基本达到自给的程度，改善了城镇居民副食品供应不足的状况，缓解了政府的压力。

总之，受灾期间，穆棱县委、县政府领导全县人民战胜灾害，度过了艰苦困难时期，全县干部群众以昂扬的斗志又投入到第三个五年计划实施的新征程中。

第四节　开展社会主义教育运动

在对国内外阶级斗争形势估计越来越严重的情况下，党中央决定在全国城乡发动一次普遍的社会主义教育运动，简称"社教运动"。就全国来看，社会主义教育运动最初是在1962年8月，党的八届十中全会后，从一些地区的清理账目、清理仓库、清理财务、清理工分等"四清"运动开始的，重点在农村进行。同时在城市开展反对贪污盗窃、反对投机倒把、反对铺张浪费、反对分散主义、反对官僚主义的"五反"运动。1964年3月，中央发出组织干部宣讲队伍、把全民社教运动进行到底的指示，社教运动经过试点在全国较大范围内开展起来。1964年底到1965年1月，中央工作会议制定的《农村社会主义教育运动中目前提出的一些问题》，即"二十三条"，全国城乡的社教运动一律以"清政治、清经济、清组织、清思想"为内容。穆棱县社会主义教育运动解决了不同时期的政治思想战线存在的不同问题，推动穆棱各阶段的革命和建设事业顺利进展。

早在1957年上半年，在农村中开展了社会主义教育大辩论运动。内容围绕对于粮食国家实行统购统销政策的认识和怎样把合作化坚持下去两个重要问题展开，通过社会主义大辩论的方法进行。国家1955年实行粮食统购统销政策，干部群众大都拥护，但在实际工作中存在不同看法或消极做法，有时严重影响到粮食定购任务的顺利完成。针对合作化的后期一小部分人忘掉了新中国成立前的疾苦，看不清社会主义前途，对合作化能不能巩固、生产能不能发展犹豫动摇，在合作社中表现只顾个人不顾集体和国家，生产不积极，拿轻躲重、巧取公分、不爱护公共财产，甚至有的盲目跟从富裕中农喊"合作化不自由、没有优越性、不能多打粮"，等等，更有甚者说："高级社不如初级社，初级社不如互助组，互助组不如单干。"上述问题证明农村存在社会主义和资本主义两条道路的斗争，如不彻底解决会影响到合作化的巩固，阻碍生产发展。为从思想上、政治上解决对于这两个重大问题的认识态度，穆棱县委组织了为期四个月的社会主义教育大辩论活动。县里抽调140多名机关干部奔赴各公社生产大队，帮助指导组织大辩论。通过大辩论教育，激发了干部群众执行国家粮食统购统销政策的积极性，更坚定了走合作化道路的自觉性，合作社巩固率达到100%；原来全县上缴定购粮任务500万斤有困难，1957年底完成700万斤，为全县向人民公社化转变奠定了坚实基础。

1960年12月至1961年6月开展的农村社会主义教育运动，以整风整社为中心内容，重点整顿了问题比较突出的3个公社44个生产大队，其余公社和生产大队主要依靠基层内在力量进行一般性整顿。这次整顿一是重点地整改了三类社；二是整顿了社队、组织纯洁性，健全了领导核心，树立了贫下中农的绝对优势；三是传达落实了中央"农村六十条"政策；四是纠正了"一平二调"问题；五是纠正了干部存在的"五风"问题，农村干部出现了"十多""五少"的好风气。这次社教整顿工作规模大、步骤稳、偏差少、收效大，使农村出现了干部作风实、社员干劲儿足、生产大发展、形势欣欣向荣的可喜景象。

1962年1月至4月开展的农村社会主义教育运动是为了贯彻执行"中共中央关于在农村进行社会主义教育的指示"而开展的。穆棱县委根据中央、省委、地委指示精神，要求各级党组织抓住早春时机，紧密结合当前粮食征购收益分配、生产准备、生活安排、调整人民公社基本核算单位和粮食大包干等中心工作，认真开展一次社会主义教育，做到家喻户晓、人人受到教育。通过教育，进一步提高了广大党员干部群众的社会主义觉悟，更好地完成以粮食为中心的农副产品销售任务，增强克服困难的信心，鼓足发展生产的干劲，促进人民公社更加巩固，为争取农业丰收作好充分准备。对城镇、工矿企业、林业等单位进行国际形势和国内形势教育，鼓足干劲，发展生产，增产节约，自力更生，艰苦奋斗。这次全县社会主义教育运动搞得既轰轰烈烈又扎扎实实，既教育深刻又和风细雨，为1962年的工农业生产任务的顺利完成，起到了促进和保障作用。

党的八届十中全会后，党中央决定在全国城乡发动一次普遍的社会主义教育运动，根据上级精神，穆棱县委先在穆棱公社河南大队开展试点，以点带面，开展全县社教运动。河南大队属于三类大队，工作组分七个步骤开展工作：一是交底、摸底、扎根串连；二是全面开展社教工作的宣传教育；三是建立贫下中农阶级队伍；四是组织党员干部"洗手洗澡"，进行清账、清库、清工、清财务的"四清"工作；五是发动群众团结一致对敌斗争；六是登记党员，加强组织建设，建立健全各项制度；七是整顿共青团、民兵、妇联等各种组织，巩固运动成果。试点工作全面、系统、认真，取得了卓有成效的教育成果，对指导全县社会主义教育运动的全面开展提供了良好的经验。

1963年5月和9月，中央相继下发了两个关于社会主义教育运动的重要文件：《中共中央关于目前农村工作中若干问题的决定（草案）》（即"前十条"）和《中共中央关于农村社会主义教育运动中一些具体政策的规定（草案）》（即"后十条"），这是指导全国农村社会主义教育运动的两个纲领性文件。在这两个文件精神的指导下，穆棱县委更加明确了进一步搞好社会主义教育运动的方针政策和基本做法，加强干部政策培训，解除各种心理不托底的思想包袱和精神负担，解放思想，轻装上阵，采取逐级试点、重点铺开、逐点扩展相结合的办法，以生产大队为单位，分期分批进行。

继河南大队试点工作结束后，穆棱县以点面结合的形式，选择伊林公社（今兴源镇）作为社教运动的试点社深入开展全县社教运动。经过为期三个月两个阶段的工作，完成试点社社教工作任务。第一阶段：从1964年1月16日到2月1日，开好公社大队生产队三级干部会议，培训大小队干部、青年、妇女积极分子和贫下中农代表。第二阶段：从2月18日到4月18日，在公社所属的九个大队普遍开展系统的社会主义教育运动。整个试点社的社教工作大体分五个层次：一是开展大学习。利用十天时间组织社员学习中央关于社会主义教育运动的若干文件，提高对开展社教运动的重大意义、目的、方针、政策的认识。二是开展忆苦思甜，进行阶级斗争观念教育。三是"揭盖子"，揭摆生产大小队存在的各种"四不清"方面的问题。四是查实问题，给干部"洗澡"，让干部"下楼"、放"包袱"。五是整改，制定新的规章制度，改善经营管理。全县其他公社基本按照伊林公社的试点方法开展运动。

运动的后期，中央发表《农村社会主义教育运动中目前提出的一些问题》（即"二十三条"），提出运动目的是解决社会主义和资本主义的矛盾，运动的重点是"整党内那些走资本主义道路的当权派"。"二十三条"规定，农村和城市的社会主义教育运动，是一律统称"四清"（清政治、清经济、清组织、清思想）运动。这样，按照"新四清"更高的政治标准继续深入广泛开展社教工作。1966年1月上级派驻的社教工作团进驻穆棱。

穆棱县委以八面通公社中山大队为试点开展"二十三条"宣讲工作，一场新的更大规模的社教运动拉开帷幕。1966年5月，中央下发《中国共产党中央委员会通知》（即"五一六"通知），6月初，"文化大革命"开始。

总之，中央发动和领导的社会主义教育运动，对提高广大农民社会主义政治思想觉悟、解决干部思想作风和农村社会的经济管理等方面确实起到了很大的作用。通过社教运动，农民群众热爱社会主义、走社会主义道路的积极性更高了；农村干部清正廉洁、苦干实干的作风更扎实了；农村社队经营管理水平进一步得到改善，党政组织的领导核心作用进一步得到了加强。但由于受"阶级斗争为纲"极"左"思想的影响，特别是后期受"文化大革命"运动的冲击，把许多不同性质的问题都当成阶级斗争或者是阶级斗争在党内的反映，使不少干部和群众受到不应有的打击。

第五节 农业学大寨、工业学大庆和全国学解放军运动

在全面开展社会主义建设和对中国社会主义道路的探索过程中，党中央逐步纠正"大跃进"和人民公社化运动中"左"的错误思想干扰，提出了贯彻国民经济"调整、巩固、充实、提高"方针，坚持把主要精力放在调整国民经济、大力恢复发展生产上来。这期间，穆棱在政治上除了广泛开展社会主义教育运动外，还在全县上下开展了"农业学大寨""工业学大庆""全国学解放军"运动。这些运动的开展，对提高全国各界干部群众、知识分子乃至中小学生的思想政治觉悟，树立不畏艰难、艰苦奋斗的革命精神，鼓足干劲奋发努力加快社会主义建设步伐，起到了巨

大的推动作用。

农业学大寨

山西省昔阳县大寨大队党支部书记陈永贵等共产党员，带领群众艰苦奋斗，向"七沟八梁一面坡"的贫瘠土地开战，连年战胜自然灾害，使生产获得大发展的先进经验在广播报纸宣传后，全国农村于1964年掀起"农业学大寨"的热潮。穆棱广大农民群众积极投入到轰轰烈烈的"农业学大寨"热潮之中。学习大寨，最为重要的是学习大寨人勇于向大自然开战、艰苦奋斗、在困难和灾害面前发扬大无畏革命精神，改变落后生产条件，使农业生产不断发展的苦干实干精神。穆棱县、委县政府对此高度重视，于1964年冬召开全县农村工作会议，专门部署"农业学大寨"的任务和主攻方向，提出用两三年的时间改造60万亩中低产田的目标。穆棱属于山区半山区地貌，素有"九山半水半分田"之称，要想提高作物单产总产，关键问题是改造占耕地面积60%以上的低中产田。全县在三年中利用秋收后和春种前四五个月的农闲时间，共组织农村劳动力9万多人次、调动农业机械5千多台（件）、畜力1.6万多头（匹）、动用土石方1.3亿立方米投入农田改造，对坡度大的山地大修大寨式梯田，对于低洼易涝地采取了旱田改水田，对半山坡地则采取搞水土保持工程、营造防护林、增施农家肥等办法，使跑水、跑肥、跑土的"三跑田"变成保土、保水、保肥的"三保田"，从根本上改变了原来旱涝不保收、单产低、总产不稳的落后状态，为农业大发展增强了后劲。

大寨人勇于克服困难的战天斗地精神鼓舞着穆棱人民的斗志。1965年8月，穆棱河发生新中国成立以来特大洪水，全县受灾农田8.96万亩，冲毁房屋5 200余间，铁路、公路、桥梁、水利设施、通信线路多处被冲毁，火车停运32天；穆棱林业局水运木材大坝冲毁20多座，冲走原木两万多立方米。面对特大洪涝灾害，全县人民在各级党委的组织下，发扬大寨精神，同洪涝灾害进行顽强斗争。经过半个月的艰苦奋战，修复水毁水利工程280多处，修复水冲沙压农田7.8万亩，修复冲毁民房3 900余间，从水灾中抢救出各种物资1 300多吨，早熟庄稼蔬菜3 000多吨。

穆棱属于山区小区域气候，常出现春旱秋霜的灾害，广大农民发扬吃苦耐劳与老天抗争的苦干实干精神，及时进行抗春旱保春种防秋霜促早熟的种种办法抵御自然灾害，每年抗春旱面积都在3万亩以上，投放防秋霜劳动力6千人次以上。

学大寨第二个重要的举措就是干部参加劳动，带领农民群众共同搞好集体生产。经过社会主义教育运动，穆棱县的广大农村基层干部自觉以大寨大队的领导干部为榜样，把主动积极参加生产劳动作为为人民服务、为党的事业努力奋斗的重要标准，严格要求自己，与社员群众打成一片，同甘共苦，使生产劳动效率大为提高。大寨的"评工计分法"也被广泛地采用，每次劳动结束，全体参加劳动的社员逐个进行民主评议，根据每个人的劳动态度、质量评定几等工分值，这样促使差的社员自觉向好的社员学习看齐，争取挣得高工分。由此全员生产劳动积极性明显增强，劳动质量普遍提升，劳动效率大为提高，改变了过去劳动大帮哄、好差分不清、不能按劳取酬的状况。这种评工计分方法一直沿用到家庭联产承包制才自然终结。

大寨精神在相当一段历史时期内，激发和鼓舞着穆棱广大农民群众，在人民公社化进程中释放了巨大的政治能量。

工业学大庆

20世纪60年代初，在大庆石油会战中，以王进喜为代表的大庆石油工人喊出了"宁可少活二十年，拼命也要拿下大油田"的口号，吃大苦耐大劳，坚持"三老""四严"和"四个一样"作风，体现了中国工人阶级爱国创业求实奉献的精神风貌。1964

年初，党中央向全国发出"工业学大庆"的号召，穆棱县委、县政府先后发出《关于全县开展"工业学大庆"运动的通知》等文件，要求全县工业、交通、财贸系统运用多种形式宣传学习大庆精神、大庆作风，结合全县工业实际开展"工业学大庆"运动。在学习中，重点号召全县广大工人发扬大庆人"三老""四严"和"四个一样"作风，将其落实到生产的每项措施和工作的每个环节当中。许多工人对照检查自己的不足与差距，思想面貌发生了深刻变化，生产积极性、自觉性空前提高，出现了爱厂如家、积极勤奋、扎实做工、多作贡献的新局面。在"工业学大庆"的运动中，县工业主管部门十分重视技改创新和企业管理，在各工业企业单位普遍开展"五好竞赛活动"，大搞以"四小"为中心的技术革命，开展技术竞赛，有效促进了工业生产发展，提高了企业管理水平。例如县农机修造厂，原以修理农机具为主，为改造老厂，1965年增加投资120万元扩建厂房和购置新设备，承担了省分配的农机配件和地区分配的手扶拖拉机配件的生产任务。为解决大型拖拉机锻造配件供应不足的问题，自己动手制造了三吨蒸汽模锻锤，批量生产东方红75-54拖拉机拐轴，超额完成国家生产分配任务，并生产农机具配件两万余件，机引农具15台，制米机31台，自制三节腰化铁炉、5吨冲天炉、4孔镗、30孔钻组合机床、A632车床等十多台设备，获得省科技成果奖，成为县属企业中产量效益最好的企业之一。

在"有条件要上，没条件创造条件也要上"的精神鼓舞下，从1964年至1966年三年间，全县新上了采矿业、粮油加工、食品加工、冶金等六家新工业企业，增加了县域国营工业企业的总量，工业产值利润都有明显增加，为地方工业的进一步发展打下了新的基础。

全国学解放军

沈阳军区工程兵某部运输班长雷锋，在平凡的工作岗位上甘当螺丝钉，勇于奉献，乐于助人，表现出伟大的共产主义精神。毛主席"向雷锋同志学习"的题词发表后，全国掀起了学解放军的蓬勃热潮。县委宣传部门利用一切可利用的宣传工具，广泛宣传雷锋、王杰、刘英俊、麦贤得等人民解放军涌现出来的英雄人物事迹，对人们的思想启迪教育堪称历史空前，使人们的灵魂得到净化，社会主义、集体主义、爱国主义政治觉悟得到极大提高。据统计，1964年到1965年全县人民涌现出的好人好事达11 900多件。1965年8月全县特大洪水灾害中，广大党员团员和各级干部发扬一不怕苦二不怕死的革命精神，同洪涝灾害奋勇战斗，八面通公社民主大队第二生产队队长艾洪全同志与洪水搏斗壮烈牺牲，被人们誉为雷锋、王杰式的好干部、好青年；穆棱镇穆棱粮库工人王义坤在火灾中不顾个人安危抢救国家财产物资牺牲在烈火中，被县政府追认为革命烈士。他们的精神深刻教育和影响着穆棱人民。

从1964年开始，全县中小学高年级学生利用寒暑假时间集中军训，由驻本县的解放军部队选派士兵担任教官。通过军训，使广大青少年更加热爱解放军，爱国主义、革命英雄主义观念在思想深处牢牢扎根。1964年至1968年，有300多学生由学校参军入伍，其中1965年从穆棱一中入伍的方殿荣同学在部队进步成长极为优秀，曾任成都军区副司令员兼成都军区空军司令员，被穆棱一中师生和穆棱人民引以为傲。

民兵是生产建设中的突击力量，是维护地方治安的可靠支柱，是战时的后备兵员，是中国人民解放军的得力助手。在学习解放军运动中，县委按照人民解放军的标准对民兵严格进行思想组织和军事整顿建设，要求民兵训练以解放军为榜样，认真贯彻

"劳武结合"和"少而精"的原则，采取小型、就地、分散、多样的训练方法，从难从严从实战出发进行训练，达到"招之即来、来之能战、战之能胜"的目的。全县涌现了一批学解放军民兵班排连营先进集体和个人。

通过开展"学习运动"，使穆棱县干部群众思想作风和精神风貌焕然一新，促进了工农业生产发展，加深了军民鱼水情谊，为全县各项事业发展鼓足了干劲，注入了活力。

第六节　探索前进中的成就和经验教训

1956年至1966年的十年间，经历了"大跃进"的挫折和各种自然灾害的侵袭。在困难面前，穆棱县委、县政府从1962年开始，坚决贯彻执行党中央调整国民经济的方针政策和省地委一系列指示精神，系统总结了全县"大跃进""大炼钢铁""高指标"等运动的教训，澄清了长期以来一直困扰人们的"左"的错误思想，进一步精简职工压缩城镇人口，缩短基本建设战线，增大对农业的投入，调整工业布局，逐步改变了工农业生产发展的面貌。从1963年起又呈现了较快的恢复和大发展的态势，经过全县人民的努力奋斗，县域工农业生产和各项事业均有了实质性进展，取得了新的成绩，到1966年全县工农业生产总值达到4 823.6万元，是1962年的1.8倍，是1956年的4.2倍。农业生产的增产增收主要从六个方面发挥了重要作用：一是扩大农作物良种面积，由十年前的10%增加到60%；二是增施肥料（农家肥和化肥），面积扩大到作物总面积的65%；三是扩大水田面积，十年间增加水田6.2万亩；四是增加机耕面积，1966年机耕面积达到30%；五是扩大水利工程灌溉面积，1966年已经达到24万亩，占农田的

31%；六是扩大科学栽培面积，1966年达到55万亩，占总面积的70%，比1956年增加3倍。

在"工业学大庆"运动推动下，经过工业战线广大干部工人几年的调整与奋战，积极技改扩能上新项目等，从1964年开始全县工业经济形势逐年好转，经济明显回升。到1966年工业总产值完成587.4万元，利润完成62.3万元，总产值和利润分别是1956年的2.68倍和4.9倍。手工业生产由于开展小革新、小创造、小建议、小改进活动和加强企业内部管理，产品产量质量也都有一定的增加和提高。

十年间，教科文卫和其他事业也取得了许多成果。教育方面：全县中小学校发展到161所，比1956年增加96%；在校学生达到24 531人，比1956年增加109%；教师队伍增加到877人，同比增加119%。文化方面：全县有农村文化室87处，农民夜校110处，县有文工团，公社有文艺表演团队和电影放映队。卫生方面：县有人民医院、妇幼医院、防疫站各一处，各公社均有卫生院，85%的大队有了村卫生所。小儿麻痹症得到控制，各种预期接种疫苗4.8万人次，地甲病、克山病、大骨节病得到有效控制。交通方面：公路已开通八牡、八绥、八密、八林四条线路，邮政投递网总里程达到563公里。

在中国共产党的领导下，经过十年社会主义建设的全面开展和对社会主义道路的艰辛探索，社会主义的中国积累了宝贵的经验和深刻的教训。穆棱同全国一样，这十年建设取得的成就为后来的社会主义建设奠定了重要的基础。但由于执行党的方针政策存在严重失误和受严重自然灾害等因素的影响，这十年间也遭受了重重挫折。以贯彻"一五""二五"计划来说，1957年经济发展比较平衡，"二五"计划受到"大跃进"影响，各项经济指标几经调高，结果适得其反。1961—1962年虽放低了指标也没有完成预期目标，直到1963—1965年的全面调整，经济才有大的好转。发生这些问题的主要原因，一是"左"的思想作祟并逐渐占了上风，高定指标、高喊口号等"大跃进"的狂热行为违背客观规律，结果事与愿违，欲速则不达。二是追求脱离生产发展实际的"一大二公"体制，大办全民食堂、"大炼钢铁"等过度"左"的做法，造成了不应有的损失。三是"阶级斗争为纲"的错误指导，导致阶级斗争扩大化，在正确处理人民内部矛盾上，把一些给党和政府指出错误或持有不同政见的人打成"右派"或"三反分子"，破坏了党的民主，挫伤了广大干部群众的积极性。四是少数人的领导方法仍停留在战争年代的"大兵团"作战上，甚至把过去的成功经验在新的历史条件下当作教条和绝对化的"法宝"而用之，导致工作效果不理想。五是对建设社会主义缺乏正确理解和实践经验，机械地执行上级指示，甚至错误理解、错误实施。六是民主集中制这一优良传统做法没有很好得以坚持，有些地方没有形成制度，特别是主要领导权力过于集中，有些惟领导人的看法和注意力改变而改变。七是自然灾害频繁发生给人民生产生活和国民经济发展带来严重打击。

总之，在社会主义探索前进时期，穆棱可谓成功与挫折交替、正确与失误交织、天灾与人祸并存、主观与客观兼有。经过调整后，全县人民以巨大的勇气纠正了工作中的失误，困境中没有动摇对党和社会主义的信念，仍然以满腔热情投身到社会主义建设事业之中。

第七章 十年"文化大革命"内乱中的穆棱

（1966—1976）

"文化大革命"给我们的党和社会主义建设造成了重大损失，穆棱也同样经受了这场运动的冲击和破坏，地方党组织一段时期遭受到"造反派"的冲击，文化教育科技和意识形态领域成为重灾区，全县工农业发展一度受到阻滞。尽管如此，有着几十年光荣革命传统，坚持革命和奋斗精神的老区人民，以对党和国家无比忠诚的革命热忱，坚决贯彻执行党中央"抓革命、促生产"的重要指示精神，在风浪中坚持搞好工农业生产，使县域经济和社会事业依然取得不少成就，为迎接伟大的历史转折创造了一定的基础。

1966年中央"五一六"通知下发后，"文化大革命"开始。

工农业生产

在"文化大革命"中，穆棱县委、县政府于1966年8月至1967年4月间被夺权。1967年4月21日，经黑龙江省革命委员会批准，成立了新的党政领导机关——穆棱县革命委员会。从1967年4月至"文化大革命"结束，穆棱县再没有发生过大的社会动荡。特别是毛主席"抓革命、促生产"的最高指示发表以后，县革委会和各公社革委会领导班子在紧跟"运动"步伐的同时，可以理直气壮地下力气抓生产，发展社会各项事业。

　　农业生产在"农业学大寨"号召引领下，干部群众始终保持艰苦奋斗精神，十年间扩大开垦耕地23万亩，到1976年秋全县耕地达到69万亩；推广农业生产种植新技术118项；治理改造低产田8.8万亩，稳产高产农田达到30万亩；水土保持治理工程398项，新修农业水利工程14处，增加灌溉面积30万亩，同此增加64%；牛马畜力发展到19 866头（匹），同比增加56%；农业机械增加689台，同比增加45%；渔业扩大养殖水面1.8万亩，同比增加58%；造林增加10万亩，同比增加110%；全县粮豆总产量由4 340万斤增加到9 019.1万斤，同比增长109%；为国家贡献粮食由216万公斤增加到364.6万公斤，同比增长56%；粮食单产由165市斤增加到216市斤，同比增长31%；农业总产值由3 689万元增加到6 298万元，同比增长71%；农民人均收入由64元提高到93元，同比增长45%。1972年又新增建一个共和公社。

　　1969年开始动员全县各公社劳力修建团结水库，1983年10月竣工。水库位于共和乡南部穆棱河上游，水库枢纽为一类Ⅱ级工程，库容1.25亿立方米，既可蓄水发电，又可水产养殖。

　　1976年春，发动全县农民和县城职工合力修筑穆棱河百里长堤，为防汛抗洪保护沿岸农田和城乡居民的生命财产安全起到了很大的作用（改革开放后尤其是近几年来，又投入近3 000万元，新修河堤工程22项，穆棱河大堤现已成为美丽的沿河景观带）。

　　十年动乱时期，在党中央的领导下，穆棱一边抓革命，一边促生产，全县工农业生产客观上依然得到了一定程度的发展。

各项事业发展

　　穆棱在运动中走过了一段曲折的道路，但在乱中求稳、稳中求进，穆棱的各项社会事业保持了一定的发展势头。

　　教育　穆棱尽管开始一年多受运动的冲击一度停课，但复课后还是坚持文化课学习，特别是大队村屯学校，为农村农业生产培养了大量有文化知识的新劳动力，也培养了不少社队干部，输送了不少工农兵学员和解放军战士。1975年后，穆棱县加强了幼儿教育工作，除城镇外，公社和大队也积极创造条件扩大幼儿园，增设教学设备，增加幼儿教育经费，出现多种形式办园的好势头，使全县幼儿教育事业有了较快发展。

文化 文化事业是受到影响较为严重的领域，整个十年间，人们读书、唱歌、听戏看戏等文化生活都比较单调，但这并没有影响文化事业的发展。县成立了文工团，全员纳入事业单位编制，定期到公社、大队、企业、学校演出；各公社、大队、企业、学校也都组织了文艺宣传队，年年进行会演，平时互相交流演出；县文化馆增加编制，培训各类文艺表演人才；1966年全县建立了5个电影放映队，1974年9个公社都成立了电影放映队，村办电影放映队20个，小分队50个，农村大队每月至少能看一场电影。

有线广播 1970年冬到次年春，全县掀起改架新架广播专用线路网络大会战，1972年末，县通往公社的信号输送专线120公里，公社以下专线781公里，全县各生产队都通了广播，社队普及率达到100%。县及公社的信号达到甲级标准，实现了水泥杆专项化。全县小喇叭入户率达50%，基本形成了以县为中心、以公社广播站为基础、以专线传输为主的农村有线广播网。

科技 运动后期，县里恢复了一些受批判的知识分子、科技人员的名誉，为其改善住房条件，提高工资待遇，定期召开年度总结表彰会，调动了各条战线科技人员的工作积极性。1976年，河西公社普兴村农民朴三德采用系选技术选育出水稻种子"普选十号"，省农科院审定为牡丹江地区推广新品种。1978年春，他参加了全国科技大会，受到国家的表彰奖励。

体育 1976年修建了一处面积为2万平方米的体育场，新建了一个988平方米的体育馆，一年四季都可以进行篮球、排球、乒乓球运动；青少年体育队坚持常年训练；各公社、大队都有篮球队，定期组织竞赛活动，竞技水平得到普遍提高；足球运动也非常活跃，每年进行一次比赛活动。由于全县人民体育锻炼活动开展得好，穆棱县曾赢得"体育之乡"称号。

卫生　乡村合作医疗事业的发展是一大亮点。1966年前医疗卫生事业城镇好于农村，农村基本是处于缺医少药看病难的状态，农民有了病必须去公社医院和县医院治疗。为落实毛主席"六二六"指示要求，全县农村合作医疗如雨后春笋迅速发展。为解决乡村医生缺乏的现状，穆棱县1968年秋开办卫校，培训上百名赤脚医生，实现各大队有村医，并专门安排房舍办起合作医疗。县里对赤脚医生定期培训，不断提高医术水平，极大方便了农民求医治病。在地方病防治方面，县疾病预防保健技术人员由"文革"前的不足50人增加到100人。县成立地方病领导小组，定期完成上级卫生部门交办的各种地方病防治任务，使县内原有的克山病、地甲病、克丁病、大骨节病等都得到有效控制。

交通　1966年开始，县交通部门修建道路桥梁32座，新建14座；1970年改建了哈绥公路穆棱至东宁界间的公路，开通了通往绥芬河和东宁县的道路。县城八面通镇内1974年以前所有的大小道路全是沙土路面，1975年采取会战方式，动员单位职工4 900多人修筑了东风路、长征路、东方红大街三条主路，总长3 591米，改善了原有路况。

邮政电信　1973年，穆棱县邮政局与电信局合并成立穆棱县邮电局，各公社设邮电所；1966年调整农村投递路线，全县由24条增加到35条，使部分大小队当天可以收到报刊邮件，同时在乡邮路段上开办"三送"（送汇款、包裹、特挂）、"四办（汇款、包裹、挂号、特挂）"业务，方便人民群众。1975年长途电话载波电路增至10路。同年底为改变县城内电话通讯落后状况，对电话交换机进行更新改造，自己动手制造了"龙江751型600门电子"电话自动交换机，并对市内电话网路进行全面整修。1976年底，废止了沿用几十年的磁石式手摇电话机，使市话网络中所接入的用户话机得以逐渐增长。

城乡供水 1972年县革委成立改水指挥部，当年进行改水会战，建成城关镇八面通镇1号水源井，涌水量5吨/小时。经过连续三年奋战，县城自来水供水覆盖率达到50％。1975年起采取国家投资与群众集资相结合的办法进行全县农村改水工作，县水利科打井队首先在地甲病严重的马桥河公社打井改水。到1976年完成总体任务的15％（1985年全县全部完成农村改水任务）。

供电 1965年农村供电网络只达到100多公里，50个大队用上电。1973年农村用电网路延长400公里，到20世纪70年代末延长到700公里，全县70％以上的村屯用上了电，方便了群众生产生活。

在动荡的政治运动中求稳求进，彰显了穆棱革命老区干部群众一边抓运动一边建设社会主义的自觉性，使地方经济建设和各项社会事业在一定程度上依然得到了相应的发展。

第八章 在徘徊中前进的穆棱

（1976.10—1978.12）

十年动乱结束后，党中央从端正思想路线入手进行拨乱反正，重新确立"解放思想、实事求是"的思想路线，把党和国家工作的中心转移到经济建设上来。党的十一届三中全会以后，伴随着思想解放的潮流，推进大规模平反冤假错案，解决历史遗留问题，使穆棱焕发了新的生机。

根据中央〔1978〕55号文件《关于全部摘掉右派分子帽子决定》精神，穆棱县委于1978年3月，成立了摘掉右派帽子办公室，本着"实事求是，有错必纠"的原则，为全县108名被错划右派全部做出改正，恢复了他们的政治名誉。11月召开全县冤假错案平反大会，被平反的副科级以上干部58人。随后，制定《关于地主、富农分子摘帽和地富子女成分问题的决定》，为12 100多名出身地富家庭的子女改变了出身成分，为275名"四类分子"摘掉帽子。为213名科技、教育、文化、卫生工作者重新落实了政策。为2 281件冤假错案落实平反，其中对致死、致残和工伤的，全部作出了结论并给予妥善处理，为31名受株连的子女安排了工作。

自1977年底全国开展真理标准大讨论以来，穆棱县委、县政府及时组织全县干部群众开展学习讨论活动，使广大干部群众重

145

新确立了实事求是是马克思主义的思想路线，打破了长期个人崇拜和教条主义的束缚，为贯彻领会十一届三中全会精神和迎接改革开放奠定了思想基础。

通过深入揭批"四人帮"、开展真理标准大讨论和平反冤假错案等一系列拨乱反正的举措，消除了造成长期动乱和分裂的祸根，认真贯彻党中央"调整、改革、整顿、提高"的方针，全县人民思想解放，团结一致向前看，形成了安定团结的政治局面，以崭新的生机和饱满的热情投入到新的社会主义建设上来。

第九章　改革开放中的穆棱

（1978.12—2012.10）

　　"文化大革命"结束后，经过拨乱反正、恢复正常社会经济秩序和开展真理标准大讨论，使我党处于伟大历史转折的路口。1978年党的十一届三中全会正式确定我国开始实行对内改革、对外开放新的发展方向。搞好国营大中小企业，发展个体私营经济，深化国资国企改革，发展混合所有制经济，乡镇企业异军突起，建立起社会主义市场经济体制，开辟了中国特色的社会主义道路。穆棱人民在党的领导下，积极参与到这场深刻改变中国命运的伟大改革之中。

第一节　实行家庭联产承包责任制

　　1982年1月，中共中央发出第一个关于"三农"问题的"一号文件"《全国农村工作会议纪要》，对迅速推开的农村改革进行了总结。文件明确指出包产到户、包干到户或大包干"都是社会主义生产责任制"，同时还说明它"不同于合作化以前的小私有的个体经济，而是社会主义农业经济的组成部分"。1983年1月，中央颁布第二个"一号文件"《当前农村经济政策的若干问题》，文件从理论上说明了家庭联产承包责任制"是在党的领导下中国农民的伟大创造，是马克思主义农业合作化理论在我国实践中的新发展"。文件要求稳定和完善农业生产责任制，逐步实现农业的经济结构改革、体制改革和技术改革，走出一条具有中国特色的社会主义农业发展道路。人民公社体制要从两方面进行改革，即实行生产责任制特别是联产承包，实行政社分设。

当年，穆棱县农村体制改革随即推开。5月，实行政社分设，各公社成立经济管理委员会，各生产大队设村民委员会。起初的生产责任制由不联产发展到联产，又由联产到组发展到包干到户，进而推行以家庭联产承包制为主要内容的各种承包责任制。到1984年春，全县全部实行了家庭联产承包责任制。8月，人民公社建制撤销，改建镇或乡政府，全县设八面通镇、穆棱镇、河西乡、福禄乡、马桥河乡、兴源乡、下城子乡、共和乡、磨刀石乡。

家庭联产承包制是社会主义集体经济的家庭经营形式，土地集体所有，农民承包，经营自主，自负盈亏。承包户按国家规定缴纳农业税，并按承包土地多少，向集体摊纳提留金，平均每亩旱田摊纳人民币8~12元；每亩水田18~22元。农产品除以合同形式交售国家外，其余全部自行处理，即保证国家的，留足集体的，剩下都是自己的，从制度上根除了生产"大帮哄"，分配"大锅饭"的弊端。

家庭联产承包制在实施过程中也遇到许多问题和困难，农村党支部在改革中起到了先锋模范作用，他们以生产队为单位，宣传讲解文件精神。土地分到了户，社员群众的生产积极性空前高涨，买农机牲畜、准备犁铧绳套、串换种子准备春耕。但是过去生产队时没有暴露出来的问题，现在表现得特别突出：劳力少、老弱病残和经济困难的农户种不上地，过去不在一线劳动的社员和部分青年农民不会种地，这些没牲畜、没种子、没农具、没经验、没有钱的农户，老百姓形象地称为"抱膀户"。各村党员和干部发扬党的优良传统，热情扶持贫困户，建立了党员和干部包户制度，对这些农户进行自力更生、勤劳致富教育，帮助他们克服依赖思想，针对具体困难，帮助解决贷款、农具、种子等，让他们都及时种上地。

家庭联产承包制是在党的领导下中国农民的伟大创举，在实践中显示了旺盛的活力。到1985年，全县已有种植、林业、畜牧、渔业、运输、建筑专业户2 900余户，占农户总数的8%；全县人均收入554元，比1979年增长5.3倍；粮豆亩产231公斤，比1979年增长67%；农民拥有拖拉机达1 969台，载重汽车51台。

家庭联产承包制让广大农民有了生产经营自主权，长期被束缚的生产积极性迅速得以迸发，各种商业生产专业户、专业村、个体工商户如雨后春笋般大量涌现，离土不离乡务工经商活动的农民日益增多，农业机械化程度也明显加快。

第二节　工业改制

县内国营工矿企业绝大部分建立于十年内乱时期，由于受"左"的思想影响，企业管理混乱，规章制度不健全，经济效益不好，不少企业处于亏损状态。后两年虽然大部分企业制定了生产岗位责任制，但仍存在缺点，"责与利不挂钩"，"劳与得相脱离"，没有真正解决吃"大锅饭"的问题。

1978年，党中央发表了《关于加快工业发展若干问题的决定（草稿）》，全县取消厂矿企业"革委会"，重新任命厂（矿）长，改变了党政主要领导由一人兼任的做法，恢复了党委领导下的厂长负责制。1979年以后，根据中共中央对国民经济实行"调整、改革、整顿、提高"的方针，在全县43个厂矿企业全面推行经济责任制，围绕本县六大资源优势，发展优势产业。为保证雪茄烟生产，把烟草的种植、收购、储存、加工全面管理起来，1981年生产香烟4.07万箱，比往年提高3倍。调整黄金管理站的领导班子，黄金产量达到1 337两，比计划提高一倍多。保材厂研制新产品MB2–5炼钢保护渣，被评为省优质产品。阀门厂产量也比上年成倍增长，企业由亏损变为盈利。

1982年在全面推行经济责任制的基础上，强化领导班子、劳动组织、劳动纪律、财经纪律，充实了工业、煤炭、建设等重点科的领导班子，选拔4名副科级干部配备到重点厂担任主要领导，对12户企业充实了厂级领导干部。企业整顿围绕提高经济效益为重点，开展挖潜、革新、改造。

1983年制定经济责任制，主要内容：一是计划利润包干，超收归己；二是盈亏自理；三是限额亏损减亏归己，超亏不补；四是超计划利润分成。由于推行经济责任制，调动了企业各方面积极性，石墨矿年初县里下达亏损指标25万元，年底减亏10万元，提前一个月完成订货合同，产值完成169.5万元，产品合格率达90%，石墨粉产品打入国际市场，使处于关门的企业恢复了生机。

1984年，从全县工业实际状况出发实行简政放权，县委制定了《进一步搞活企业的若干补充规定》等六个文件，贯彻按劳分配的原则，把超额劳动报酬与职工个人经济权利、岗位责任和经济效益挂钩。凡是有条件实行计件工资的企业或工种都要实行计件工资制，不再搞奖金制。不能实行计件工资的，可实行计分计量计酬，或以生产机台或小组为单位实行超额计件奖。实行浮动工资制，拿出基本工资的15%~20%作为浮动工资，多劳多得。车间班组实行定额包干，确定利润指标和企业分成。这种责任制把干部、工人的积极性充分调动起来，解决了干好干坏一个样、干多干少一个样的平均主义思想。把厂长、副厂长、行政、科室、车间、班组以及每个部门、每个环节的权责划分清楚，逐级落实到人，从根本上解决了企业的平均主义问题，生产效率大幅度提高。

1985年，打破封闭型经营方式，引进技术、人才、资金、设备，重点联营项目有：雪茄烟厂和昆明烟厂联营生产宇宙牌香烟、石墨矿与中国国际信托公司合资联营。水泥厂、卷烟材料厂、阀门厂、石墨矿、光义煤矿、化工厂、保材厂等厂矿，通过定岗、定编、定员，把剩余职工和待业青年组织起来成立劳动服务公司，开辟新的生产门路，增加营业外收入。开发适销对路新产品，八面通白酒厂新上小香槟低度酒，卷烟材料厂开发水根胶带和水松纸，县白酒厂新上啤酒罐装和果酒生产线，这些做法不仅改变了产品结构，使企业增加了效益，也填补了市场空白。

国营工业立足于县区丰富的矿产和自然资源，形成以煤炭、石墨、黄金、黄烟为主要产品的"两黑两黄"资源型产业，但这种资源依赖型经济在商品经济的大潮中也经受了挫折和考验。

煤炭作为穆棱的重点产业，在"大中小并举，国家、集体、个人一起上"的政策指导下，乡办煤矿、村办煤矿、个体小煤矿迅速发展。1994年以后，全县进一步贯彻落实《煤炭法》，煤炭行业逐步走向法制化轨道，经过治理整顿，集体、个人的小矿基本关停关闭，穆棱煤炭经济逐渐光环退去。

石墨行业由于技术落后，基本以原料石墨粉出售，且销售不畅，致使石墨生产没能创造出较为理想的经济效益。2010年原国有光义石墨矿重组，更名为穆棱市宏旭石墨有限公司，另有黑龙江省镈浩石墨有限公司入驻生产，开发石墨深加工产品，目前年销售额已达10亿元，税金实现1亿元以上。

黄金产量最高的1986年达13 472两，穆棱县荣获国家冶金部"年产黄金超万两"殊荣；县黄金工业公司获得"全国黄金先进企业"荣誉称号。到1992年，群众采金蜂拥而上，乱采乱掘，很快造成资源枯竭。黄金公司陆续停产，设备转卖，被迫于1998年3月宣告破产，黄金工业公司撤销。

穆棱黄烟和晒烟久享关东名烟的盛名，1983年被列为黑龙江省名晒烟基地，1984年列为全国名晒烟基地。由于晒烟种植面积大，穆棱县于1977年建立国营穆棱县雪茄烟厂，1983年，经国务院批准纳入国家计划，1984年划入中国烟草公司，1992年更名为穆棱卷烟厂。2003年被哈尔滨卷烟厂合并，更名为哈尔滨卷烟厂穆棱分厂。多年来，穆棱卷烟厂作为地方利税大户，占全县税收的半数以上，为穆棱经济发展作出了重要贡献。

第三节 商服改革

改革开放之初，全县国营商业网点24个，职工1 375人。县城八面通第一、二、三百货商店和五金商店分别建有营业大楼。供销系统每个公社都有基层供销社，另有62个供销部，129个代购代销店。县城设生产资料、土产、果品三个专业公司，分别在穆棱镇设有批发部，共有职工1 040人。

1981年，国营商业在管理上实行逐级经营承包、定额管理、有奖有罚的经营责任制，主要体现：一是利润定额上缴，超额分成。分成比例为国家得大头、企业得中头、个人得小头，完不成利润定额按比例扣发工资。二是实行利润超额按比例提奖，奖金不超过每人平均两到三个月的基本工资，利润完不成不得奖。三是减亏按比例分成。四是利润包干、亏损自负，超额归己。五是对要求离店经营的须经本单位批准，按停薪留职待遇，给本单位按月或按年缴纳一定的基金。

随着社会购买力明显增长，百货公司改建批零商场，举办各种物资展销会扩大商品销售，自行车、手表、缝纫机、收录机、电视机、电风扇、电冰箱、电饭锅、尼绒、毛料等高档商品成了畅销货。1983年到1985年，全县各专业公司和零售商店打破单一进货渠道，从全国各地采购商品投放市场，从厂方直接进货，减少了环节，降低了费用，活跃了城乡市场，满足了工农业生产和人民生活需求，在商品市场激烈竞争中掌握了主动。

饮食服务业主要实行资金定额，集体、个人承包，利润包干上缴，亏损自负的经营责任制。百货公司把原公司、批发部的两套班子合并为一体，统一管理批发和公司系统的全面工作，设政秘组、财会组、业务组，负责全系统汇总和指导；鞋帽部、文教商品部、大百货部、小百货部、化妆品部，负责对零售商店、供销社、私营商业、个体商贩的批发业务，把原批发部改为批零商场。对各部下放商品经营权、资金使用权、费用开支权、奖金分配权、经济核算权，鼓舞了各部及职工积极性，增加了经济效益。1985年全县国营商业共获利润76.5万元，扣除食品公司政策性亏损28.3万元，净利润48.2万元。

农业实行联产承包责任制后，生产资料的供应量增加，时间提前，对象增多，起点变小，选择性强，质量要好，包装要牢。供销合作社为满足人民生产需要，对生活物资、日用工业品大力组织供应，在全县各基层供销社设立了经营生产资料的专业柜台，增加供应网点，充实保管员、营业员、技术员，实行包装拆零供应，方便一家一户购买。

改革开放以后，个体商业再度兴起，经营方式主要是百货食杂、饮食服务、修理代销、流动售货等。到1985年个体商户已发展到885户，个体饮食、服务、修理业403户，从业人员达到2 000余人。个体商业营业时间长、品种齐全、款式新颖、方便群众，满足了人们日益增长的物质需要，补充了国营和合作商业的不足，全县形成了多种所有制经济、多种经营方式并存发展的新格局。截止到2017年底，全市个体工商商户已超万家，私营经济为穆棱经济发展带来了活力。

第十章　全面实施新时期强市战略

（2012.11—2019.12）

改革开放以来，穆棱一直把富民强市作为发展目标，紧紧围绕工业立市、农业稳市、商业旺市、科教兴市、文化乐市、宜居安市等发展理念作文章，想方设法提高百姓富裕程度，增加百姓幸福指数，不断增强县（市）域综合经济实力，提高整体竞争力。尤其在党的十八大以来，穆棱更是把全面振兴全方位振兴作为富民强市发展战略的主导思想，扎实推进各项经济及社会事业的全面发展，使市域经济综合实力始终保持旺盛的发展势头，自2010年以来，始终位于黑龙江省十强县（市）之列。

第一节　工业立市

工业经济是国民经济发展的重要支柱，穆棱深刻认识到工业在地方经济发展中的重要位置，将工业作为重要的"立市"产业，通过扶持重点企业、建立工业园区、开展招商引资、融入一带一路、强化企业改革和服务力等手段努力促进工业发展，使穆棱工业经济在总体发展中发挥了十分重要的作用。

一、扶持壮大立市企业

20世纪70年代，穆棱县在工业生产立项上就走因地制宜、重点依靠县域资源的发展道路，形成了黄金、烟草、煤炭、石墨、建材等资源型工业和塑料、化工、机械、电力、食品、木材加工、木制家具、纸制品等行业的多层次开发型工业经济体系。十一届三中全会后，根据中共中央对国民经济实行"调整、改革、整顿、提高"的方针，围绕本县资源优势发展工业生产，不断加大对支柱产业和骨干企业的培育力度，相继培植出穆棱卷烟厂、电站阀门厂等一批骨干支柱企业。例如：为保证卷烟生产，政府把烟草的种植、收购、储存、加工全面管理起来，使烟厂产量不断增加，效益逐年提高；调整黄金企业领导班子，加强生产管理力度，使黄金产量比计划提高一倍以上，1986年达到历史最高产量13 472两，被国家有关部门授予"黄金万两县"；保材厂研制生产的新产品MB2-5炼钢保护渣，荣获黑龙江省优质产品；电站阀门厂产量稳步增长，企业实现扭亏为盈。

到2005年，500万元以上规模的工业企业达到6家，总产值为15.9亿元，实现工业增加值5.2亿元，占GDP总量的46.2%，实现利税总额1.46亿元。其中穆棱卷烟厂生产的宇宙牌、雪茄牌香烟分别被评为全国甲级香烟和省优质产品，畅销全国各地。到2010年，规模以上工业企业达75户，其增加值、销售收入和应缴税金分别达到26亿元、85亿元和4.1亿元，分别增长70%、105%和115%。到2017年，规模以上工业增加值达到67.4亿元，年均增长13.2%。

穆棱卷烟厂

穆棱卷烟厂是经过多年培育扶持的立市企业典型。穆棱烟叶产量大、品质好，根据地方资源优势和市场信息，于1977年决策建厂，年内就在265平方米小厂房和几台简陋的卷烟设备上试制雪茄卷烟成功，当年生产出以本县主产的烟叶为主料的"琥珀香"牌雪茄香烟2 000箱，并将烟厂定名为国营穆棱县雪茄烟厂。

穆棱卷烟厂 摄影/韩立君

　　1980年，为改变设备简陋落后状况，县委、县政府举全县之力支持烟厂发展，卷烟设备从原有的几台发展到24台，雪茄烟品种由4种增加为9种，销售点由省内扩展到10个省、市和自治区，多达百余个销售点。到1981年末，卷烟设备增加到44台，产品品种发展到16种，职工由395人增加到798人，产量达4万箱，产值2 061万元，实现税金1 622.4万元，利润81.3万元，成为全县利税大户；同年"琥珀香"雪茄香烟被黑龙江省评为企业首个"省优质产品"和"省著名商标"。1982年设备达到81台（套），生产能力初具规模，月产量达到3 000箱。1983年5月经国务院批准纳入国家计划。

　　1984年，穆棱县委、县政府利用马季先生的央视春晚相声小品《一个推销员》中虚构的"宇宙牌"香烟的素材，采用"逆向思维"，巧借"名人效应"，进行配方研制，于次年2月开发生产的"宇宙牌"香烟面世。为使"宇宙牌"香烟品牌做精做大，穆棱烟厂与昆明卷烟厂达成"宇宙"联营意向，聘请对方技术人员进行配方改进。1985年10月，"宇宙"烟生产车间正式投入生产。

　　1986年1月"琥珀香"再次被评为省优质产品。联营研制的烤烟型宇宙牌香烟正式走向市场，清香型的全新风格广受赞誉，年末即被评为省优质产品，由此拉开了长达20年的"宇宙"烟品牌发展序幕，为企业扩大知名度、提升经济效益发挥了龙头带动作用。

1987年，"宇宙"烟获首届东北轻工名牌产品群评金杯奖；1988年产量超过10万箱，被黑龙江省政府命名为"省级先进企业"，"宇宙"烟获"首届中国食品博览会银奖"；1990年，烟厂初步具备了15万箱的生产能力；1992年4月，烟厂更名为"穆棱卷烟厂"。1993年初，烟厂在品牌发展上取得重大突破，在原来白盒包装的基础上，红盒软、硬"宇宙"烟相继问世，"宇宙牌"开始实现系列化发展。期间，烟厂荣获国家统计局1992年度利税总额排序"中国行业百强企业"、1993年度主要经济指标排序"中国500家最大工业企业"和1992—1993年度"中国100家最大烟草加工企业"；同期还获得中央直属中型二类卷烟加工企业、中国质量管理协会命名的"全国质量效益型先进企业"和黑龙江省委、省政府授予的"省级先进企业""省级精神文明单位标兵"称号；1994年，"宇宙"牌香烟被评为黑龙江省名牌产品和全省用户满意产品；1999年烟厂ISO900标准获省质协一级认证，"宇宙牌"香烟被评为年度省市场畅销品牌；2001年烟厂各项指标均创出历史新高，在全国118家卷烟工业企业综合效益指数排名中名列第二，居东北地区同行业之首。

2003年12月，经国家烟草专卖局批准，哈尔滨卷烟厂将省内的穆棱、海林、绥化三家卷烟厂进行重组整合，穆棱卷烟厂更名为哈尔滨卷烟总厂穆棱分厂。2005年烟厂税金再创新高，达2.58亿元，荣获穆棱市"光彩纳税先进集体""财源项目建设特殊贡献奖"等荣誉，成为名副其实的立市企业。穆棱烟厂卷烟品牌除"宇宙"外，还有梅花鹿、石灯、琥珀香、三山、万达、摇钱树等，其主干产品"宇宙牌"卷烟自1994年起一直保持省"名牌产品"称号。

2007年烟厂改制，更名为黑龙江烟草工业有限责任公司穆棱卷烟厂，企业占地面积14万平方米，建筑面积8.2万平方米。

2011—2017年，每年上缴税金都在10亿元左右，其中2012—2015年连续四年上缴税金超过10亿元，连续18年在牡丹江市排名利税第一名。

由于政府扶持有力，使穆棱卷烟厂由小到大、由弱到强有序发展，逐步成为地方支柱型企业，利税约占全市总量的60%，多年来呈一柱擎天之势，为国家和地方经济发展做出了突出贡献。

烟厂全貌　摄影/徐世利

电站阀门厂

穆棱电站阀门厂始建于1975年，名为穆棱县阀门制造厂。经过十年的更新改造，到1986年设备达到104台（件），比较齐全完善，年产值达到150万元，利税4.6万元，按当时情况已是较有潜力的县属国有企业。后在县委、县政府的支持下，与哈尔滨锅炉厂联营，企业产值和效益明显提高。改革开放后，随着原料价格上涨和市场竞争，企业效益一度大幅下滑。几经波折，在县委、县政府的帮助下，于1996年开始研制电站阀门，由此更名为穆棱市电站阀门厂，企业从此起死回生。到1998年，全年实现工业总产值900万元，实现利税70万元。2002年又投资200万元研制开发安全阀和减湿器项目；2003年企业完成股份制改制，并完成大口径改造项目，当年新增利税40万元；2005年，穆棱市电站阀门有限责任公司投入2 000万元兼并了牡丹江阀门总厂，实现了对牡丹江阀门总厂先租后买，使企业达到年产各类阀门1 500吨、销售收入4 500万元、利税520万元的总规模。该企业的阀门产品由于质量过硬，曾装备"辽宁号"航母等很多军事设施，市场份额一直较好。

2011年，在市委、市政府的大力支持下，该厂投资2亿元从八面通镇整体搬迁到穆棱经济开发园区，同时进行扩建改造。现在企业已发展成集设计开发、制造、维修、销售服务于一体的专业阀门生产厂家，可生产截止阀、调节阀、减压阀、超超临界和减温减压装置等十几大类100多个品种和规格的高端阀门产品。

如今的穆棱电站阀门厂，是黑龙江省东南部地区规模最大、机械化程度最高、产品科技含量国内领先的专业阀门制造企业；是中国通用机械工业协会阀门分会会员单位、中国标准化协会会员单位；中国电力企业联合会、国家电力商务网、中国电力装备采购网成员，国家电力公司审定的电力工程200MW–300MW火电机组主要辅助设备推荐厂家；是中石油天然气集团大庆石化分公司物资采购成员厂，中石油总公司能源一号网会员单位。企业与哈电集团哈尔滨电站阀门公司建立了长期密切的联营合作关系，该厂产品已应用于哈电集团项目和国内五大电力发电公司亚临界、超临界和超超临界以上大型发电机组上，成为哈电阀门公司国内最大的联营配套企业。

由于地方党委政府抓住潜力重点扶持，使一个小微企业在沉浮中不断谋求创新发展，使企业焕发了生机、增强了活力，培育了地方经济增长点。类似事例不胜枚举，仅从以上两则企业发展足迹中，穆棱对立市企业发展的重视与支持便可见一斑。

二、招商引资建立穆棱经济开发区

改革开放以来，随着地方企业发展形势的不断变化，为加快地方工业发展，壮大地方经济实力，穆棱及时调整发展思路，积极利用外资新上项目，筑巢引凤，努力寻找企业发展新路径。

从1986年以来，穆棱持续实施"工业立市、工业强市、工业富市"战略，在长三角、珠三角地区派驻办事处，常年负责招商引资联络事宜。尤其党的十八大以来，通过外引内联等多种举措大力开展招商引资活动，入驻项目不断优化，效益不断提升。迄今，穆棱累计招商引资项目500多个，许多上亿元、千万元企业不断落户穆棱，如：皓月肉牛、华富风电、好家木业、科冕木业、长江木业、嘉穆板业、统茂木业、博森木业、广成木业、升华包装、惠尔森建材、中大纯电动汽车、镈浩石墨、宏旭石墨、华伦无纺布、东北山货大市场、金跃太阳能光伏发电、"穆棱—大连铁海联运"物流场站、中科热泵粮食烘干、天恒亚麻、金泰恒亚麻、新凌亚麻、瑞丰塑业、祥丰塑业、凯飞食品、携程呼叫、代马沟风电等等。其中，温州企业家投资的万事达塑料制品有限公司成为我国东北地区最大的塑料编织袋生产企业，也成为我国对俄出口编织袋的重要厂商；石墨企业产品精深加工使穆棱成为颇具潜力的新材料基地。经过多年不懈努力，目前引资企业已成为穆棱工业企业的新生力量，也成了穆棱工业经济的新的增长点。

为打破穆棱工业由烟厂一柱擎天的局面，20世纪90年代初，穆棱市委、市政府开始加大招商引资力度，并酝酿"筑巢引凤"，打造产业合作基地，建设穆棱工业园区工程。1993年，经省计委批准，在绥满公路301国道沿线的下城子镇开始建设边境工贸区，后成为省级工业小区。1996年被国家农业部批准为

"全国乡镇企业东西合作示范区";1997年被黑龙江省政府评为"十强工业小区";2006年9月成为黑龙江省经国家发改委批准保留的25个省级经济开发区之一,建设面积由初期的4.9平方公里扩展为8.32平方公里。自此,穆棱经济开发区正式确立。

穆棱经济开发区以建设东北亚地区有影响的中俄进出口加工基地为目标,以良好环境建设为基点,以大项目建设为主攻方向,以平台载体建设为保障,集林木、建材、轻工食品、新材料新能源等产业为主题,使其成为黑龙江省东部商家聚集地和全省沿边开放带的重要组成部分。为做好基础建设,穆棱市相继修建了7条路面、供热能力100万平方米的大型供热站、给排水工程、污水处理厂及管网工程、两个2万千伏安的变电所及一条10千伏安工业用电专用线。同时,围绕建设大基地、大物流、大平台的目标,到2010年相继建设完成了开发区综合办公楼、产学研培训基地和占地50万平方米、年吞吐量100万吨的物流保税基地和铁路专用线,进一步完善了园区功能。为吸纳企业到园区合作投资,穆棱提出"零距离、零地价、零收费、零干扰"的优惠政策。随着入驻企业越来越多,园区规划面积扩大到30平方公里。

到2013年,园区基础设施建设累计投入近30亿元,完成了核心区15公里道路和给排水、供电、通信、热网等工程建设工作,区内"七通一平"及配套设施完善;建成了幸福家园、东方御景、中心花园等居民住宅小区,辟建了会展中心、教育中心、金融服务中心、专家服务中心、国家家具及木制品质检中心等配套设施及海月湾大型水上乐园项目,全面打造宜业、宜居、宜游的投资环境;辟建了可对接全国各大院校、科研机构,进行科研成果转化的科技孵化平台;由大连港务集团与穆棱市政府联手建设的铁海联运物流项目,年货物运输能力15万标箱,成为穆棱走向世界的"内陆干港"。同时,新建占地17.9万平方米的教育中心,成为集普通教育、职业教育、成人教育为一体的普职融合、三教统筹的人力资源培训基地，也是与北京林业大学、东北林业大学等高校联合建立的面向黑龙江东部的"产、学、研"培训中心。

2017年，园区辟建了海关监管场所，使穆棱经济开发区具备了仓储、物流、报关、报检、封签、结算、通关、货物代理一站式服务，为域内的外向型企提供口岸式公共物流平台。到2017年末，入驻园区的木家居、塑料制品、食品加工、战略新兴等企业163户，其中，超亿元项目35户，实现工业总产值70.2亿元、销售收入63亿元、税收2.6亿元。穆棱经济开发区先后被评为国家新型工业化产业示范基地、国家级出口木制品质量安全示范区、中国塑料产业创业基地、省重点对俄进出口加工园区、省财源建设示范园区、省循环经济试点单位，连续8年被评为黑龙江省先进开发区。

通过招商引资和建立穆棱经济开发区，以多元化、集群化发展为格局，以中俄经贸大通道为优势，以龙江丝路带为依托，为穆棱经济发展寻找新的突破口和增长点，加速提升城市影响力和要素积聚力，有力促进了穆棱经济社会的发展。

三、深度融入"龙江丝路带"

建设在国家"一带一路"发展规划下，黑龙江省实施"龙江丝路带"建设重大发展战略，为经济发展带来了新的机遇。穆棱作为沿边开放的内陆地区，交通、宜居、成本等综合竞争优势正在显现。作为龙江丝路带上的节点城市，前有绥芬河口岸辐射，后有东南部中心城市牡丹江依靠，为穆棱提供了强劲的发展动能。穆棱紧紧抓住了这一难得的机遇，坚持"借口岸光、打俄罗斯牌"，积极打造"龙江丝路带"产业合作基地，推进"临岸经济"向"口岸经济"转型。穆棱全力夯实境内园区基础设施建设，小微企业创业园建设，会展中心和规划展示馆项目建设。

从2015年起，先后开工建设并开通运营了铁海联运大连内陆港、占地65万平方米的中俄国际物流园、龙穆海关监管场所和顺发经贸三期工程等项目。依靠俄罗斯进口木材优势，大力发展林木加工业，华夏家具年加工木材达到1万立方米，引入了央企——中林集团投资10亿元建设穆棱国森木业城项目，拥有国家级家具及木制品质检中心，有科冕木业、华晨实木家居等25个著名商标企业；海参崴穆棱经济开发区家具体验馆开放营业，穆棱成功承办了中国出口木制品质量技术促进委员会成立暨出口木制品质量安全论坛，成立了国家级出口木制品质量安全示范企业联盟等，是我国唯一一家林木产品制造示范基地。辟建了占地2平方公里的麻纺产业园，投产项目已有9个，纺纱总规模 6万锭，占全国亚麻纱锭数的10%，是国内亚麻纺纱总锭数单体城市占有量第一城市，也是穆棱市"无中生有""两头在外"的重点发展产业。

在对外经济交流中，穆棱与绥芬河、东宁签署绥东穆经济协同发展战略合作框架协议，与俄罗斯斯帕斯克达利尼市、浙江苍南县、江苏吴县、山东省沂水县签订友好市县框架协议，形成内外协作共同发展的格局，深度融入龙江丝路带。

四、强化企业改革和服务力度

从改革开放开始，国家先后对国有企业实施了一系列改革。穆棱从全县工业实际状况出发，以搞活经济为重点，以搞活企业为中心，全力扶持企业大胆探索改革之路，由单项到综合，循序渐进地进行企业体制机制改革。

1978年，按照党中央《关于加快工业发展若干问题的决定（草稿）》精神，全县取消厂矿企业"革委会"，重新任命厂（矿）长，改变了党政主要领导由一人兼任的做法，恢复了党委领导下的厂长负责制。1986年实行了厂长任期目标责任制；

1988—1992年全面推行了承包租赁经营制；1993年，县委、县政府本着"一厂一策、因企制宜"的原则，积极稳妥地进行了企业产权制度改革（股份制、股份合作制、租赁制）；1995年，按照国家体改部门出台的民营化要求，对能实行民营化的中小企业推行了民营化改革；1996年，相继对部分企业资产实施了出租、出售，实现了国有资产全部退出，职工身份全部转换。通过一系列改革，全市企业焕发出新的生机，经济效益有了明显提高。到2005年，全市规模以上工业企业完成工业总产值15.9亿元，销售收入14亿元，增加值5亿元，利税总额1.44亿元，分别比上年增长13%、13%、11%和12%。

2009年，穆棱市委、市政府不断加强企业服务力度，强化工业项目建设，努力化解工业经济运行面临的各种问题，支持现有企业走科技兴企之路，积极实施品牌振兴战略、技术创新战略、人才引进战略、市场拓宽战略和新产品开发、提档升级战略，不断扩张企业规模，加速提升全市工业经济的整体规模，保持了工业经济平稳增长的良好态势。2010年，全市拥有75户规模以上工业企业，实现工业总产值8.8亿元（烟厂除外、下同）、销售收入8.5亿元、增加值25.26亿元、利税总额7.5亿元、税金总额3.74亿元。

2011年后，以国家和省战略性新兴产业规划为引领，以结构调整和优化升级为主线，全力扶持企业发展，各项经济指标得到较大提升。对一些新上的重点项目从办理手续到落地建设投产，实行全程"保姆式"服务，促进了企业落地扎根结果的积极性。到2014年末，全市规模以上工业企业增加到99户，年实现工业总产值、销售收入、工业增加值、应交税金达到264.5亿元、259.4亿元、58.9亿元、10.4亿元。

2015年起，面对新的经济发展形势，进一步强化服务职能，提升服务质量。一是抓产业和资本市场对接：与上海股交中心沟通、协调，初步达成合作意向，建立企业上市孵化基地，为市内符合条件的企业包装挂牌上市，走资本运作道路。二是破解企业融资难题：与合作银行完成对企业开展"过桥资金"业务的洽谈工作，采取借新还旧的形式帮助企业倒贷，解决企业还贷过桥问题；在此基础上，积极帮助企业融资，为企业争取直供电政策节省电费支出，邀请专家就如何应对市场变化对部分企业经营者进行培训，使其开阔视野，提高危机意识，提高企业有效应对经济下行压力的信心，努力探索企业发展新路径。通过强化对企业的服务力度，促进全市工业经济在困境中不慌不乱，稳中有升。

五、实施"百强企业提升"工程

为加快穆棱市追赶型跨越式发展步伐，促进成长型企业持续、快速、健康发展，自2009年起，在全市实施了"百强企业提升"工程。具体做法：一是完善和加强领导干部包扶企业制度，为骨干企业抽调充实包企干部，要求包企干部以"九帮"为工作标准，促进企业健康发展；二是加快新产品开发步伐，积极鼓励、支持企业不断采用新技术、应用新工艺、开发新产品；三是加大企业扩（续）建工作力度，积极鼓励、支持企业不断扩张规模、提升产能；四是推进人力资源整合利用，提升企业管理水平，组织部分企业负责人赴高校或沿海发达地区进行经营管理培训、学习，不断提高企业经营者素质和管理能力，加快建立现代企业管理制度，增强企业竞争力。

通过以上措施，有效提升了政府的服务能力、企业的发展能力和管理水平，为企业良性发展提供了保障。

六、实施品牌振兴战略

为打造地方品牌产品，穆棱市2010年成立品牌服务办公室，全力支持企业创建名优品牌；出台品牌振兴战略实施方案，鼓励企业走品牌振兴之路；帮助和支持管理水平高、产品质量好、市场占有率高的企业培育、发展和壮大品牌。这样相继有12家企业申报省和国家级名优品牌。2016年起，结合国家"一带一路"和黑龙江省"龙江丝路带"建设，穆棱将企业发展和品牌深度融入国家和省发展振兴战略之中，新注册黑龙江省著名商标2件，牡丹江市知名商标4件；新获得国家级名牌产品的企业1家，新获得省级名牌产品的企业3家，新获得牡丹江市级名牌产品的企业4家；新获得国家地理标志产品1个（大豆），新通过国家无公害农产品认证的企业8家，新通过国家绿色食品认证的企业1家，新通过国家有机食品认证的企业3家，全市品牌发展总体水平明显提升。

第二节　农业稳市

中国是农业大国，农业经济在国民经济发展中占有很大的比重，在穆棱经济发展中农业同样占有重要的地位。穆棱有24万农业人口，占全市人口总量的4/5，农业强，则穆棱强；农业稳，则穆棱稳。因此，穆棱一直把助力三农发展视为稳定全市经济大局的重要环节，取得了可喜成绩。在这方面工作中，具体实施了以下做法：

一、推进农业改革和农业产业化

1983年实行家庭联产承包责任制后，极大提高了农民生产积极性，同时国家大幅度提高了农产品收购价格，调整了农村产业结构，实行了国家计划合同收购新政策，扩大了市场调节范围，使农村经济进入了有计划商品经济的轨道。

1997年的二轮土地承包给农民吃下了定心丸，也加快了农民增收步伐。从此，穆棱按照"选准优势，迅速膨胀，争创名牌，抢占市场"的发展思路，把市场前景广阔、资源基础好，产品关联度强的大豆种植、肉牛养殖及其精深加工和两烟（烤烟、晒烟）一瓜（白瓜）作为优先发展的主导产业。由此穆棱荣获国家相关部门授予的"中国大豆之乡"荣誉称号；穆棱晒烟荣获国家地理标志产品认证。

2004年，按照中央1号文件精神，大力推进农村经济结构调整，农业和农村发展出现了前所未有的好形势。粮食总产达5.2亿斤，农民人均收入达到4 690元。到2010年，粮食总产量达到8.41亿斤，农民人均收入达到9 003元。年粮食产量达到10亿斤，实现"十七连丰"。

晒烟基地 摄影/梁兆宽

随着农业经济的发展，农业产业化成为农村发展的必然趋势。2006年起，穆棱紧紧围绕肉牛、大豆、玉米、水稻、白瓜、果蔬等主导产业，按照"调结构、优产业、创名牌、上规模、占市场"的发展思路，坚持以市场为导向，以科技为先导，积极调整和优化产业结构，大力发展效益农业，有力推动了全市农业产业化快速健康发展。全市农业产业化龙头企业发展到13家，其中国家级龙头企业2家，牡丹江市级龙头企业7家，大型专业市场4个（下城子粮食批发市场、兴源肉牛市场、马桥河果菜批发市场、磨刀石果菜批发市场），农民专业协会39个，农村经纪人2 000人。大豆、玉米、水稻、白瓜、蔬菜等农业产业化基地面积达到100余万亩。翌年，全市紧紧围绕六大优势主导产业，建设了一批资源优势明显、地方特色突出、科技含量较高的一品村，肉牛、粮食、烤晒烟、蔬菜、食用菌、果树、西瓜、香瓜、北药等特色产业鲜明的一品村数量达到40个，初步形成了"龙头＋基地＋农户"的产业化运行机制，构建了"贸工农"一体化、"产加销"一条龙的产业化发展模式，促进了农业规模化生产、规范化操作、产业化经营。新增了凯飞食品公司、绿谷庄园公司、黑龙江山水田园有机食品种植公司、康天源农副产品公司等农业产业化龙头企业。新组建农民专业合作组织40个，全市各类农民专业合作组织达到90个，会员1万余人，辐射带动3万多农户，农民组织化程度明显提高。2007年，荣获牡丹江市农业产业化先进单位。

2010年，穆棱编制实施了《农业产业化富民工程实施方案》，对烟叶、畜牧业、食用菌等产业给予重点扶持。其中两烟（晒烟、烤烟）面积发展到4.3万亩，穆棱晒烟成功打入红塔集团、红河集团、湖北中烟集团，获得"国家地理标志优质农产品"认证和"中国晒烟之乡"称号，成为全国最大的晒烟计划种植县（市）。

随着穆棱农业产业化领域不断拓展，全市农业产业化龙头企业由13家增加到27家。其中省级龙头企业达到5家，牡丹江市级龙头企业达到12家；和平粮油公司"劲思"和凯飞食品公司"瑞多依"注册商标分别被评为黑龙江省著名商标；寻珍记食品贸易有限公司2个产品获得欧盟认证，2个有机谷类产品和大豆系列产品出口德国、瑞典等欧洲国家；凯飞公司有机大豆、杂粮相继获欧盟和美国认证，产品出口美国、以色列等国家；盛源经贸公司在韩国设立子公司；铕赫农副产品公司蔬菜产品出口韩、日等国家。全市合作社总数达到155个，规范化合作社达到25个。2016年，穆棱成为黑龙江省首个通过双认证的县级农产品质量安全检测机构，荣获省农产品质量安全县称号。

食用菌产业逐步形成了以黑木耳为主，猴头、平菇、双孢菇等竞相发展的格局。到2012年，全市食用菌总量达到4.1亿袋，产量20万吨，产值达到7.5亿元。形成百万袋以上食用菌专业村66个，并呈逐年递增之势，"龙穆耳""龙穆菇"商标品牌逐步打响，穆棱黑木耳、冻蘑获得地标认证。食用菌产业已成为穆棱农民增收致富的重要渠道，产品在哈洽会、中国·牡丹江黑木耳节、北京农博会等大型经贸洽谈活动上广受欢迎，穆棱荣获全国品牌农业示范县和食用菌产业化建设示范县称号。

地栽与挂袋木耳 摄影/梁兆宽

蔬菜种销产业也被穆棱纳入到主导产业中予以强力推进。全市蔬菜面积发展到3万亩，实现"互联网＋蔬菜"网上订单生产销售。下城子镇保安村占地3 000亩的千栋高效节能温室，成为全市面积最大的蔬菜种植基地。肉牛产业结构进一步优化，注册了"龙穆黑牛"商标，致力缔造本土高端肉牛品牌；穆棱肉牛获得国家地理标志农产品认证，穆棱成功跻身全省畜牧兽医社会化服务试点市，荣获"国家农业标准化肉牛养殖示范区称号。

两烟生产中，2014年在黑龙江省烟草公司举办的全国18家烟企对接会上推出了"穆棱晒"品牌，迈出穆棱晒烟走向全国的关键一步。同年，穆棱打造全省有机大豆样板工程，成为黑龙江省有机大豆示范基地。

在全面建成小康社会、加强生态文明建设战略布局引导下，八面通镇太和村花海、马桥河镇的千亩万寿菊种植基地、河西镇和下城子镇的万亩龙穆榛宝生态园、明月山庄、共和乡立新村的百亩蓝靛果采摘园等休闲观光农业项目相继形成规模，为乡村旅游产业培育了新基地，成为农民增收致富的新的增长点。

随着网络销售蓬勃发展，穆棱先后建成了众创电子商务创业园、农业电商创业园，全市电商数量不断增加。寻珍记等企业探索了"前店（网店）后厂（食品加工厂）"模式；龙穆逸品、寻珍记等系列农产品实现网上热销，"龙穆耳""龙穆菇"等产品入驻国家供销总社等4个电商平台。电商产业成为拉动穆棱农村经济发展的新引擎。

二、发展绿色农业和现代农业

绿色食品是农民在生产食品时遵循可持续发展原则，按特定的生产方式，经专门机构认定、许可使用绿色食品标志，无污染的安全、优质、营养的食品。

穆棱市绿色食品生产从1999年起步，品种从玉米、水稻、大豆逐步向白瓜、杂粮及山珍食品扩展。至2005年，绿色食品基地面积达到74 000多公顷，其中大豆36 000公顷、玉米36 000公顷、水稻2 000公顷，其他为白瓜和杂粮。

穆棱市特别重视加工或经销龙头企业对绿色食品基地发展

的牵动作用，重点建设了永昌、凯飞等一批绿色食品加工龙头企业。这些绿色食品加工企业所需原料全部从绿色食品生产基地按严格技术规程操作生产出来的，加工企业与基地农户签订单，厂家按需预先订购，农户按订单种植生产，秋季厂家按合同经检验合格后每斤高于市场价0.1~0.2元回收，做到从土地到餐桌的全程监控。到2005年，全市共获得包括玉米、大豆、黑大豆、水稻、白瓜、杂粮及山珍食品等无公害食品认证标志14个，年生产无公害产品达7万多吨。

2006年以来，穆棱市充分利用市域内的自然资源优势，探索绿色食品、有机食品生产技术组装配套，逐步形成有穆棱地方特色的绿色食品产业格局，落实国家绿色食品生产基地项目种植面积100余万亩。在建设全国首批绿色食品原料（大豆、玉米）标准化种植生产基地的基础上，又获建了全国第一个绿色食品原料肉牛标准化生产养殖基地，填补了国内绿色食品肉牛标准化养殖基地的空白。两个全国绿色食品标准化基地惠及119个行政村、1.8万个农户。绿色食品种植基地达111万亩，无公害食品基地45万亩，新认证有机食品基地6.7万亩；认证有机食品标识5个，填补了穆棱市有机食品空白。绿色（有机、无公害）食品加工龙头企业达到10户，食品产值实现7亿元，农民人均绿色（无公害）食品纯收入实现3 424元，占农民纯收入的52.7%，全市无公害、绿色、有机食品标识数量达到46个。共和乡由于地处大山深处的穆棱河源头，开发时间短，生态环境优良，被确定为黑龙江省第一个也是唯一一个有机食品乡。通过哈洽会、绿博会等各种平台打响了穆棱绿色食品品牌，产品畅销国内大中城市和俄罗斯、东南亚等国际市场。在2008年第五届全国农业网站百强评选活动中，穆棱市绿色食品荣获"中国农业网站最具成长单位"称号。

2010年后，穆棱制定实施了《穆棱市绿色食品产业推进工作方案》，继续完善绿色食品原料及肉牛标准化生产基地建设。绿色食品、有机食品基地认证面积及绿色（无公害有机）食品加工龙头企业数量、有机食品标识认证数量持续增加，穆棱成为牡丹江地区认证面积最大和认证产品数量最多的县（市）。建设烟、牛、菌、大豆、玉米、水稻、有机农业等大中型农业示范园区36个，形成了基地拓展型、企业带动型和合作发展型等多种形式农业园区共同推进的良好局面。

至2017年，国家地理标识、绿色、有机、无公害食品标识等共近百个产品标识获农业部认证批复，穆棱市绿色、有机食品产业走在了牡丹江市乃至黑龙江省的前列，对提高农民收入、提升土地效益、促进农业发展起到良好的助推作用。

三、扶贫解困和小康村建设

扶贫开发和扶贫攻坚

穆棱县扶贫开发始于20世纪70年代中后期，主要是针对老区贫困落后的状况，县委、县政府鼓励各生产队多开荒、多种粮，还允许农民开垦自留地种植经济作物，发展畜禽养殖，并可自行买卖贴补生活，农民的生活有了一定的改善。80年代后期，根据中央"八七"扶贫攻坚计划，穆棱县委、县政府将扶贫工作再度纳入日程。由于当时全县184个老区村中有40%以上的贫困村，县委、县政府出台了以发展村办企业为致富主导产业的系列政策，指导贫困村发展村级经济，引导贫困户注重种植经济作物、发展牛羊养殖等致富产业。到1997年末，全市贫困村和贫困户数量减少到20%。

为到20世纪末完成阶段性扶贫攻坚计划，全市组织了由500多名市直部门和乡镇干部组成的扶贫工作队，深入乡村一包三年，将扶贫工作和小康村建设实行"三包、四定、五落实、六帮助"制度。"三包"即：市级领导包乡镇、市直各部门和乡镇领导包村、干部包户；"四定"即：定点、定人、定户、定奖励；"五落实"即：计划、指标、措施、项目、脱贫时间落实；"六帮助"即：帮思想、帮规划、帮信息、帮技术、帮物资、帮理财。到2000年，全市投入财物共计近1亿元，培育畜禽养殖户、各类技术加工户、个体工商户和种植大户近2 000户，贫困村数量下降到5%以下、贫困户数量下降到10%以下。

2011年起，穆棱市委、市政府结合新农村建设，进一步把脱贫解困作为头等大事和第一民生工程来抓。市委多次召开常委会议，深入学习贯彻总书记关于老区发展的讲话和上级扶贫会议精神，重新调整了市扶贫开发领导小组，市委书记、市长任组长，市委副书记、常务副市长任副组长，主管副市长任常务副组长，市财政局、农业局、水务局、畜牧兽医局、老促会等39个单位为成员。市扶贫开发领导小组办公室设在农业局，负责扶贫开发情况的统计和动态监测，充分发挥在资金分配、项目安排、帮助贫困户解决实际困难等方面的统筹作用。2014年成立了由市纪委书记任组长的精准扶贫监督工作领导小组。每个乡镇配备1名副职专门抓扶贫工作，各乡镇成立了扶贫办公室，各村组建了由乡镇包村领导担任组长的驻村工作组，形成了市、乡、村三位一体的脱贫攻坚格局。市委、市政府与各乡镇、乡镇与各村签订了精准扶贫目标责任书；实行"一局联五户"机制，市直、中省直单位落实了包村扶贫责任制，将较重贫困户落实到每个单位。各乡镇通过挂图作战、倒排时间表、脱贫攻坚例会制度等配套办法，确保精准扶贫工作规范有序进行。到2015年末，贫困村数量降到2%以下、贫困户数量降到4%以下，脱贫后的人均收入达到5 200元。

2016年，全省脱贫攻坚"回头看"，市委、市政府将脱贫攻坚工作列为一号工程重点部署，并纳入到《穆棱市国民经济和社会发展第十三个五年规划纲要》，制定了《穆棱市打赢脱贫攻坚战实施方案》，明确脱贫攻坚工作的时间表和路线图，从六个方面细化脱贫攻坚规划。

严格把关，精准识别。按省、市相关文件要求，做到精准识别、精准扶贫、精准脱贫。由村"两委"班子、驻村工作队、第一书记等人组成入户调查组，对现已纳入的贫困户、贫困人口进行两次清理复查，逐户登门走访调查，严格程序，严格把关。对已纳入系统的贫困户家庭成员，通过系统打印信息对照表入户进行信息比对，召开村民代表大会集体进行评议，对已经脱贫的进行清理，对符合条件的低保户、残疾人口和五保户纳为贫困人口，共清理出贫困村2个、贫困户1 532户、贫困人口3 492人，其他村清理出贫困户339户381人。当年有1个贫困村和2 000贫困人口实现脱贫目标；2017年完成1个贫困村和1 492个贫困人口脱贫任务。

建档立卡，落实责任。对全市干部包村工作队和村两委干部进行业务培训，对经过认真识别筛选出的贫困户建档立卡，在进一步落实精准扶贫目标责任书的基础上，全面推行"二听三传五看十清"工作法，在充分掌握贫困户所有情况的基础上，量身定制脱贫措施，做到户有卡、村有册、镇有簿。同时，通过"一局联五户"机制，将重点贫困户落实到每个局、每个单位头上。各乡镇扶贫攻坚工作各显其能，因地制宜与因村施策并举，自选动作与规定动作同用，使精准扶贫工作得到强劲推进。

强化措施，狠抓落实。对全市精准扶贫对象逐一落实帮扶责任人和制定帮扶措施，结合实际，以发展特色产业、引导劳务输出和加强劳动技能培训为主要载体，其中，在特色产业发展方面重点以发展"一村一品"为方向，帮助农民增收脱贫，主要脱贫措施：一是选准特色产业扶贫路子。积极引导贫困户扩大高效经济作物种植规模，扶持培育畜禽养殖、食用菌栽培、棚室经济、林下经济、生态旅游、传统手工艺等一批贫困户能直接参与收益和稳定增收的特色产业项目，初步实现了村村有脱贫产业、户户有增收门路。二是壮大新型经营主体带动脱贫。根据各村主要产业，培育和依托农民合作社、家庭农场和农业企业，将有劳动能力的贫困人口优先吸纳进来，采取政府补贴、利润分成的方式大力开展自主产业扶贫；对于无劳动能力的贫困人口采取代养代种、土地入股等方式，帮助贫困户零投入创业。如：福禄乡康乐村为无劳动能力的20户贫困户投资31.5万元购入仔猪和能繁母猪，实行贫困户"带猪入社"政策，由王忠养猪合作社代养，获利部分由贫困户与合作社分利分红，解决了贫困户养猪无场地、缺技术、没饲料的实际难题，带动贫困户年人均纯收入增加4 000~6 000元左右。北盛、悬羊等合作社和凯飞、盛源、兴和、大地、寻珍记等龙头企业，发挥"传帮带"作用，和种养大户建立订单式合作关系，充分利用龙头企业的资源优势、技术优势和品牌优势，增强与贫困户相互融合、相互促进的能力，形成"穷人看能人、能人盯项目、项目贴市场、市场引资本"的良性循环。将"合作社+基地+农户"的运营模式与"基地+品牌+市场"的直销方式有机结合起来，有效实现资源变资产、资金变股金、贫困农民变股东，让贫困群众真正得到实惠。三是通过科技强化产业扶贫支撑。全面开展实用技术培训和劳动技能培训，完善农村远程教育培训平台，给每个贫困村配备了一名有文化、懂信息、能服务的义务信息员，加大了对农村贫困劳动力政策、技能、信息服务力度，提升了农村贫困劳动力综合素质和生产技能。同时，坚持认真落实"一户一策一干部"结对帮扶机制，真正使脱贫项目规划到村到户，政策落实到村到户，效果到村到户。

争取项目，破解难题。根据不同贫困类型和帮扶需求，对症下药，分类施策，破解6个难题，确保扶贫工作做到精准帮扶、精准脱贫。具体措施是：第一，破解改善人居环境难题。从改善居住环境入手，制定贫困村、贫困屯泥草（危）房改造计划，积极争取上级资金支持，加大改造力度。工作中，全体帮扶人员和驻村工作组结合"美丽乡村"建设，推进农村环境卫生连片整治，对生活垃圾进行无害化处理，帮助贫困户维修改造危旧房屋，有效提升了贫困户的生活环境。同时加快公共文化服务体系建设向村屯延伸，各村全部建有文化活动室、休闲广场和体育健身设施。第二，破解行路、吃水难题。在确保全市行政村通村公路全覆盖的基础上，逐步完成自然屯内道路硬化，贫困村内主要街路硬化率达到90%以上，贫困村班车通达率达100%。对贫困屯自来水进行维修改造，全市贫困村、屯自来水入户率达到100%，使贫困人口生产生活条件得到显著改善。第三，破解就业难题。积极协调企业及用工单位为贫困户开绿灯，优先进行订单培训，优先提供就业岗位，增加了贫困户工资性收入。因地制宜做好劳务帮扶，实现贫困户劳动力有序转移，帮助贫困户到俄罗斯、沿海地区及本地开发区等地务工，有效增加了劳务收入。第四，破解就学难题。全面落实中高等职业教育助学资助政策，逐步分类推进中等职业教育免除学杂费，基本实现家庭经济困难学生资助全覆盖。第五，破解就医难题。进一步健全基层卫生计生服务体系，重点提升贫困村卫生所设施水平。全市两个贫困村均建有合格卫生室并配备乡村医生，新型农村合作医疗参合率接近100%。对生活困难的残疾人，积极争取残疾人专项补贴；对因病、因残致贫的1 067户贫困家庭全部纳入医疗救助和重特大疾病救助范围。第六，破解养老难题。积极将兜底脱贫的贫困户与国家各项政策对接，对贫困老人，按规定发放基本养老金和高龄生活补贴；对"五保户"、孤寡老人等贫困群众，符合条件的全部纳入农村最低生活保障和"五保"供养范围。

资金整合，广泛参与。整合政府部门的政策、扶贫资金和各类相关涉农资金，统筹安排、集中使用、形成合力，集中力量解决部分突出贫困问题。以兴源镇东村和福禄乡康乐村2个贫困村为主要对象，拓宽农村金融服务范围，创新金融产品，协调落实信贷资金，构建全方位、多层次的金融扶贫服务体系。此外，根据贫困村、全市贫困户名单开展贷前调查工作，实现100%入户对接、100%建立扶贫信贷档案、符合贷款条件的贫困户贷款获得率100%。在工作中，坚持政府引导、多元参与的精准扶贫原则，动员社会各方面力量广泛参与，市妇联、工商联、团市委、总工会等群团组织联合向社会发布扶贫攻坚倡议书，动员社会各界参与关注帮扶贫困人口脱贫。充分发挥舆论引导的作用，通过电视、网络、微信等平台广泛宣传报道农村致富带头人典型事迹和爱心人士的爱心善举，让积极参与社会扶贫的各类主体政治上有荣誉、事业上有发展、社会上受尊重，激发社会扶贫正能量。

规范操作，脱贫退出。按照《黑龙江省贫困退出机制实施细则（试行）的通知》要求，认真组织相关人员对全市8个乡镇开展核查验收工作。重点对"两不愁，三保障"等指标进行信息比对，做到了程序公开、数据准确、档案完整、结果公正，确保高标准完成贫困村、贫困人口的贫困退出任务。通过核查验收，2016年穆棱市脱贫退出贫困户1 108户，脱贫退出贫困人口2 495人，未脱贫贫困户391户，未脱贫贫困人口928人。

2017年起，按照中央、省脱贫攻坚工作要求，穆棱市制定了三年脱贫攻坚计划，进一步加大工作力度，实施倒逼攻坚推进机制。重新从全市党政机关抽调1 250名干部，组建126个服务"三农"工作站,与全市126个行政村开展对接帮扶,并继续向各村下派"第一书记"。在派驻定点扶贫工作队中,通过抓重点、解难点、创亮点、攻节点,不断打通联系服务群众"最后一公里"。三年间全市3个省级贫困村"三通三有"全部达标,中山村和东村于2016年出列,康乐村于2018年出列;贫困人口到2019年底已全部实现脱贫。

小康村和美丽乡村建设

按照省市要求,穆棱县1994年开启小康村建设。1995年撤县设市后,此项工作被提上新高度,成立了全市小康村建设领导小组,出台了三年建设规划,实行市领导包乡镇、包产业、包项目、包企业责任制和市直单位支农、帮村责任制。到1997年末,全市184个村中达到小康村标准的有156个。其中有20个村跨入全市"小康村",有50个村成为标准较高的小康村;到1998年末,全市农村人均收入达到3 150元,如期超额完成牡丹江市80%村达小康村的目标。

2006年,按照上级新农村建设的要求,成立了穆棱市新农村建设工作领导小组。2007年,正式成立穆棱市社会主义新农村建设办公室,简称"新建办",并紧紧围绕中央提出的"生产发展、生活宽裕、乡风文明、村容整洁、管理民主"的二十字方针,制定出台了《穆棱市2006年—2010年新农村建设发展规划》和《穆棱市新农村建设村级规划编制要点》等文件,明确新农村建设的任务、目标、职责和分工。先后筹资近亿元投入新农村道路交通、安全饮水、地下排水、休闲广场、农户围墙等设施建设。到2008年,全市新农村建设实现跨越式发展,荣获牡丹江市级新农村建设先进单位称号。2009年起,坚持"因村制宜、适度超前、城市品位、农村特点"的原则,穆棱市财政投资近千万元,重点建设市级高标准典型示范村。示范新村实行道路硬化、供热、供水、供气、排水管道及电缆、网线、有线电视线全部埋入地下；启动垃圾场、打谷场、堆柴场、晒粮场、积肥场和公共浴池建设，简称"五场一池"；兴建农村小广场、活动室；引入城市园林设计理念，种植草坪，丰富绿化树种和香化品种等。通过市镇村三级联动、政策扶持、向上争取项目市场化运作、帮建单位扶持、农民出工出劳等方式，筹资2 600多万元，建设了下城子镇仁义村、马桥河镇山东村、福禄乡平盛村等8个高标准典型示范村，提升了乡村生活及环境品位，增加了村民的幸福指数。

随着党的十八大提出的城乡统筹协调发展、共建美丽中国的全新概念后，2013年中央出台一号文件，依据"美丽中国"的理念，提出建设"美丽乡村"的奋斗目标，从此，穆棱把新农村建设推向"美丽乡村"建设新高度。根据中央精神，穆棱市全面实施大城（镇）大村发展战略，市级领导、市直各单位主要领导全部挂职村第一书记，成立"两站一代"工作队进驻各村予以推进。全市总投资4.36亿元，实行城镇新区集聚、村企共建、旧村改造等6种新村建设模式，在新农村建设成果基础上重点打造了12个星级村，不仅带动了全市69个中心村开展整村推进工作，达到以点带面、有序推进的目的，而且探索和积累撤屯并村的有效途径和成功经验，全面实现农村人口集聚、土地集约、基础设施配套、公共资源合理配置的目标。下城子镇保安新村、八面通镇太河村、共和乡新村、马桥河镇永安新村通过了省星级村验收，被评定为四星级村。其中下城子保安新村被省确定为连续三年持续投入的重点建设村，该村采取"村企联姻"的办法，引进北京密云蔡家洼新农村建设模式，建为"四区一场"（新农民住宅区、农业产业园区、旅游观光区、工业加工园区、新型农场）的明星村。

到2014年末，完成农民转居民12 535人，城镇化率达到

49.1％；12个新农村明星村完成全部建设。同时结合公共文化服务体系示范区建设，全市所有行政村实现村村有小广场、阅览室等文化娱乐活动场所。

2015年起，重点打造了8个特色精品村：以保安、西河为代表的产业特色村；以红桥、龙眼为代表的人文特色村；以高峰、新丰为代表的民俗风情村；以南站、太和为代表的休闲旅游村。穆棱镇奋斗水库"移民新村"独具特色。穆棱市荣获"全省新农村建设先进市"称号；获得黑龙江省县级唯一的"全国休闲农业与乡村旅游示范县"殊荣。

四、两库一堤建设

两库一堤是造福穆棱人民的水利重点工程。

团结水库

团结水库亦称六峰湖，1969年3月勘测，1983年10月竣工，是在机械化程度较低的年代里，经穆棱3 000民工十余年不懈努力而建成的一类Ⅱ级水利工程，它见证了穆棱老区人民在社会主义建设中改造自然、合理利用水利资源的顽强拼搏精神。水库位于共和乡中部的穆棱河上游，属中型高山水库，库容量为1.25亿立方米，控制急雨面积为445平方公里，可抵御百年一遇洪水；灌溉面积为12万亩，养鱼水面6 240亩，年产鱼50吨；水库电站安装3台水轮发电机组，总装机容量750千瓦，年发电293万千瓦时。团结水库的修筑，不仅造福穆棱人民，对整个流域都产生了重要影响，尤其对农田灌溉、农业增产增收发挥了重要作用。

奋斗水库

奋斗水库与团结水库属于同一年代确立的水利项目，因受当时施工条件和资金条件限制，没能顺利上马。但穆棱老区矢志不渝，经多届党政领导半个世纪的不懈努力，最终被确立为十三五期间国家重点民生项目，被誉为穆棱的"中国梦"。

在建中的奋斗水库 摄影/曲树成

奋斗水库位于穆棱河上游，于2015年10月22日开工建设，2020年9月22日下闸蓄水，库容1.91亿立方米。奋斗水库是集城镇工业和生活供水、防洪、灌溉和发电等综合利用功能为一身的大（Ⅱ）型水库。距穆棱镇13公里，是穆棱河干流上的控制性工程之一，可满足沿岸穆棱、兴源、下城子、马桥河、河西、福禄、八面通7个城镇和穆棱、八面通2个林业局及鸡西市梨树区的高品质供水需求，缓解穆棱市各城镇工业及居民生活用水紧张的局面；可使奋斗水库到梨树镇区间的水田灌溉面积由6.16万亩增加到17.36万亩；年可发电1 287万千瓦时。

穆棱河护堤工程

穆棱河以往经常泛滥成灾，被老百姓称为"牤牛河"。比较严重的是1965年的一次大水曾经淹进了城关镇八面通。为抵御穆棱河水灾，自1976年7月始，举全县之力拉开了穆棱河百里长堤治理工程的帷幕，全县各乡镇、县直各单位及驻穆棱中省直单位全部派员参加筑堤大会战。在工程机械极其匮乏的条件下，筑堤工程主要靠人挑肩扛和手推车堆筑砂石土方，任务逐段分解，逐单位、逐乡镇、逐村落实。时任县委书记王德春以身作则，亲自上阵挑土筐，一干就是几个月，直到上冻为止。穆棱河堤岸工程全党带头、全民动员、干部上阵，体现了穆棱革命老区干部群众艰苦朴实的革命精神和抵御自然灾害的革命斗志。河堤工程上自穆棱镇，下至八面通公社莲河大队，全长百余里，历经数年连续奋战，有效遏制了汛期河水泛滥，有效保护了沿岸农业生产和人民生命财产的安全。

2014年开始，相继投资5 000多万元用于堤岸加高加固、绿化、亮化及城关镇堤段文化景观等工程建设，穆棱河堤岸不仅具有防洪功能，而且已成为城区一道亮丽的人文风景线。

穆棱河景观带　摄影/韩立君

五、"五荒"拍卖

20世纪80年代后期，由于农业生产过度开垦，致使穆棱老区成为黑龙江省水土流失严重的县份之一。为有效治理水土流失，加快荒山、荒地造林绿化，保护森林植被，1993年11月，穆棱县委、县政府以治理水土流失为出发点，对集体所有的荒山、草原、荒地、滩涂、水面等"五荒"未治理的小流域的土地使用权进行公开拍卖、承包和租赁，分离土地的使用权、经营权和所有权，实行集体所有、个人经营，对未治理小流域推行土地有偿使用。穆棱县拍卖"五荒"使用权引起《国内动态清样》《人民日报》等20多家新闻媒体重视，先后予以报道。时任国务委员陈俊生、水利部部长钮茂生、黑龙江省省委书记岳岐峰都相继作了批示，肯定了穆棱县拍卖"五荒"使用权的做法。1994年6月17日，水利部在穆棱县磨刀石镇富强村召开全国拍卖"五荒"（未治理小流域）使用权现场会，水利部、黑龙江省政府、黑龙江省水利厅等领导和来自全国30多个省、自治区、直辖市有关方面的领导和代表100余人观摩了拍卖会现场并参观考察了售后治理现场。从1993年秋至1995年春，全县共拍卖、租赁、承包"五荒"资源2万公顷，参与拍卖的有123个村，购买成交3 310户及37个社会团体，成交总额322.6万元。

拍卖"五荒"治理水土流失是穆棱的一大成功经验。为使穆棱这一创新之举在全省得到进一步推广，1998年6月，黑龙江省再度在穆棱市召开拍卖"五荒"使用权、加快治理水土流失现场推进会，省政府办公厅、省水利厅主要领导和来自全省40多个市、县有关方面领导和代表100余人参加了大会。与会人员在参观考察了穆棱市治理开发现场和听取了穆棱市的经验介绍后，均给予一致肯定和赞誉。穆棱的成功经验对全省乃至全国水土流失治理工作起到良好的示范作用。

第三节　商业旺市

穆棱私营商业起源于光绪二十四年（1898年），设穆棱河分防知事时，穆棱河（今兴源镇）始有小本经营的杂货商。民国初期，县内商业日渐繁荣。新中国成立后，贯彻"限制、利用、改造"方针，国营、合作商业迅速发展，私营商业日趋减少。党的十一届三中全会后，在改革开放大潮中，个体商业如雨后春笋在全县涌现。经营项目繁杂多样。这些个体商业的出现和繁荣发展，使市场交易日益活跃，补充了国营、合作商业的不足，方便了群众。1985年以后私营企业更是发展迅速，到2017年底，全市私营企业和个体工商户已逾万家。

电子商业

近年来，随着改革开放的不断深入和网络电商的兴起，穆棱立足特色优势资源，积极搭建网络营销平台，将发展电子商务作为助推脱贫攻坚的重要途径，不断健全服务体系，培育服务平台，开发网适产品，发展电商交易。在电子商业发展过程中，穆棱构建党政推动、市场主导、协会引领、产业支撑、品牌带动、全民参与的发展格局，使全市电子商务不断壮大。

2015年，众创电子商务创业园、农业电商创业园、携程网、赶街网落户穆棱，全市电商数量达到36家。下城子龙穆逸品食品、八面通寻珍记食品实现网上热销，"龙穆耳""龙穆菇"等产品入驻国家供销总社等4个电子商务平台。2016年，又引进"乐村淘"等知名电商企业4家，累计完成各类电商企业注册104家，在阿里、京东等第三方平台开设网店1 100多家，建成电商孵化器3个，87个村综合服务站"实体店+电商+物流"实现运营。携程网穆棱呼叫中心投入运营。2017年，穆棱市跨境电子商务产业园投入运营，获得中国"跨境电子商务示范基地"等多项殊荣，成功开发"龙穆逸品"和"掌上穆棱"两个电商自建平台，建立电子商务综合服务站88个。穆棱被评为省级第一批电子商务示范县（市），新增有业绩出口企业13家。

2018年，电子商务进一步繁荣。全市注册电商企业85家，创建以马桥河新站村为代表的网络直播销售基地8个，自建电商平台2个，京东"中国特产·穆棱馆"正式运营，跨境电商产业园设立木家居线下展示厅；智嘉腾讯呼叫中心落户穆棱；携程网穆棱呼叫中心改造项目交付使用。创新开展电商扶贫，免费为贫困户开通电商平台，引导有劳动能力的贫困户从事电商运营，依托"龙穆逸品"建立穆棱脱贫攻坚"携手奔小康"电商平台，带动贫困户发展庭院经济，销售农副产品促增收。建设跨境电商产业园配套加工区，促进新型农业经营主体、加工流通企业与电商企业全面对接。利用省大米网穆棱分馆——"龙穆逸品"，着力建设农产品上行平台，打造4个电商示范镇、30个示范村。举办农村合作社网络营销大赛，提升产品营销理念。建立东北网红基地，打造东北地区多元化主播，培育、包装及孵化创业实训基地，开展网上"直播"销售模式。科学规划建立八面通商贸物流中心，在绥芬河海关打造穆棱跨境电商专属区，在穆棱经济开发区创建电商创业园。目前，电子商务已成为拉动穆棱经济发展的新引擎。

对外贸易

改革开放前，穆棱县对外贸易较为薄弱，早期出口货物仅为山珍土特产品，如蕨菜、野禽、蜂蜜、榛子、松茸、畜禽皮毛等20多种。到1979年扩大到30多种，1985年又新增了大豆、豆饼碎、卫生筷子、硅铁等工业产品。

1992年，绥芬河口岸经济的崛起对周边市、县起了很大的拉动作用，穆棱抓住这一机遇，积极开展对俄贸易，当年将对外贸易局改称穆棱县对外经济贸易总公司，经销的商品主要以农副产品为主，兼营部分粮油和工业产品。1990年至1994年出口额为1 630万元人民币。

1995年穆棱撤县设市。1996年3月，穆棱党政机关改革时增设穆棱市贸易局，贸易公司改由贸易局领导，同年外贸出口额达28.34万美元。2002年2月，贸易局连同对外经济贸易公司整体并入经济局，撤销贸易局。2005年4月成立穆棱市商务局，外贸公司职能业务归商物局领导。

在对外贸易工作中，穆棱市凭借毗邻绥芬河口岸的区位优势，以"借口岸光，打俄罗斯牌"为发展定位，以"借锅做饭"的创新理念，想方设法开辟对外经贸渠道，相继组织外贸型企业参加哈洽会、俄罗斯海参崴民用产品展销会等大型对外经贸洽谈活动。2006年全市外贸进出口总额达到2 033万美元，2008年达到5 576.78万美元，在牡丹江各市县中增幅列第一名。2009年全市对外进出口总额实现8 594.78万美元，2010年达到1.33亿美元，2011年达到1.70亿美元，2012年实现2.08亿美元，总量连年位列牡丹江地区第三名。到2014年，全市对外贸易进出口总额达3.1亿美元，总量跃居牡丹江地区第二名。2015年，积极打造"龙江丝路带"产业合作基地，占地65万平方米的中俄国际物流园拉开框架，铁海联运大连内陆港开通运营，穆棱对外贸易开始由"临岸经济"向"口岸经济"转型。

金融服务

新中国成立初期，穆棱老区只有信贷合作社，由于金融机构不健全，农业贷款发放很少。1953—1957年，随着农业快速发展，贷款额有较大增长。1959—1962年，农业连年遭灾，进入3年严重困难时期，农业贷款连年大幅增长。1976—1985年，特别是恢复农业银行后，农村金融事业有了新的发展，农业银行年贷款1 964万元。

党的十一届三中全会后，随着经济管理体制的改革，为适应生产建设事业发展，中国人民银行穆棱支行、中国建设银行穆棱支行、中国农业银行穆棱支行、中国工商银行穆棱支行等几大银行的职能逐步加强，在推行基本建设拨款改贷款的同时，努力增加支持地方企业更新改造、发展市场短线产品的措施性贷款，贷款业务和服务领域逐步扩大。在长期服务"三农"的实践中，中国农业银行穆棱支行已由一家支农专业银行逐步发展成为城乡联动、农工商综合经营的大型国有商业银行，建立了一支扎根县城、熟悉"三农"、素质较高的员工队伍，拥有办理"三农"业务的历史传统和宝贵经验，为助力穆棱经济发展发挥了积极作用。

2006年至2011年，市委、市政府深入实施金融强市战略，新引进各类地方金融机构18家，金融机构新增贷款年均增长15.9%。

2007年底全口径存款余额为1.23亿元，是1977年的近9 000倍。2010年，全市金融产业实现新突破，除几大银行外，新成立2家担保公司和1家小额贷款公司，担保能力达到7.5亿元；存贷比居牡丹江六县市首位；金融机构存贷款余额分别为48.5亿元、22.1亿元，新增贷款3.5亿元；有5家商业银行实现利润超千万元；城投公司融（引）资超过2亿元；2011年有新增小额贷款公司2家、规范核准的融资性担保公司4家，城投公司融（引）资1.99亿元。

2014年，金融服务实现创新，成立了农村合作金融公司和物权融资农业发展公司，率先在牡丹江市完成土地经营权首笔抵押贷款，成功开展农民专业合作社资金互助业务，融资额超过3亿元。2016年设立穆棱远东村镇银行，全市金融机构达到39家。农村合作金融公司累计为企业发放贷款1亿元。办理土地经营权抵押贷款产品1.8亿元。2017年，金融服务产业能力不断增强，为企业提供存量担保贷款16 290万元，申报发放蔬菜基地项目贷款3 750万元，化解不良贷款1 794万元。金融创新有序开展，新增合作社互助资金50万元，办理土地预期收益保证贷款1.6亿元、土地经营权抵押贷款8 500万元。金融服务的有序开展，为地方经济建设提供了良好的资金支持，发挥了积极作用。

商贸物流

商贸流通业是连接生产和消费的桥梁和纽带，是衡量一个地区经济发展水平的重要标志之一。近年来，穆棱商贸流通业坚持创新、协调、绿色、开放、共享的发展理念，面对商贸流通业复杂严峻的发展环境，主动适应经济发展新常态，攻坚克难，精准施策，开拓创新，按照建设市场、发展贸易、搞活流通的基本思路，建立健全商贸流通网络，推进城乡市场体系建设，扩大城乡居民消费，全市商贸流通业呈现稳步增长、结构优化、多元发展、转型升级的良好态势。

2011年至2014年，穆棱市供销社紧紧抓住"万村千乡市场工程"和"新网工程"建设机遇，建立了农资现代经营服务网络，大力推进农资流通体系建设，建立农资农家店60个，发展农资配送中心2个；建立了日用消费品现代经营网络，通过采取自建、联建和吸收社会网点加盟等方式，走"小超市、大连锁"的路子。日用消费品连锁农家店、超市发展到298个，网点覆盖率达80%以上。组建了物流配送中心，完善市场配送体系，初步形成了以市级配送中心为龙头、乡级中心连锁店为骨干、村级连锁店为基础的三级连锁配送网络；建立了农副产品代购代销网络。通过网络建设，实现了由单一的购销经营，向产加销一体化经营的转变。

2015年至2016年，深入实施"互联网+供销社"行动计划，大力培育和发展电子商务平台及新农村现代流通服务平台建设，形成了连锁化、规模化、品牌化经营服务格局。营销网络覆盖全市，形成了网上交易、仓储物流、终端配送一体化经营，有效地扩大了农村消费市场，改善了农村消费环境，提升了消费水平，惠及全市乡村群众。

穆棱有着得天独厚的区位优势，既处在东北亚"金三角"之中，又位于对俄出口的黄金通道上。毗邻绥芬河、东宁、珲春、虎林等六个国家一类口岸，是通往口岸人流、物流、信息流的必经之地。特别是近年来，随着绥满沿边开放带上升为国家战略，海参崴—绥芬河—哈尔滨—满洲里—赤塔国际大通道全线贯通，"铁海联运"大连内陆港项目的投入运营，穆棱地处两条大通道的交汇节点，成为面向东北亚的交通物流枢纽。加上国际经贸大通道G10国道和滨绥铁路贯穿全境，形成了纵横交错、四通八达的交通网络。

近年来，穆棱立足区位优势，适应信息技术发展新趋势，以提高物流效率、降低物流成本为重点，以市场为导向，积极营造有利于现代物流业发展的政策环境，着力建立和完善现代物流服务体系，在加快提升物流业发展水平方面取得了实质成效。穆棱积极融入"一带一路"战略，努力拓宽物流渠道，成功开通穆满欧（穆棱—满洲里—俄罗斯下诺夫哥罗德州）俄材班列。深入对接哈欧、哈绥俄亚、滨海一号出口线路，为企业探索多个顺畅便捷的口岸通道。随着外贸企业群体的进一步壮大和物流服务体系的增强及管理日趋规范，商贸物流逐步成为穆棱重点产业。

第四节　科教兴市

新中国成立70年来，在中国共产党的坚强领导下，中华民族迎来了从站起来、富起来到强起来的伟大飞跃，穆棱也发生了翻天覆地的变化。随着对科教兴邦的深刻认识，尤其在党的十八大以来，穆棱将科教事业放在优先发展的战略地位，尤其在教育事业上采取一系列措施全力推动城乡教育均衡优质发展，全面提高各级各类教育水平，不断增强教育服务经济社会发展的能力，科教兴市取得显著成果。

一、教育发展

学前教育提质升级

穆棱县幼儿教育始于新中国成立前，"民国"和伪满时期兴源镇和八面通小学均设过幼稚园。1949年县城八面通机关托儿所内设幼儿班，有保教员 2人，儿童20余人。1956年全县幼儿园发展到80所，幼儿班83个，入园幼儿1 680人，占全县幼儿的14.2%，其中多为农忙幼儿园，称"红孩子"班。1975年，根据党的教育方针，穆棱县加强幼教工作，乡镇村屯积极创造条件扩大幼儿园，增设幼儿教学设备和活动器械，并出现多种办园形式和办学方法。

1981年10月，穆棱县教育部门根据国家《幼儿园教育纲要》规定，在幼儿园开展生活卫生习惯、体育活动、思想品德、语言、常识、计算、音乐和美术等方面的教育内容。1983年成立穆棱县教育幼儿园，购置脚踏琴、电子琴、手风琴、幻灯机、录音机、模型等设备和教具，设大、中、小3个班，收5周岁以上能够自理的幼儿入学。1986年，穆棱县共有幼儿园31所，其中教育部门办8所，机关、企业办5所，集体办17所。这年首次出现1所个体幼儿园。此后个体幼儿园数量持续上升，到2005年，在全市25所幼儿园中，民办幼儿园数量已达16所。2006年，全市各乡镇均办起了中心幼儿园。穆棱实现了市直学前三年教育，乡镇学前二年教育，村屯学前一年教育，拓宽了启蒙教育覆盖面。2009年10月，穆棱市《适应新时期新要求，推动农村学前教育事业新发展》经验材料在黑龙江省农村学前教育改革与发展牡丹江现场会作交流。2010年10月穆棱市教育中心幼儿园以牡丹江市四家申报园中排名第二的优异成绩，成功晋级黑龙江省级示范幼儿园。到2014年，全市有公办幼儿园15所，注册的民办幼儿园5所，普惠性幼儿园10所，在园幼儿达3 424人。2017年，学前教育改革进一步推进，完成了穆棱市幼儿园与牡丹江教育实验幼儿园的结对帮扶，并开展了"名园带动，牵手共建"活动。现已有牡丹江示范类幼儿园6所，一类幼儿园2所，二类幼儿园9所，三类幼儿园1所。多年来穆棱市一直扎实开展幼儿教育，为革命老区的义务教育打下了良好的根基。

义务教育保障有力

穆棱小学教育始于1908年（光绪三十四年）。中华人民共和国成立后的1950年，人民政府调整全县初等教育，县城及区政府所在地设完全小学，大村设立初级小学，乡村小学多为单级复式班，农村小学归各区完全小学领导。

1980年，穆棱县贯彻国家《关于普及小学教育若干问题的决定》，着手普及初等教育。1981年重点抓提高"四率"（入学率、普及率、毕业率、巩固率），改善办学条件，扩建校舍，增添教学设备，减少二部制，使适龄儿童入学率达到95%以上。1984年，修订全县普及初等教育规划，确定小学"四率"指标，全县小学入学率不断上升，办学条件明显改善，实现"一无二有"（校无危房，班有教室、学生有桌椅）。全县小学建筑面积113 562平方米，教室1 442个，实验室22个，图书阅览室30个，达到校校有操场，多数学校有围墙，校园初步达到美化、绿化要求。到1986年，全县普通小学达到220所，其中教育部门办185所，企办35所，在校生38 680人。2002年，全市农村学校上划到市归口管理，城乡"分级办学、分级管理"的教育体制结束。

2011年至2012年，穆棱不断加大投入力度，全面改善义务教育学校办学条件，投入1 200余万元，安装电子白板408块，教育信息化走在全省前列，完成了城镇多家小学的标准化建设。下城子镇第二小学高水平通过省级标准化合格学校验收，省级标准化学校建设率先完成100%。仅2014年至2018年就改造薄弱学校39所，投入资金7 974万元，新建改扩建校舍面积34 816平方米，建设运动场地21 100平方米，购置教学仪器设备3 091万元。

为推进教育均衡发展，解决市区大班额问题，穆棱市克服资金困难，投资2 496.8万元新建了穆棱市第三小学，预计2020年秋季投入使用。

　　"民国"初期，穆棱没有中学设置，高小毕业升中学的也很少。20年代中期以后，全县每年都有几人到吉林或哈尔滨等地就读中学。1943年4月10日，穆棱县在八面通建立国民高等学校，招收一年级一个班。1946年2月，八面通朝鲜族群众创立民办初级中学，招收学生72人，聘请教师4人，1949年春改为公办。1949年2月，在原"国民高等"学校校址，重新建立穆棱县初级中学，由松江省拨发经费，委派教师，秋季改为松江省立第十初级中学，学制三年，学生毕业后有少数人考入宁安高中。1956年8月，中学由省管改为县管，同时发展为完全中学。1957年8月设立穆棱县第二中学，校址在穆棱镇，招收县内南片学生。1959年穆棱林业局在穆棱镇建立林业初级中学。1962年八面通朝鲜族中学改为完全中学，招收高中班。1964年穆棱铁路子弟小学增设初中班。1967年春八面通耕读中学改为穆棱县第三中学，各乡镇农业中学改为普通中学。1974年在八面通设立第四中学。1977年县城朝鲜族中学由东山迁到工农大街新校址，原校舍改建第五中学。

　　1978年教育部公布《全日制中学暂行条例》，穆棱对全县中学进行整顿，压缩农村初中班，全县中学执行十年制教学计划，使用天津课本，初中恢三年制。为适应学额增长需求，1984年9月，穆棱县在穆棱镇建立县第六中学。1985年全县中学进行体制改革，八面通一、三、四、五中、朝中，穆棱镇二、六中由县统一管理；各乡镇中学由乡镇政府自行管理，人权、财权均下放到乡镇。1986年，穆棱县有初中学校19所，其中完全中学7所，帽中40所，初中在校生17 994人。1996年5月，穆棱市"两基"教育接受国家初检，9月代表全省接受复检，11月接受高标准"两基"省检，均顺利通过。1998年9月，穆棱市被国家教委命名为"两基"工作全国先进市。2006年义务教育阶段全部免除农村学生的学杂费。2007年全面落实两免一补政策，发放贫困寄宿生补助，全力推进双高普九工作。2012年完成第四中学、第五中学标准化建设。2014年，特殊教育学校、市第二中学、下城子综合中学、河西镇中学顺利通过省级标准化合格学校验收。同年集食宿学为一体的穆棱市经济开发区教育中心建成，市职业技术教育学校、第二中学高一部、马桥河镇中学、下城子镇综合中学均搬迁到开发区教育中心，并入穆棱市第二中学，学校的办学条件及基础设施达到省内一流水平。

近年来，穆棱高度重视教育均衡发展工作，从办学条件、内涵建设、学校管理等层面全面提档升级。"为谁培养人""培养什么人""怎样培养人"的问题逐步得到破解。

坚持立德树人，深入实施思想道德建设，积极开展社会主义核心价值观教育。构建三位一体德育网络，创建德育育人氛围。开展家庭教育培训活动，开展"手拉手"互助活动，让学生在活动中了解认知、内化提升，健康成长。

注重内涵提升，探索联盟式办学管理，以名优、热点校带动农村和边远学校，实行互动式和拉动式办学，建立校际大联盟，充分利用大数据平台，集体备课、集体教研，达到城乡共享优质教育资源，拉近距离，缩小差距，教学质量稳步提升。2016年顺利通过义务教育发展基本均衡市省级验收。在此基础上不断完善各层面、各环节的具体工作，2017年10月，以位居黑龙江省65个迎检县（市、区）第二名的好成绩，顺利通过了国家义务教育发展基本均衡市的评估认定。

高中教育硕果喜人

穆棱县第一中学前身为穆棱县初级中学，1949年2月建校，同年秋改称松江省立第十中学，隶属松江省教育厅；1956年划归穆棱县管理，改称穆棱县第一中学，同年开设两个高中班，发展为完全中学。1981年被确定为县级重点中学，1984年停招初中班，由完全中学发展为县级重点独立高中。1995年撤县设市改称穆棱市第一中学。除第一中学外，穆棱保留下来的高中学校还有位于穆棱镇的第二中学和县城内的朝鲜族中学。

改革开放后不久，为改善办学条件，穆棱县陆续对第一中学进行翻建扩建，校舍由原来的平房改建为楼房，学校占地面积达3.7万平方米，校园建筑面积1.96万平方米，包括教学楼、综合实验楼、学生公寓、体育馆、食堂等建筑。学校在职职工150人，在校学生1 700人，有33个教学班。2009年学校晋升省级示范高中后，硬件设施、教学楼面积、校园占地面积等有待进一步完善。80年代建设的教学楼等建筑均为预制板结构，防震等级低，存在安全隐患；现有教学班也无法满足初中毕业生的升学需求。

党的十八大后，穆棱市委、市政府把高中教育作为十大民生工程之一，在政策倾斜、经费保障等方面给予重点支持。政府投资1.6亿元扩建第一中学，校园面积增加到11万平方米；新增建筑面积6.36万平方米，加上原有保留的建筑，总建筑面积达7.5万平方米。其中新建教学楼28 121平方米、体育馆9 365平方米、报告厅2 958平方米、5栋学生公寓共18 730平方米、食堂4 440平方米及400米跑道标准体育场。一中扩建项目于2014年竣工，新校园可容纳3 000名学生就读，为2 300多名学生提供食宿。教学条件的改善和引进名师、力保生源等强力措施及不断创新的教学管理，有效提升了教学质量。

到2017年，恢复高考40年来，全县已有6 000多人升入各类本专科院校，其中十余人被北京大学、清华大学录取。2018年，教育质量进一步提升，高考重普本达线率位居牡市六县（市）前列。

职成教育大有可为

掌握一门技术技能可以打开人生的机遇之门，实现更高质量和更充分就业，也能打开从制造到智造的挺进之路。作为培养高素质技术技能人才的摇篮，穆棱职业教育重投入、重规划、重创新、重行动。

1981年，穆棱响应国家"改革中等教育结构，发展职业技术教育"的精神，将县第四中学的普通高中改为职业高中班，为穆棱县开拓新兴工业、发展第三产业培训技术和管理人员。职业高中从应届初中毕业生中招生，经统一考试，根据学生志愿择优录取，学制3年，重点学习高中文化课和专业课，毕业发给高中文凭和职业技术证书，实行专业对口择优录用或自谋职业。

1984年春，职业高中与第四中学分开，独立建校。校区建有电教馆、练功房和4个实习车间，教学设备有机械、木工机械、电教器材、音乐设备和美术教具等。学校有教职工14人。

职业高中自建校以来，连年被评为省、市、县先进单位。1985年被评为省职业教育一类学校。是年，职高美术班参加省美工研究中心"飞天"赛荣获全省第一名，电工班参加省电子研究中心"电子杯"赛，取得第六名。1996年将职业高中和技工学校合并成立穆棱市职业技术教育中心学校，实行政府统筹、教委统管。学校占地面积80 100平方米，教职工108人，21个教学班，在校生850名，开设的专业有微机、师资、医士、财会、农学、牧医、装潢等。1997年，成立服装厂和艺术学校。1998年与牡丹江市信大集团联办穆棱市驾校，实行长短班结合，多层次多渠道办学，突出实用技术培训，为穆棱培养了大批实用技术落地人才。2001年10月，被国家教育部批准为国家级重点校。是黑龙江省教学工作先进单位、牡丹江市教育工作标兵单位。

职业技术教育中心学校在办学模式上坚持大中专和高中一体

化，招生、培训、就业一条龙，职前职后长短班结合，学历教育与技术培训一起抓。到2005年，穆棱市职高高考十年保持100%升学率。毕业生根据各自专业特长全部就业。

2006年，为加快新农村建设进程，强化农村人才培训工程力度，有2 000人接受了"绿色证书"培训，农村劳动力转移培训500人。开办"村村大学生行动计划和国防后备力量"预科班，设置农村干部中专班。2006年7月，《中国教育报》头版头条介绍了穆棱市职业教育为农村培养人才的经验。

2007年，穆棱市职业教育已由城区向乡镇开发区延伸，由高中教育向初中后续教育延伸，由学历教育向技能培训延伸。校舍面积、师资建设、在校生和培训人数都有很大增长，积极推进办学机制改革，先后与省内高校强强联合协作办学，使学校的办学功能得到进一步发挥，使毕业生的路子进一步拓宽。2008年对98名农村大学生和国防后备力量进行了培训，同时还对计算机应用技术、农村劳动力转移、农村实用技术等多种人员培训35 000多人次，充分发挥了职教中心的培训功能。2010年与深圳瑞凌实业股份有限公司联办焊接专业，并将其打造成该校的品牌专业。学校相继荣获牡丹江市教育工作标兵单位、省级优秀实验学校、文明单位标兵、德育工作先进集体等多项荣誉，顺利通过了省"双高普九"检查。2011年至2014年高三毕业生技能考试总成绩连续在牡丹江地区名列前茅。学校与哈尔滨劳动技师学院联办地铁客运专业；与市阀门厂以订单培训的方式联办数控应用技术专业。学校招生连续多年居牡丹江市各市（县）之首。为方便企业用工培训，穆棱市投入资金，在企业集中的下城子经济开发区辟建新的职业教育中心，2014年职高搬入职教中心新址，校园环境和教学条件均得到较大改善。同年穆棱市通过省部共建国家现代化农村职业教育改革试验区试点县验收。近几年，职教中心与园区企业、农业合作社合作办学规模不断扩大；开展与携程旅行网穆棱呼叫中心联合招生，方式不断创新；农村实用技术、农村电子商务、SYB创业等各类培训成效明显，职成教育服务能力进一步提升。2017年4月通过国家农村职业教育和成人教育示范县验收，6月，被教育部等六部委认定为第二批国家农村职业教育和成人教育示范县。

党的十八大以来，穆棱市教育工作坚持以习近平新时代中国特色社会主义思想为指导，切实加强党对教育工作的全面领导，坚持教育优先发展，全面贯彻党的教育方针，坚持社会主义办学方向，以"凝聚人心、完善人格、开发人力、培育人才、造福人民"为工作目标，以立德树人为根本任务，以提高教育质量为主攻方向，以促进教育公平为基本要求，以深化教育改革创新为核心动力，深入实施素质教育，全面提升教育服务经济社会发展和促进人的全面发展的能力，加快推进教育现代化，努力打造"均衡普惠、优质特色、开放多元、人民满意"的教育强市，为穆棱实现全面振兴全方位振兴提供强大人才和智力支撑。

二、人才培养

高位推动，开创人才强市格局

党的十八大以来，穆棱市深入贯彻习近平新时代中国特色社会主义思想和党的十八大、十九大精神，大力实施科教兴市和人才强市行动计划，穆棱正成为优秀人才的向往之地、集聚之地、创业之地。

穆棱市委、市政府始终把人才、教育、科技工作放在突出位置，将其与经济社会发展同研究、同部署，早在2009年就制定了《穆棱市人才引进工作二十五条》《穆棱市引进人才的暂行规定》《2009年黑龙江省沿边开放先导区知本信息库人才引进需求目录》等10项举措，专门成立市科教兴市和人才强市工作领导小组，由市政府主要领导担任组长，相关市领导任副组长。成立了市委人才办，负责市委人才工作领导小组办公室的日常工作，调查研究、协调指导、提供人才服务，有力推动了各方优势资源整合优化。

引育并重，搭建聚才创业平台

穆棱市坚持引育并重，加快人才强市建设，着力搭建聚才平台，打响人才品牌，提供干事创业舞台，加快人才集聚步伐。

2009年围绕市委、市政府将人才中心工作确立为人事工作的中心和主线，通过赴高校洽谈、人才市场招聘等多种方式引进安置本科毕业生200人。2011年，制定出台了《穆棱市百名专家顾问团实施意见》，围绕"十大产业"面向国内外、省内外聘请100名专家学者，组成百名专家顾问团，充分利用QQ、Email等现代通信手段与专家沟通、交流。遵循产业发展人才先行的原则，采取"项目+人才、产业+人才"的"捆绑"方式引才引智，依靠高等院校、科研院所的师资和技术力量，加强项目的合作与开发，通过院市共建开发了两烟、北药种植、绿特色食品等10余个项目、100多个品种。邀请外来专家对企业进行培训，注重对本土实用人才的培养。利用市职业技术教育中心，深入各乡镇对农民进行实用技术培训，取得了较好的效果。

2012年进一步实施人才强市战略，以市委确定的"加快三个率先，建设幸福穆棱"为主旨，按照"量上做大、智上提高、盘活存量、形成优势"的思路，紧紧抓住人才开发理念，把各类人才聚集到经济发展事业中来，2011—2012年引进本科以上人才290余人，解决了穆棱市人才断档、短缺的问题。在人才培养方面，共完成专业技术人员公共科目培训510人，专业技术培训580人，为就业生提供毕业岗位520个。2013—2014年，设立了人才发展专项资金，开辟了"绿色人才通道"，通过公开招聘、统一考试、人才选拔等方式引进各类专业人才177人。与北京林大、东北农大等高等院校联合建立了培训中心，累计为企业培养人才1 100多名，共建实训基地6个，培养技术工人1 860名。2015—2016年，人才引进选拔培养力度继续加大，将人才引进从重数量、重学历向重质量、重能力转变，引进各类人才129人。2016年，为促进毕业生尽快就业，协助携程网招录毕业生340人，既为企业解决了人力不足的现状，又为毕业生就业提供了岗位。

三、科技创新

自改革开放以来，新技术不断涌现，穆棱紧紧围绕科技进步这一主题，强化科技对生产的支撑作用，根据当地工农业生产实际情况，合理选择和落实新技术推广项目，为科技强市发挥积极作用。

推广农业新技术

为促进农民致富增收，2006年以来，穆棱相继落实多项国家及省市下达农业重点推广项目，如高油大豆"垄三栽培"，玉米标准化栽培，水稻超稀植钵育摆栽，大豆重迎茬综合丰产栽培，葵花、烤烟、瓜类等经济作物高产、高效栽培，农作物主要病虫草害防治，测土配方施肥，棚室蔬菜无公害生产栽培，绿色、有机作物生产，青贮玉米栽培，黑木耳单孔小耳栽培，肉牛繁育改良技术等100多项农业生产新技术。全市优良品种使用率达95%以上，新技术应用率达90%以上。

搭建产学研合作平台，分别在菌类养殖、北药防风、葡萄种植、大豆高产种植领域引进科技人员进行技术指导，解决技术难题，提高作物产量。为加强对农业科技人员的培训，通过开展局市共建、院市共建，先后聘请东北农大、省农科院、省推广站、省经作站、省植保站等专家进行专题讲座，对市、乡两级农技人员进行培训，再由市乡两级技术员面对乡村农户开展培训。并通过科技入户工程，将编写的《穆棱市科技入户培训教材》和《穆棱市农业生产技术挂历》无偿发放到农户手中，加速农业技术的普及和推广。深入实施了科技"一帮一"活动，即每名科技干部帮扶一名种植大户，同时辐射带动周围10户农民科学种田，形成强有力的农业科技示范服务体系。

在集中办班培训的基础上，农技人员通过进村进户，深入田间地头、温室大棚，采用多媒体教学、面对面讲课、答疑解难等方式，有针对性地开展技术服务，变农技人员讲什么农民听什么为农民想听什么农技人员讲什么，切实解决了农业推广"最后一公里"和成果转化"最后一道坎"的问题，使农业技术真正服务于民，创收于民。

提高工业科技含量

民营科技企业成为穆棱市较具活力的经济力量，优品电子、展辰新材料、穆燃生物质装备、瑞德塑业、瑞亿光电、韩国北一半导体、北方新型保温材料、天津明光离子电池加工、铸浩石墨等一大批具有科技含量的企业相继落户穆棱，科技创新，提升了企业发展后劲。与中科院、省内科研机构及高新技术企业对接，引进"为尔网"，打造全国性科技成果电子网络转化平台，积极引进科技成果转化项目，促进科技成果与穆棱企业需求对接，提升企业市场竞争力和知名度。

四、信息产业发展

清光绪七年（1881年），吴大澂督办吉林边务，屯垦实边，随着人口不断增加，公务日繁。光绪八年（1882年），在吉林东部边疆新辟四条驿站，其中宁古塔至三岔口和宁古塔至蜂蜜山两条驿道都途经穆棱境内，在穆棱河、清茶馆儿、亮子河等地设驿站。这是县境内由史可考的最早传递公文和接待过往官员的官办通讯机构。1901年，东清铁路通车，俄人为便于通信，陆续在铁路沿线每个车站开设俄国邮局，穆棱境内开设邮局六处。1920年，俄国邮局全部封闭撤销。

宣统二年（1910年），县治上城子（今兴源镇）设立县内第一个邮政局，后相继在穆棱、马桥河、下城子、磨刀石、八面通设邮政局或邮寄代办所。

1945年，穆棱县光复，邮政机构瘫痪。1946年，牡丹江邮电办事处派员接收邮政局，逐渐恢复邮政通信。1947年，县内各地邮政局与电报电话局合并，改称邮电局。穆棱、八面通、梨树三镇设邮电局，其余乡镇设代办所。1985年底，县内设邮电局1处，邮电支局6处，邮电所2处，邮政代办所4处。

1998年10月，穆棱市邮电局更名为穆棱市邮政局。2006年，穆棱市邮政局下设11个邮政支局、2个邮政所、2个邮政储蓄专柜、1个电信营业专厅、7个代办所。其中提供全功能服务的15个，电子化支局所11个，邮政储蓄联网网点14个。

到2007年，邮政投递线路46条，总里程448公里。邮政局实现年度业务总收入1 860多万元，包含邮务类业务、金融类业务、速递物流类业务及其他业务收入。由于固定电话用户增多，业务总收入逐年上升，2011年城乡固定电话用户8.1万户，总收入2 468万元。此后，业务量和总收入均呈逐年上升趋势。

随着通讯业的飞速发展，电报业务被电话业务所取代，日益壮大的电信业务从邮政局中剥离出来，被中国移动中国联通等电信巨头所分持。

中国移动穆棱分公司隶属于中国移动通信集团黑龙江分公

司，穆棱分公司主要经营移动语音、数据、IP电话和多媒体业务，具有计算机互联网单位经营权。2007—2008年，穆棱移动通信分公司不断加快渠道建设，积极改进渠道管理，使每个村屯都达到"不出门村村通"。2008年，移动分公司有自办营业厅5个，合作营业厅23个，村屯服务站141个。2009年，移动电话用户12.6万户，业务收入增长幅度位居牡丹江地区第二名。2010年移动电话用户13.3万户，2012年达14万户，2013年达18.6万户，2014年达到19.6万户，以后每年用户都有所增加。

中国联通穆棱分公司始建于2000年1月，是中国联通牡丹江分公司设在穆棱市的运营机构，是穆棱市唯一一家综合电信业务运营公司。其综合电信服务包括移动通信、数据通信、长途通信、互联网与电子商务等基础业务和移动增值业务。到2006年底，公司建设完成通达全市的光缆干线800多公里、基站70个，形成了遍及穆棱市城乡的通信服务网络，移动电话容量达到5万户。2008年10月，经国家主管部门批准，中国网通与中国联通融合重组，成立了中国联合网络通信有限公司（简称中国联通）。新的穆棱联通公司，总体用户超过12万户，2007—2008年，新增宽带用户3 602户，净增G网出账用户4 655户，新增固网用户2 573户，新增小灵通用户4 619户。2009年互联网接入业务用户1.4万户，其中宽带接入用户1.3万户，通信服务收入连续两年位居全市第一。以后，随着互联网用户逐年增加，中国联通不仅为社会提供了便利的通讯服务，也创造了不菲的营销收入。

第五节　文化乐市

文化，是地域发展的软实力，它熔铸在民族生命力、创造力和凝聚力之中，无论对于经济发展、政治稳定和人民幸福，都具有不可或缺的作用。穆棱特别重视文化的软实力作用，党的十八大以来，几度将建设"文化穆棱"写进政府工作报告，文化强市、文化乐市，让文化发展惠及民生，使之成为增强百姓幸福指数的重要因素。

一、文化精神创新传承，增强文化内动力

文化精神是构成一个城市文化个性的核心内容，是衡量一个城市文明程度的重要尺度，更是一个城市的根与魂。

穆棱有着较为厚重的文化底蕴。在经济迅速发展的同时，穆棱市委、市政府坚持物质文明与精神文明共同发展，不断打造独具穆棱特色的精神高地，增强城市软实力。

随着改革开放，特别是撤县设市以来，穆棱人以天时地利为缘、以政通人和为势、以团结拼搏为力，以耐劳勇敢为率，在这片"骋马兴龙"的土地上，发扬求真务实、开拓奋飞的"龙马精神"，不断寻求思想解放，着力为穆棱经济腾飞拓越开放胸怀，抒写着属于穆棱的唯美篇章。

如今经过岁月的磨砺，穆棱在20世纪90年代"龙马精神"的基础上，以"开放兼容、敢为人先、真诚守信、坚韧乐观"作为谋求自身发展的精神动力。"开放兼容"即要有全球视野和世界思维，到更广阔的天地中寻求机遇，谋划发展，要有一切为我所用的胸怀与雄心，欢迎各种资源、人才、文化汇集到穆棱来，取其精华，融会贯通，去陈出新，使穆棱成为主流文明和先进文化的追求者、实践者和先行者；"敢为人先"就是要与时俱进，引领风气之先，敢想别人未想、常人不敢想的事，敢干别人未干、常人干不成的事，要想在别人之前，抢在别人之先，勇于创新，勇于开创新局面；"真诚守信"是人类的普遍价值观，是让人信

赖、尊敬、依靠的美德，是支撑大局、保持长远的精神基石，是立人之本也是立市之本；"坚韧乐观"即面对困难永不言败，永不服输，百折不挠，永远保持昂扬向上的斗志，以苦为乐，以难为荣，开朗豁达，友善热情，弘扬正气，增进锐气。

2018年，穆棱市与哈工大设计团队合作，挖掘唐朝渤海国时期的千年牧马场文化，设计出了卡通形象"马小乐"穆棱城市吉祥物，并在街道、公园等城市基础设施建设上融入"马"文化元素，创建了新媒体抖音官方账号"穆棱马小乐"。

以期提高城市知名度，扩大城市影响力。马以"吉祥"为核心价值，有祝福、祈祷、激励、成功等象征意义，"马小乐"的"乐"字包含快乐和乐活双重概念，通体枣红色采用了穆棱天然红锆石的色彩，给人活跃、温暖、热烈的感受。吉祥物"马小乐"是穆棱"马"文化与"乐活"精神的完美融合，不仅象征着阳光快乐、崇信尚

马小乐

德、精致和谐，更象征着激情敢为、坚韧包容的穆棱精神。

通过对历史文化底蕴及文化精神的创新传承，有效增强了穆棱文化和经济发展的内动力，为两个文明建设注入了新活力。

二、公共文化效能提升，增强文化凝聚力

党的十八大以来，随着人民群众对精神文化生活需求的与日俱增，穆棱加大整合全市公共文化服务资源力度，加强文化阵地建设，构建市、镇（乡）、村三级公共文化服务网络，紧紧围绕培育和践行社会主义核心价值观，围绕保障人民群众基本文化权益，着力完善农村公共文化服务体系，提高文化惠民工程覆盖面，着力传承优秀传统文化，不断增强城乡群众文化获得感和幸福感。

（一）文化馆

1940年之前，穆棱县几乎没有公共文化设施，"国民教育馆"是唯一阅读书报和棋类游艺场所，直到1949年才设立县文化馆，以业余、自愿、小型、多样为方针，主要职能是辅导群众文化艺术，开展文化娱乐活动。1985年11月新建文化馆楼舍（三层建筑）竣工，使用面积1 050平方米。工作人员12名，主要开展书法、美术、声乐、器乐、舞蹈、曲艺、文学创作等各文艺门类的辅导工作，负责全县群众文化艺术活动的组织开展。2007年和2012年分别对馆舍进行维修改造，改造后的馆舍增加了声乐、器乐、舞蹈、曲艺等多个活动室，为免费开放提供了场地保障。

多年来，文化馆在声乐、器乐、美术、书法、摄影、曲艺、文学、歌词等各类文艺创作和演艺等方面培养了大批人才。目前，全市已成立文化志愿者团队近百个，招录文化志愿者逾千人，各种群众文化活动空前繁荣，使百姓充分感受到国家文化惠民政策给生活带来的巨大变化，穆棱市文化馆群众文化工作也在牡丹江地区连续多年名列前茅。

著名歌词作家蒋开儒当年就工作在这里。1988年，他以歌词《喊一声北大荒》荣膺中国音乐家协会《词刊》杂志社举办的全国首届"虹雨杯"歌词大赛第一名。1992年，邓小平南方谈话让看到了新的希望，他从穆棱县政协副主席的任上退下来，只身闯入深圳，在深圳相继创作出《春天的故事》《走进新时代》等经典作品。

（二）图书馆

1930年穆棱县城建成一座"国民教育馆"，藏有小部分图书，此前书籍在穆棱是比较稀有的东西。"九一八"事变后，因日伪实行法西斯统治，图书遭到查封焚毁。1948年10月，为满足读者需求，新建了163平方米的图书室，每天至少接待读者100余人。1958年图书室与县工会图书室合并，成立了穆棱县图书馆。1959年图书馆合并于文化馆。1974年正式分立穆棱县图书馆。1984年6月新馆舍（三层建筑）竣工，总面积647平方米，设有阅览组、外借组、采编组、辅导组、阅览室、儿童阅览室、科技借书处、借书处、藏书室等。2012年为适应免费开放需求，对老图书馆进行了维修改造，现有职工13人，藏书6万多册，设有综合阅览室、电子阅览室、外借部、两个自学室。如今，读者们只需携带身份证就可免费借阅书籍，或在馆内享受阅读的快乐，较好地服务大众，满足了群众文化需求，提升了群众文化素质。

（三）电影院

穆棱1950年于县城八面通镇建成县第一家电影院，名为"人民电影院"。1956年县文教科成立县第一个电影队，下辖3个电影放映小分队。1960年1月成立穆棱县电影管理站，工作人员5名。1966年全县建立了7个16毫米电影队。1974年各公社成立电影放映队，村办电影放映队（16毫米）20个，（8.75毫米）电影小分队50个。1977年各公社相继成立电影管理站，分别负责本公社电影发行放映工作。1981年根据上级指示精神，县电影管理站改为穆棱县电影公司，管理全县电影院、电影站、电影队的影片发行和放映工作，电影迎来了短时期繁荣，发行放映了大量开禁影片，县电影院、东方红影院、影剧院和工会俱乐部、八林局俱乐部每天轮番放映几十场，甚至通宵达旦。1988年起，随着录像、电视普及，电影事业由荣到衰，陷入低谷。进入20世纪90年代，9个乡镇电影管理站解散了6个，剩下3个主要在乡村中小学放映爱国教育影片维持生存。

2002年，电影公司发行收入无力支撑业务费用和职工工资，靠出租单位门市给职工发生活费。2005年，电影公司除3人留守，其余职工放长假回家。随着人员陆续退休，单位或将面临新的改制。

随着3D电影的兴起，现在穆棱市有两家私立影院，可基本满足市民对流行影片的需求。

（四）新华书店

穆棱县书店建于解放初期，当时称东北书店牡丹江分店八面通支店，设备简陋，人员、财务归东北书店管理；1949年11月改称为东北新华书店八面通支店；1954年归省书店管理；1958年5月新华书店穆棱门市部建成，工作人员9名，同年改称黑龙江省穆棱县新华书店，工作人员增至12名。

1970年10月，书店新楼舍竣工。1983年2月，成立穆棱县新华书店青年门市部、城乡批发部。1984年2月，成立计划批发部，书店实行了"定额承包，超额提成"经营责任制，工作人员增至21名。

随着时代发展，新华书店除负责全县（市）图书发行工作外，还负责音像制品、学生教材及农村图书发行工作，隶属黑龙江省图书音像发行集团。2013年以来，内设机构重新调整，设有教材部、财务部、业务部、门市部。现有职工14人，书店实施企业管理模式，分工明确，各负其责，实行成本核算。2015年，在文化体制改革过程中，新华书店正式从事业单位改制为企业单位。

总之，从一书难求，到推广全民阅读；从一年难得看上几回露天电影，到随意进入影厅观影；从专业演出，到百姓文化广场，几十年来，穆棱各项文化事业得到全面发展，公共文化设施不断兴建完善，为公共文化服务体系奠定了坚实基础。目前，全市除文化馆、图书馆、新华书店、电影院外，还有市科技馆1家，不同主题博物馆、展览馆、纪念馆、教育馆12家，老年活动中心1个，广播电视台1个，乡镇（街道）综合文化站9个，主题公园5个，市区大型文化广场3个，乡镇（含森工局）中心文化广场10个，村（社区）文化活动室、文化广场各133个。全市初步形成了覆盖市、镇、村的"十分钟文化圈"和"十里文化圈"公共文化服务网络，公共文化效能得到大幅提升，实现了群众文化生活有阵地、有场所，增强了文化凝聚力，为群众文化繁荣发展奠定了良好基础。

三、文化遗产保护创新，增强文化传承力

穆棱县文物管理所于1985年7月成立，与县图书馆合署办公，由图书馆统一领导。1988年1月从图书馆分出。其主要职责是对穆棱市境内的文物进行调查、征集、收藏、整理、保护、研究、管理等工作。

党的十八大以来，穆棱认真贯彻"保护为主、抢救第一、合理利用、加强管理"的方针，推动优秀传统文化创造性转化、创新性发展。目前，穆棱市境内发现各类文物遗址348处，分别属于旧石器时代、新石器时代、青铜时代、汉魏时期、唐（渤海时期）、辽、金和近现代文化遗存，公布为全国重点文物保护单位1处，黑龙江省重点文物保护单位6处，穆棱市重点文物保护单位22处。

为探查更多的文化遗产，近年来特邀吉林大学权威专家和黑龙江省考古研究所专家，在穆棱境内开展旧石器考古调查活动中共发现古遗址23处，采集旧石器文物标本1 000余件，调查发现的黑曜石盘形器，鉴定为国宝级文物，被央视等各大媒体报道，对研究穆棱河流域

黑曜石盘形器　供图/张忠权

人类演变、进化具有重要意义。

同时，穆棱市还依托革命旧址、名人故居等文物保护单位，打造了一批特色文化场馆并免费对外开放。文化遗产保护创新，对增强穆棱文化的传承力发挥了积极作用。

四、文艺活动欣欣向荣，增强文化引领力

（一）文艺队伍不断壮大

党的十一届三中全会后，穆棱市文学艺术创作队伍逐渐走上正轨，到1985年，全县有文学艺术骨干110多人。2017年，全市12个文艺协会会员总数逾千人，其中文艺骨干达300多人。各协（学）会国家级会员15人、省级会员65人，牡丹江市级会员大幅增加。

穆棱县文工团是在毛泽东思想宣传队基础上，于1972年整顿调整而成，编制35人，后几经调整，达到47人。文工团一团多能，演出形式有歌舞、曲艺、京剧、评剧、话剧、歌剧等。1984年末，农民出身、复原回乡的崔京浩代表乡里参加全县农民文艺会演时连续演唱多首歌曲，征服了全场观众，被免试安排到文工团任独唱演员，后成为全国家喻户晓的著名歌手。2015年，在文化体制改革过程中，文工团撤销建制，人员分流安置，演艺职能由文化馆承担。文工团虽已不复存在，但作为穆棱专业文艺演出团体，在过去的几十年，尤其是文化生活较为匮乏的年代，为广大人民群众提供了较为丰富的文化食粮，为穆棱文艺的繁荣发展做出了重要贡献。

群众文艺团队是近年来兴起的民间群众文艺群体，尤其文化馆免费开放以来，随着各种文艺辅导活动不断扩展，歌舞、广场舞、器乐演奏、大合唱、曲艺表演等各种艺术形式的群众文艺团队方兴未艾，这些团队成为各种节庆演出活动中活跃于百姓舞台

上的重要有生力量。

　　文化馆一直是文艺宣传的骨干力量。新中国成立后，文化馆配合不同时期的政治形势，开展了大量的文艺宣传活动，宣传党的方针、政策和新人新事。党的十一届三中全会后，文化馆每年举行一次大型文艺会演，宣传新思想、新变化、新风尚。

　　2011年，结合文化惠民政策，国家启动公共文化服务体系示范区建设，文化馆、图书馆等群众文化单位全面对外免费开放，穆棱市作为全国首批公共文化服务体系示范区建设试点单位，群众文化辅导及文艺演出活动更加频繁。尤其文工团撤销编制后，文化馆更是承担起繁荣文化、政策宣传的重任。

　　2018年，根据黑龙江省文化厅要求，穆棱市文化馆启动文化志愿者招募活动，目前已招募城乡文化志愿者1 100多人，文化志愿者团队近百个，他们成为穆棱群众文艺舞台上的中坚力量。其中较为突出的文化志愿者团队有红玫瑰女子合唱团、华彩女子扬琴乐团、海之声合唱团、快板秀说唱团、舞之韵舞蹈团、金年华老干部合唱团、金达莱舞蹈团、棱河艺术团、兴海民乐团等，这些群众文艺团队如点点繁星，丰富了群众文化生活，靓丽了穆棱文艺舞台。

群文团队演出　摄影/高占和

（二）文艺活动色彩纷呈

穆棱县的文艺活动最早见于伪满时期。1946年鲁迅艺术文工团、总政文工团驻在宁安，他们经常到穆棱县内演出。为配合土地改革，他们和穆棱群众合排了歌剧《白毛女》，群众也开始唱起了打土豪分田地的歌曲，如《三套黄牛》《东北风吹呀吹》《互助合作有奔头》等。

节庆文艺活动是穆棱群众文化活动的重要组成部分。新中国成立后，在传统节日和重大纪念日，县文化部门都要组织举办文艺活动。自1958年起，每年五一举办美术、书法、摄影展览；七一举办歌颂党的文艺晚会；八一举办军民联欢慰问演出。从1980年起，每逢国庆节都组织一场歌颂祖国的文艺演出；元旦、春节期间举办文艺会演和秧歌比赛；20世纪90年代起，每年举办一场元宵节晚会，后改称"穆棱春晚"；2015年始，已连年举办"穆棱市新年诗会"、"穆棱市迎春灯展"、"穆棱市元宵猜灯谜"活动。丰富多彩的节庆文化活动给节日锦上添花，广受群众欢迎。

元宵秧歌会演 摄影/梁兆宽

此外，在2009年穆棱建县百年之际，将建县纪念日6月2日设立为穆棱市民节。从此，每年市民节前夕，文化馆都组织城乡文艺爱好者和文艺团队举办"广场五月歌"系列文艺演出活动，并从中选拔优秀节目参加庆祝市民节专场文艺演出。

2012年，以增强公共文化活力为切入点，深入实施"文化惠民计划"。放大"中国民间文化艺术之乡"和"中国歌词之乡"的品牌效应，完善文化系统软硬件建设，积极承办国家级各类文化活动，每年各类专业演出活动不少于20场次，群众文化广场活动不少于100场次。成功举办"信合杯"全国歌词大赛、环六峰湖全国山地自行车锦标赛，高质量通过省级文明城验收，穆棱市被中国音乐文学学会确定为创作基地。

2013年，积极推进文化普及和文化精品工程建设。文化广场、文化公园全面开放，乡镇文化站、文化广场等基础设施不断完善，"两馆一站"免费开放。2014年，荣获"全国文化先进县"，文化产业也迈出新步伐，《保安村的幸福味道》完成拍摄，《八女投江》《我是英雄》以穆棱为外景场地陆续开机。

2015年和2017年，连续成功承办了两届黑龙江省"圆梦中国唱响龙江"歌词大赛，叫响穆棱歌词文化品牌。同时持续开展穆棱"星光大道"等"十百千万"文化品牌活动，全市8个乡镇都有自己的文化活动品牌，其中3个乡镇获省级群众文化活动品牌。各种节庆晚会、专场晚会、政策宣传、送戏下乡等文艺演出层出不穷，极大地丰富了城乡群众文化生活。

新年音乐会　摄影/梁兆宽

（三）文艺创作成果丰硕

穆棱县文艺创作活动起步较晚，土地改革、抗美援朝和经济建设恢复时期，只有舞台节目的创作活动。1950年创作并举办了全国劳动模范王清恒事迹图片展。1958年，全县民歌创作出现热潮，有少数业余作者创作了一批诗歌和小说。1964年县文化馆邀请了中国美术家协会秘书长由甲申来穆棱讲学。1974年3月穆棱县成立了文学艺术界联合会后，经常组织业余作者学习、创作、交流经验，并邀请省、市名人专家来此讲学。

1982年至2007年，县（市）文联相继成立了书法家协会、作家协会、音乐家协会、舞蹈家协会、曲艺家协会、美术家协会、音乐文学学会、摄影家协会、民间文艺家协会等12个文艺团体，会员逾千人。各协（学）会每年开展创作交流活动，穆棱文艺创作开始呈多样化趋势。2011年，文联开展首届穆棱市文艺精品奖和穆棱市文艺创作突出贡献奖评选活动。同年，凭借歌词创作的不凡成绩，穆棱市荣获中国音乐文学学会授予的"中国歌词创作之乡"和文化部授予的"中国民间文化艺术之乡"荣誉称号。穆棱市委、市政府对歌词创作十分重视，为提高本土歌词作者创作质量，于2012年、2013年连续邀请中国音乐家协会和中国音乐文学学会、中国诗歌学会名家来穆棱开展创作采风、座谈、讲学等联谊活动。2012年，穆棱市政府与中国音乐文学学会联合主办"穆棱信合杯"全国歌词大赛；同年，穆棱市政府（文化馆具体承办）和牡丹江市文广新局联合举办"金商汇杯"牡丹江市歌词大赛；2015年和2017年，穆棱市文化馆连续两届承办黑龙江省文化厅主办的"圆梦中国·唱响龙江"全省歌词大赛。此外，为激励歌词作者的创作热情，自2008年起，穆棱市文联每年举办一次全市歌词大赛；2012年元旦创刊的《穆棱河文学》（季刊，内部交流，2018年7月停刊）出刊期间，除举办歌词大赛外，每年还举办小说、散文及中小学生作文大赛，旨在培养本土作者，提高作者创作热情和创作质量。

新中国成立以来，穆棱市各种文艺创作可谓硕果累累。

歌词创作打造名片。1986年至今，穆棱歌词创作异军突起。1988年，蒋开儒创作的歌词《喊一声北大荒》获全国"虹雨杯"歌词大赛头奖，此后又创作了唱红大江南北的《春天的故事》《走进新时代》等多首主旋律歌词作品。1992年，宋青松创作的歌词《长大后我就成了你》，在第二届全国"虹雨杯"歌词大赛中荣获一等奖；1994年，在由"虹雨杯"更名的"全国青年歌词大赛"上，李夫海的歌词《走向大海》又一次夺得桂冠。此后，穆棱又相继涌现出高占和、戚晚秋等一批歌词创作骨干，其作品在全国各专业地期刊频频发表，且经常见之于《词刊》《歌曲》等国家专业核心期刊，在各级赛事上频频获奖，多位作者出版个人歌词作品集；歌词群体两度荣获"全省优秀农村文艺创作群体"，穆棱市荣获"中国歌词创作之乡"和"全国民间文化艺术之乡"。

小说、散文成绩不凡。穆棱市委党校教师尚凯文，继早年发表中短篇小说之后，20世纪90年代初又出版了东北抗联题材的长篇小说《老爷岭传奇》。同期王立纯、张春鹏、田书兰、李淑杰、金岚等一批新作者崭露头角，其中王立纯、张春鹏创作成绩尤为突出。

王立纯，1950年生，在穆棱八面通林业局工作。1979年发表作品，1983年调入大庆市从事专业创作，国家一级作家，著有长篇小说集《庆典》《北方故事》《苍山神话》《月亮上的篝火》《龙伞》；中篇小说集《拉依浪漫曲》《雾失楼台》《弥天大谎》《欠债还钱》；短篇小说集《熊骨烟嘴》《白云苍狗》；散文集《溯流而上》；并有电影1部，长篇电视连续剧2部，话剧2

部，共500多万字。作品曾多次获得刊物奖、征文奖、东北文学奖、电影小百花奖、田汉话剧文学奖、全国文学院作家作品大赛奖，2次获中华铁人文学奖，9次获黑龙江省文学大奖，2次入围茅盾文学奖。

六零后小说作家张春鹏，原为穆棱县共和乡农民，因酷爱小说创作，从一名小说爱好者逐步成长为县电视台记者、县文联干事、市文联主席。数百篇中短篇小说在全国报刊发表、获奖，出版中短篇小说集《高靠背的椅子》《黑伞》等。

杂文作家颜福林，20世纪30年代生人，早年当过工人，干过个体，晚年痴迷杂文写作，高质高产，其杂文频见全国专业报刊，出版杂文集《人生莫要上错楼》。已发表杂文百万字，名居全国杂文百家之列。

近年网络小说兴起后，穆棱市又涌现出一批网络作家，其中成绩比较突出的是下岗林业工人李学军。李学军，笔名一斤、笨哥，现为"创别书城"签约作者。《山里人家》《岁月无锈》等多部小说在逐浪网、看书网等连载，都深受读者喜欢。其他网络作家"漫漫修远路""蓝色苦荞"等的多篇作品也已在红袖添香、逐浪网、华夏天空等网站上架连载。

美术、书法成绩不俗。穆棱美术、书法创作，代表作者有顾莲塘、薛长杰、徐静霜、朱孝先、邹春山等。

穆棱籍画家顾莲塘，擅长连环画。1958年毕业于东北美术专科学校工艺系装潢专业，留校任教。曾在北京荣宝斋进修水印木刻，后任鲁迅美术学院版画系副教授。代表作品有工笔重彩中国画《一代天骄》《闯王进京》，连环画《白求恩在中国》《嘎达梅林》（均与人合作）等。

穆棱县伊林公社（现兴源镇）农民美术爱好者薛长杰，1962年生人，1993年在中国首届农民书画展上荣获一等奖，其工笔画得到业内专家高度认可，不久被牡丹江市以自学成才农民画家身份破格破例调入牡丹江书画院成为专业画家。工作后，薛长杰进修于中国现代工笔画院。系中国美术家协会会员、国家一级美术师，牡丹江师范学院硕士生指导老师，牡丹江大学客座教授，黑龙江省年画研究会理事。其作品在国内多种大展、大赛中入展和获奖，曾赴澳大利亚、韩国、日本、俄罗斯、白俄罗斯、英国、中国台湾等国家和地区展出，并有多件作品被国内外收藏。

八零后青年画家徐静霜，擅长工笔人物、花鸟。穆棱市文化馆美术辅导员。相继进修中央美院、国家画院等高等学府，其作品多次在省市和全国性大展、大赛中入展和获奖。

穆棱书法创作群体以朱孝先、邹春山为代表。

朱孝先，1962年出生，20世纪80年代初始习书法篆刻，先后师从贾振祥、徐正濂、石开、王镛诸先生。中国书法家协会会员，黑龙江省书法家协会理事，黑龙江省书法家协会篆刻艺术委员会副主任，穆棱市书法家协会主席，穆棱书画院院长。作品多次入选全国篆刻艺术展、全国书坛新人新作展、全国中青年书法篆刻家展、全国楹联书法作品展、西泠印社中国书法大展、西泠印社诗书画印大展等国家级专业大展。

邹春山，1962年出生，擅行书。穆棱市文化馆书法辅导员，黑龙江省书法家协会会员，作品获黑龙江省群星展金奖、中国书画艺术委员会优秀书画作品展暨东方书画论坛二等奖，多次入展黑龙江省书法精品展等专业艺术展。

穆棱市书法篆刻团队在省内也颇具影响，2011年，穆棱市委、市政府承办了由黑龙江省书法家协会、省书法活动中心和省书协篆刻艺委会主办的"印象穆棱"——黑龙江省第十四届篆刻艺术展和黑龙江省书法名家作品邀请展。2012年，穆棱市书法家协会在中国书法家协会主办的"中国书法家进万家"活动中被授予先进集体称号。

摄影协会成绩显著。穆棱市摄影家协会在中国老摄影家协会会员、穆棱市摄影家协会主席梁兆宽等协会领导的带领下，近十几年来有了长足的发展。梁兆宽的摄影多次在国家和省级刊物发表，在省和牡丹江市摄影大赛中多次获奖；中国摄影家协会会员、农民摄影家段长喜，在全国第二、三、六、七、八届农民摄影大展上多次入展获奖；农民摄影家段长林在2015年新华社全国宝贝摄影大赛中获二等奖，在黑龙江省冰雪之冠国际摄影大赛中获一等奖；老摄影家付耀坤拍摄的《鸡爷》《嫁新娘》在2018年中国摄影家协会举办的最美中国人照片征集中获奖。协会副主席隋启林、柳耀强、廉洪斌等均多次在各级大赛或影展中获奖。

曲艺创作表演成为亮点。穆棱文化馆曲艺表演艺术家曹忠瑞，1972年开始在穆棱县广播站演播《烈火金刚》《战斗在敌人心藏里》《刑警队长》《无名牌手表》等长篇评书。他创作的山东快书《镜泊情》在《曲艺》发表，并获黑龙江省曲艺征文、曲艺比赛一等奖，获牡丹江市精品工程奖；山东快书《大年三十》《摩高一丈》被收入北京《曲艺作品选》一书；山东快书《镜泊情》《大年三十》分别荣获第二届（2010年）、第三届（2012年）"中华颂"小戏小品曲艺作品大展二、三等奖；2015年对口快板《正风肃纪父女情》获第五届全国小戏小品曲艺大展一等奖。他和女儿曹霞创作表演的多个快板参加省市调演，获得多项荣誉。

此外，文化馆馆长王洪金创作的曲艺作品也屡在《曲艺》发表；兴源镇文化志愿者、农民曲艺爱好者刘世军创作表演的快板多次参加全省农民艺术节并在牡丹江市、穆棱市的各种大型文艺活动中登台表演，广受好评。

民间艺术百花齐放。大秧歌是穆棱一种重要的民间艺术形式，土改时期特别兴盛，逢年过节各村都有"跑秧歌"的习俗，正月里各秧歌队互相拜年，形式有"高跷""地蹦"。解放后群众把秧歌当作一种喜庆舞蹈，各村都组织了规模较大的秧歌队，水平越来越高，形式越来越多，相继出现了龙灯、狮子、旱船、扑蝴蝶、跑驴、腰鼓等形式。如今，穆棱市每年都在正月十五举行秧歌比赛，增添了浓浓的节日气氛。

广场大秧歌 摄影/梁兆宽

"二人转"是东北最有代表性的民间艺术。解放初期，在福禄乡康乐村有一个9人的鼓乐班，农闲时以演出二人转为主，主要活动在福禄乡一带，很受欢迎。县里的文艺会演每年都有二人转节目，文工团也排演过多出二人转作品。20世纪80年代，八面通镇先后开设两处曲艺茶社，供流动二人转戏班子演出使用。随着百姓生活水平的提高和电视机的普及，曲艺茶社逐渐淡出生活，加之当地二人转演员及爱好者断档，近年来二人转在穆棱群众文化舞台上已消失，但人们还是发自内心地喜欢这种艺术形式。

朝鲜族居民在穆棱县内占有十分之一的数量，他们能歌善舞，特别是一年一度的民族运动会，几个青年在队伍前头，帽子上拴着五六米长的彩布条，用摆头的力量把布条甩成各种花样，欢快喜庆，富有民族特色，20世纪70年代以来便活跃于穆棱民间及演出舞台。近年来，穆棱群众文化团队方兴未艾，其中的金达莱舞蹈队便是以朝鲜族舞蹈为特色，不仅活跃于牡丹江地区群众舞台，还赴北京参加少数民族文化交流活动，受到首都观众和游客的欢迎。

穆棱剪纸早年民间并不具规模，自21世纪初，在民间剪纸爱好者的带动下，通过市老年大学剪纸班培养了一批批剪纸爱好者。穆棱剪纸在东北传统剪纸的基础上不断创新，神像、花鸟、动物、人物等惟妙惟肖。2008年，在穆棱召开全国牛业发展大会期间，穆棱剪纸协会会长曲照丽等骨干成员剪出百牛图予以展出，很有震撼力。

五、现代传播体系加强，增强文化影响力

新闻广播电视是党和国家的喉舌，是贯彻落实党的路线方针政策的重要工具。从抗战时期开始，穆棱便有反日宣传报纸问世。新中国成立后，穆棱先后建立了县广播站、县电视台，根据县（市）委、县（市）政府中心工作，以正确的舆论导向唱响主旋律，做先进文化的传播者。

1952年3月16日，穆棱县广播站成立。为了响应普及农村广播网路的号召，1970年冬到次年春，全县掀起卓有成效的改架、新架广播专用线路大会战，到1975年，队（村）普及率达到100%。全县小喇叭入户数突破2万只，占总户数一半左右，基本形成了以县站为中心、以公社放大站为基础、以专线传输为主的农村有线广播网。

1969年9月23日，经省广播事业局批准，在距县城17公里的马桥河公社山东大队无名山岗上动工兴建无线转播台——"九一七台"。到1975年电声指标达到甲级，到1984年实现停播

率零分零秒，被省政府授予"全省无线电管理先进单位"。1992年以后，原有线广播改为无线方式传送。

穆棱电视台前身是穆棱电视转播台，始建于1984年，台址设在"九一七台"院内，转播中央电视台和省电视台第一套节目。1986年开始自办节目，栏目有《穆棱新闻》《广告》《电视连续剧》。其中《穆棱新闻》每周三期，首次将穆棱人的形象搬上荧屏。

1994年8月19日，穆棱电视台正式成立，台址设在县广电局院内。以后陆续开辟了《百姓》《记者观察》《新闻驿站》等栏目，同时还制作播出了大量专题片，为宣传穆棱发展变化做出了积极贡献。

2014年筹划开设了大型民情民生纪实新栏目《美丽穆棱我的家——村村行》。栏目每期时长15分钟，以记者行走式、体验式的报道模式介绍穆棱127个行政村。收视率稳居全台节目之首，村村行的经验做法获得国家新闻出版广电总局局长蔡赴朝的认可。

2015年，穆棱电视台在全省率先进行频道制节目改版，实现频道专业化管理，实行频道总监负责制和节目制片人制。自办节目由原来的5档增加至22档，新推出了《直通乡镇》《说见说闻》《美丽穆棱我的家》《法制民情》《宝贝棒棒棒》等一批群众喜闻乐见的名牌栏目丰富荧屏，实现全频道零药品广告，深受观众好评。

为提升舆论引导力，2017年7月1日，穆棱电视台创新改版，推出了《社区零距离》《双创进行时》《作风建设在路上》《小城轶事》《美丽穆棱我的家》《行风政风热线》等名牌栏目。

2018年8月27日，穆棱电视台再度进行节目改版，针对原有专题栏目选题框架固化、采访内容重复冲突等问题，创新打造了《穆棱正前方》《美丽穆棱我的家》《今日视点》3档定位精准、特色鲜明的品牌栏目，实现了扬长避短、资源整合、优化配置、精益求精。

穆棱电视台在传播技术上同样与时俱进。2011年市政府投资270万元为电视台配备了国内先进的八讯道广播电视直播车，成为黑龙江省65个县级电视中第一家拥有高标准广播电视直播车的县级电视台。直播车可对重要会议及大型活动进行现场直播，实现观众同步收视，有效提高了新闻的时效性。为提高电视信号的转播效果，穆棱市投资2 700万元修建新的电视景观塔——"明珠塔"。明珠塔集电视信号转播和观景功能于一身，塔高163米，塔体由基座、塔身、观景台、塔球、天线桅杆组成。基座直径25米，内为700平方米综合性机房；塔身100米处为圆形观景台，塔楼内装有通往景观台的检修、观光电梯和步梯通道；观景台上方为18米直径的塔球，塔球以上为天线桅杆。整个电视塔钢材用量800多吨，为黑龙江省县级第一、全省第二（龙塔第一）高的电视塔，也是穆棱市地标性建筑。

六、文化旅游融合发展，增强文化打造力

穆棱历史悠久，风光秀丽，人文自然景观独特，是"中国大豆之乡"和"中国红豆杉之乡"。近年来，穆棱大力发展全域旅游事业，精心打造了生态游、文化游、农业休闲游、红色文化游4条域内旅游线路，其中六峰湖景区为省级自然保护区、国家级红豆杉保护区、国家级森林公园；十文字森林公园为省级森林公园。全市有接待能力的景区还有皓月集团工业旅游区、苇子沟瓜果生态园、雷峰水库旅游区、下城子镇海月湾水上游乐场、八面通镇清河水库旅游区、太和村乡村游、福禄乡少数民族风情村、河西镇明月山庄等。由于合理开发利用市域内旅游资源，大力发展乡村生态游、民俗游，形成了小规模、大产业的新局面。

2009年以后，每年接待游客都在20万人次左右，实现年旅游业总收入5 000万元左右。如今，随着旅游产品的不断开发完善，游客数量和旅游收入逐年上升。

（一）六峰湖自然生态旅游区

六峰湖自然生态旅游区位于穆棱河上游的六峰山脚下，景区森林植被保护完好，空气清新，是天然的绿色氧吧。六峰湖地处六峰山脚下，旧名是穆棱县团结水库，1996年被省政府批准为省级自然保护区。

六峰湖自然生态旅游区融山水自然生态景观和抗联遗迹人文历史为一体。六峰山最高海拔726米，因自北向南排列的六座山峰而得名。山体形态浑圆，为密林覆盖，远望连绵起伏，郁郁葱葱。六峰湖畔的龟山位于六峰湖西侧，山体极似龟状，身体遍布树木，头部探入水中，似静似动，宛若一只巨大的神龟缓缓向水中移动。

六峰湖位于穆棱河上游，是由大坝截穆棱河形成的高山湖。湖水深幽碧绿，鱼跃禽飞。六峰山泉清澈甘甜，四周密林环绕，野花遍布，景色宜人。保护区内森林覆盖率高，树种丰富。原始森林中的母树林更是令人惊叹不已。湖区湿地山花烂漫，鸟语花香，各种珍禽水鸟时而静立，时而掠过水面低飞，一幅休闲自在的山野画卷。游人在这里可以享受垂钓的快乐，更能体会与大自然融为一体的舒畅和谐。良好的自然环境为野生动物创造了生存条件，这里有东北虎、梅花鹿等国家一级保护动物，还有天鹅、水獭等国家二级保护动物。

（二）十文字森林公园旅游区

十文字森林公园地处鸡西市、绥芬河市、东宁县、穆棱市的交汇点，属于太平岭山脉的一处岩峦，面积9平方公里，最高峰海拔1 041米。此处岩峦奇特，石岩上的花纹像字又像画，传说是满族先祖在此居住时所作的摩崖画，当地百姓也叫它"字砬子""石砬子"。十文字素有"小张家界"之称，这里有"一线天""小天桥""蛤蟆石""飞来猴"石林、石洞等天然景观。

山脚下沟涧曲幽，溪水清洌，周边植被茂盛。景区内有风力发电场，高高扬起的大风车犹如童话世界。十文字森林公园内还有一处野生动物养殖场，有梅花鹿、马鹿、狍子、野猪、狼、黑熊、野鸡、野兔等，供游人参观。

十文字森林公园地区平均海拔950~1 000米，山上山下落差较大，积雪时间长达5个月，积雪厚度达100厘米，是难得的天然滑雪场地。公园选设了初学滑雪道、专业滑雪道和雪橇滑雪道，山下有马爬犁、狗拉雪橇和专业小客车等供游客游玩用。

（三）秀池景区

莲河西麓小溪入穆棱河口处，自然形成一个河口池塘，呈圆形，面积约25 000平方米，水深约3米。水质清澈，水量充足，因此得名"秀池"。河口散落着斑斑点点的卧牛石，岸边花木怡人。陡峭的山峦上绿树成荫，鸟语花香，山顶六角亭翼然凌空，眺望着南北河谷水秀山光，魅力无限。

（四）皓月集团景区

这里有世界领先的现代化肉牛屠宰加工厂，是东北地区最大的清真寺育肥牛基地。在840平方米的游客接待中心，可以买到系列牛肉产品，可以了解皓月集团发展过程，是牡丹江工农业生产旅游示范点。

（五）小四方山城址

小四方山城址位于福录乡高峰村北的小四方台山。山城构筑奇特，从战国至渤海、辽金时期一直沿用。

小四方山城址是我国现存东北地区古代少数民族沃沮族的重

要城址遗址，保存现状良好，具有很高的原真性和完整性。其修筑理念、方式、方法具有鲜明的民族和区域特点。持续使用时间之长，亦十分罕见，是研究我国东北地区民族谱系之肃慎系发展演变的珍贵实物史料，对研究东北古代民族发展史及其政治、经济、文化、军事、习俗等有重要价值。

1986年，小四方山城址被黑龙江省人民政府公布为省级重点文物保护单位；2006年5月，国务院公布其为第六批全国重点文物保护单位。2015年，小四方山城址保护项目全面启动。

（六）粮台山古城

粮台山位于兴源镇东南，紧傍穆棱河北岸，是一处陡然凸起的石山，形似硕龟伸入穆棱河饮水，兴源恰似坐落在龟身上，镇东西南北四座山肢如龟之四足。粮台山原名凉台山，乡民在山上观景纳凉，故得其名。光绪年间钦差大臣吴大澂在此设穆棱招垦局，屯兵建粮仓，故名"粮台山"。从发掘出土的石器及骨器看，相当于莺歌岭同期文化，距今4 000年左右；中期器物距今约2 000年。这里是一处古老的居民点。

粮台山海拔368米，东、南、西三面险峻，北有缓坡与镇内相通。西南两面怪石嶙峋，与水相连，形势险要，颇难攀登。从北边缓坡登上粮台山，山顶比较平坦，略呈方形，粮台山古城就建在这里。粮台山北200米处，有一座青砖瓦房，建筑面积160平方米，是吴大澂筹边时所建的粮仓，距今100多年。

山顶有两座红柱彩绘凉亭，点缀在苍松杂树花草丛中；西边是土改干部郝子英墓碑；西南坡有一大块"棋盘石"，传说是神仙下棋的地方。正中矗立"吴公碑"，是为纪念吴大澂督办吉林边务，涉足兴源、屯垦戍边的功绩，立于宣统元年（1909年）。

山下不远处便是"吴大澂纪念馆"，这里也是值得一看的地方。

（七）中东铁路历史文化穆棱陈列馆

穆棱市深入挖掘历史文化资源，2015年底在马桥河新站村落成一座以中东铁路马桥河站及其周边历史史料为主要展陈内容的"中东铁路历史文化穆棱陈列馆"。陈列馆所陈列物品6 000余件，展现了中东铁路穆棱段的沧桑历史。

（八）孤榆树抗联遗址

穆棱市下城子镇孤榆树村，是东北抗联第二、第四、第五军的密营地。

为弘扬东北抗联精神，发展革命老区红色旅游，推动文化与旅游融合发展，穆棱市于2016年开始打造孤榆树东北抗联密营教育基地，主要由七大景区（点）构成，2017年9月末建成并对外开放。

如今这里已成为中共牡丹江市委组织部、市委党校干部教育现场教学基地和牡丹江师范学院等8所高校思想政治教育基地。机关、学校经常组织干部、师生来这里重走抗联路，重温抗联情，用抗联精神增强党性、磨炼意志、凝聚力量。

2018年，孤榆树东北抗联密营教育基地被评为国家AAA级景区，并被命名为"黑龙江省青少年教育实践体验基地"。

第六节　宜居安市

在城市发展进程中，随着时代变迁，发展理念也在与时俱进。把穆棱建设成经济、社会、环境协调发展的宜居城市，实现资源的可持续利用与经济社会发展质量的全面提升，让人们生活在环境优美、社会和谐的状态之中，是穆棱在人民生活富裕起来后追求的更高层次的发展目标。这一目标的实现，也成为百姓安居乐业、城乡稳定发展的重要保障。

一、美丽乡村建设

2003年起，穆棱将全市141个行政村（2010年磨刀石镇划归牡丹江后变为121个行政村）分为独立建设、整合建设、整体搬迁、整体转出四个类型，分别实施新农村建设。在推进过程中，以发展经济为核心，以基础建设为切入点，谋划实施项目143个，调动和吸引各级投资3 984万元，建成优势产业明显的一品村15个，修缮农村公路115公里，消除了农村中小学D级危房，文体设施、文化活动进一步健全，农民素质有了新的提高。

党的2013年，穆棱深入实施"大城（镇）大村"战略，以"一区三城"为载体，推进"三个集中"、加快"三个融合"，开创了城乡一体化建设工作新局面，其中美丽乡村建设成为该阶段的工作重点。城区八面通投资3.8亿实施了"七路、四园、两廊、一广场"市政重点工程建设，完成棚户区改造20万平方米；重点镇（马桥河、下城子、兴源）实施"腾笼换鸟"工程，城镇化总投资达1.2亿元，按照村企共建型、产业带动型、移民安置型、旧村改造型等模式，高标准打造保安、永安等15个新型农村示范社区。由于城乡统筹工作在牡丹江市起到了引领示范作用，穆棱成功承办了牡丹江市城乡统筹工作现场会。

2014年，穆棱按照"两心一区"新型城镇化功能定位，全市城镇化投融资3.18亿元，新增棚户区改造8个片区116万平方米；完成农村泥草（危）房改造590户；推进了市区奥林匹克公园、城中植物园等十大重点工程建设；下城子、马桥河、兴源三镇列为全国重点镇，依托"一区三园"，产城融合，打造产业集聚中心；兴源镇完成穆棱河大桥主体工程；马桥河镇启动新型建材产业园和建材大道建设；15个新型社区有序推进；建成了下城子镇保安村、八面通镇太和村等10个"美丽乡村"典型示范村，其中保安村获得黑龙江省"十佳和谐村屯"称号；下城子镇被评为全省"百强乡镇"。

2015年起，根据国家相关政策，穆棱市制定了《美丽乡村建设三年行动计划》，再度投入1.8亿元进行道路、边沟、文化广场、路灯等城乡基础设施建设。深入开展"美丽乡村建设整治年"行动，标本兼治，采取阶段性整治、长效化监管相结合的方式，在全市121个行政村深入开展美好家园建设活动，全面推进改路、改水、改厕、改灶、改墙、改圈的"六改"工程，集中治理柴草乱放、粪土乱堆、垃圾乱倒、污水乱泼、畜禽乱跑等"五乱"现象，扎实开展净化、硬化、绿化、美化、亮化等"五化"工作，取得了显著成效。同时，积极推进局市共建，与森工穆棱林业局合作投入3.44亿元新建了穆棱镇穆棱河大桥和沿河路景观带。

在"美丽乡村"建设中，穆棱市科学规划、统筹推进，实现了城乡面貌的巨大变化。推进"两心一区"城镇组团发展，城镇化率由2010年的43%提高到54%。突出特色建设美丽乡村，下城子、马桥河、兴源三镇入选全国重点镇，八面通镇太和村入选黑龙江省"十佳美丽乡村"，保安新村荣获农业部授予的"中国美丽乡村"称号。

美丽乡村建设使全市村容村貌发生了巨大变化：乡村全部实现了道路硬化、路边绿化、路灯亮化、房屋美观、栅栏整齐、院落整洁，不仅美丽乡村面貌，更美丽了老百姓安居乐业的美好生活。

二、城镇基础设施建设

据统计，到改革开放后的1986年，穆棱县各乡镇有2—6层的楼房22万平方米，多为文化、教育、体育、卫生及机关办公用房，居民住宅均为平房。到2005年全市各乡镇的高级、次高级路面的道路为62.8公里，全市各镇内主要街道沿街建筑均为楼房，大多为商服和工业用房，1986—2005年，全市新建住宅楼房246万平方米。

1994年以来，穆棱市相继实施了"5311""5322""2112""5411"工程和棚户区改造工程，对市区八面通镇的住宅、道路、桥梁、广场、自来水、排水管道、停车场进行新建和改、扩建。2007—2009年，累计投资16.6亿元，全力推进了"6221"和"1239"城市建设工程，改造棚户区30万平方米，建设廉租房3万平方米，改造农村泥草房7.17万平方米。穆棱市的城镇基础设施建设和城市功能得到逐步完善，城乡面貌焕然一新，荣获"中国魅力中小城市200强"称号。

2011年到2015年的"十二五"期间，聘请清华大学设计院编制城市风貌总体规划，现代宜居城市框架全面拉开。穆棱全面实施"穆棱大地绿化工程"和"七路、四园、两廊、一广场"等十大市政重点建设工程，城乡人居环境、生态环境明显改善，城乡功能、品位和承载力进一步提升。棚户区改造完成136万平方米，和平雅居、江南名府、中联观山水等一批功能健全住宅小区建成入住；新建了钟山、中联2个大型广场和7处街心广场。文化广场、奥林匹克体育公园投入使用，全市体育场馆、休闲广场等总面积达45万平方米；文化公园、城中植物园、小清河带状公园建成开放；完成绿化造林9.85万亩，其中市区新增绿化面积36.45万平方米，城市绿化覆盖率达到26.5%；新建了长征路立交桥、幸福大街钟山立交桥，扩建了穆棱河大桥；异地新建了占地面积2.4万平方米的集医疗、预防、康复、教学为一体的综合性二级甲等医院——穆棱市人民医院和占地面积1.2万平方米的穆棱市医疗保健大厦；扩建了占地11万平方米，可容纳3 000名学生就读、2 360名学生食宿的省级示范高中——穆棱市第一中学；新建了穆棱市第三小学；新建了穆棱市人民办事中心、五星级奥星酒店及20余座居民住宅高层建筑。市区实现了设施配套、道路畅通、环境整洁。城市基础设施的日益完善，极大地提升了城市品位，穆棱市荣获"省级园林城""全国生态建设示范区"等荣誉称号。

2016年以来，城乡基础设施建设力度进一步加大。完成城区6座桥梁整体改造、大庆路拓宽改造、金城公园改造、穆棱河景观二期等项目；增加市区棚户区改造5 000余户，基本消除了市区棚户区的存在，新建小区陆续开通管道天然气。目前，城区道路全部实现硬化、柏油化；配套路灯7 706盏，主、辅街道全部亮化；绿化覆盖面积386.66公顷，有公园6处、占地73.16公顷；市区集中供热总面积达到324.89万平方米，穆棱已成为名副其实的宜居城市。

三、城乡交通建设

穆棱市路网发达，交通便利。

1901年建成通车的中东铁路滨（哈尔滨）绥（绥芬河）线横穿穆棱全境；因穆棱煤矿的开采与运输需要，于1924年筑成的城（下城子）鸡（西）铁路，与滨绥铁路构成"人"字形路网，纵横全市6个镇，境内铁路全长165公里。铁路交通的便利，促进了区域经济发展。

1986年，县内仅八面通镇有4公里水泥硬化路面，其他乡镇均为砂石路面，其中不通公路的边远村屯尚有43个。到2005年末，全市各乡镇均实现公路村村通，部分道路为混凝土路面，全市通乡公路总里程1 000余公里。绥满301国道横贯全境。

2007—2010年，累计投入4.2亿元进行乡村公路升级改造，乡村公路硬化总里程达到985.3公里，乡村道路硬化率达到100%。此外，近年来穆棱河大桥、城南公路立交桥、穆棱河南环大桥等桥梁建成通车，极大地方便了群众出行。

随着2015年底牡绥高铁的通车，穆棱开通了八面通—穆棱新站、穆棱镇—穆棱新站两条铁路公交；继滨绥高铁全线运行，使穆棱到省城哈尔滨的时间由原来的12小时缩短为5小时。

如今穆棱市域内，滨绥线高铁横贯东西，境内里程107公里；城鸡铁路与滨绥高铁相接，每年客运量达到120万人次，货运能力495万吨。全市共有公路总计1 779.23公里，其中国道160.8公里、省道47.81公里、县道204.60公里、乡道315.42公里、村道664.07公里、专用公路386.51公里。随着铁路、公路路网的不断完善，无论人员出行还是货物运输都极为方便，有力促进了地方经济发展。

四、环境质量明显改善

20世纪80年代，随着工业企业的兴起，大小烟囱林立，城区空气、水污染严重。90年代中后期，穆棱逐步加大治污力度，特别是2000年修改后的《中华人民共和国大气污染防治法》实施后，穆棱开始依法严格治理各类污染。自2001年起，各污染企业新上一批除尘和污水处理设备；污染严重的企业实行整体搬迁；对新上企业按环保标准实行准入制，城区污染程度明显下降。同时，不断加大城市集中供热力度，逐步取代单位和居民各类小锅炉，有效减少了空气污染源。到2005年市城区大气环境质量达到国家三级标准。2006年起，穆棱进一步加大了企业治污力度，对仍有污染企业限期安装新的治污设备，否则予以关停。同时，加大棚户区改造力度，平房小锅炉大幅度减少；加大城区绿化覆盖率，环境质量明显改善。2010年市城区大气环境质量控制在国家三级标准以内；区域环境噪声和交通干线噪声控制在国家标准以内；饮用水源水质达标率100%。到2015年，全年城市空气质量好于国家二级标准以上天数310天，城市环境噪声达标覆盖率100%。

结合新农村建设，自2003年起，在全市各乡镇以"五清五改五化"为重点，推进农村环境卫生治理。121个行政村都成立了环境卫生专业管护队，制定了环境卫生专项制度，完善了村规民约。对围墙、板杖、垃圾、路障、柴垛、院落进行统一规划和清理；对饮用水、住房、厨房、厕所、牲畜圈进行改造；对"四旁"进行绿化（植树）、香化（种花）、亮化（安装路灯）；对河道、河堤进行治理加固。这些环境治理工作使村容村貌明显改观，村民生活环境明显改善，有效缩小了城乡差距，使城乡一体化发展迈出了实质性步伐。

第七节　全面强市

改革开放以来，穆棱与时俱进，在经济发展和各项社会事业中都取得了可喜成绩。尤其党的十八大以来，穆棱在"四个全面"战略布局、五大发展理念指导下，因地制宜，谋求全面振兴和全方位振兴的强市发展之路，使穆棱连续多年位居黑龙江省十强县（市）之列。

一、经济总量逐年提升

从1978年到2008年，地区生产总值由1.03亿元增长到61.4亿元，扣除价格因素，增长27.6倍；财政收入由912万元增长到6亿元，增长65.5倍；农民人均纯收入由109元增长到6 710元，增长60.6倍；城镇居民人均可支配收入由441元增长到10 827元，增长23.6倍。

1986—2005年的"十五"计划期间，穆棱集中精力抓经济，先后确定了"以贸兴农、以贸促农""科技兴农、科技兴工""立足资源兴工富市"等战略，强化"牛林烟"三条龙，实施"烟牛电"三大主导产业，地域经济稳步增长；林木、建材、轻工、农副产品4个对俄进出口加工基地成为穆棱的特色经济增长点。2005年，地区生产总值实现38.2亿元，比1985年增长15.9倍，比1990年增长8倍，比1995年增长2.8倍，比2000年增长1.5倍。全口径财政收入达到3.37亿元，比1985年增长17倍；地方财政收入7 236万元，比1985年增长3.8倍。

穆棱县1992年进入黑龙江省"九小龙"县之列，1993年跨入全省综合经济实力"十强县"之列，1996年进入黑龙江省"十四强"，是黑龙江省上缴利税亿元县（市）之一。

从2006—2010年的"十一五"期间，穆棱以靠近绥芬河口岸的区位优势，"借口岸光，打俄罗斯牌"，跳出穆棱找机遇，借助大势求发展，以"五大优势"成为招商引资的亮丽名片，以"五大基地"引领传统产业和新兴产业不断发展壮大。绥穆新城即穆棱经济开发区，成为哈牡绥东对俄贸易加工区上项目集聚的新平台，将"东北金三角、中俄产业城"建成东北亚地区有影响的中俄进出口加工基地的战略定位得到省委、省政府的充分肯定和许多投资者的认可。到2010年末，地区生产总值完成100.2亿元，同比（下同）增长27.6%；全口径财政收入和一般预算收入实现11.05亿元和4.12亿元，分别增长31.7%和53.7%，总额分别位居全省第5位和第10位；规模以上工业增加值、销售收入和应交税金完成26亿元、85亿元和4.1亿元，分别增长70%、105%和115%；全社会固定资产投资总额完成56.9亿元，增长44.5%；对外贸易进出口总额实现1.24亿美元，增长61.4%。

"十一五"期间，穆棱经济总量稳步增长，主要经济指标全部实现翻番，县域经济综合实力再度跃居全省"十强县（市）"行列，位居第8位。全市金融产业发展迅速，成立7家经济担保公司、3家融资公司、2家小额贷款公司，存贷比实现历史性突破，增长速度位居牡丹江六县（市）第一位，先后荣获"中国金融生态市""全国农村金融产品创新试点市""中国民营经济最佳投资市"等荣誉称号。

"十二五"期间，特别是2013年党的十八大以来，穆棱经济更是得到了快速发展。穆棱主动作为、精准施策，深入实施产业立市、开放兴市、金融强市三大战略，努力推进"临岸经济"向"口岸经济"转型，大力开展招商引资，加快培育产业集群，不断发展大项目、大产业，主要经济指标稳步增长，经济实力持续攀升，县域综合实力跃居全省"十强"第一方阵。

进入"十三五"以来，尽管经济发展受到各种不利因素的影响，但穆棱发扬滚石上山的精神，借助"龙江丝路带"的发展新机遇，面对困境砥砺前行，各项经济指标依然保持较为稳定的发展势头，县域综合实力一直位于牡丹江地区前列，连续多年位居全省十强县（市）之列。

二、城乡居民生活水平大幅提高

据统计数据表明，1985年城镇人均可支配收入为294元，2005年为5 480元，2010年为17 094元，2015年为24 135元，2017年为 27 097元。农民人均收入，1985年为554元，2005年为3 950元，2010年为9 003元，2015年为15 289元，2017年为17 241元。无论城乡，人均可支配收入都在逐年大幅提升，人民生活逐年改善。

城乡居民人均储蓄额，1985年206元，2005年为6 853元，2010年为12 363元，2015年为21 000元，2017年为23 903元。

社会商品零售总额，1985年为1.39亿元，2005年为12.6亿元，2010年为24.6亿元，2015年为48.9亿元，2017年为59.86亿元。

城镇居民人均居住面积，1985年为2.7平方米，2005年为14.1平方米，2010年为17.7平方米，2015年为43平方米。农村人均居住面积，1985年为12平方米，2005年为14.48平方米，2010年为26.8平方米，2015年为28.9平方米，2017年29.4平方米。

2005年，有线电视入户3.1万户，覆盖率85%；2010年入户4.2万户，覆盖率97%；2015年入户4.9万户，覆盖率达到100%。且有100—200套丰富多彩的节目供选择观看，极大地丰富了广大群众的精神文化生活。

1987年，穆棱始有半自动拨号固定电话（全国联网），当年仅安装入户103部，1995年发展到6 657部，2000年达到1.6万部，2010年扩展到6.3万部。后随着移动电话的增多而逐步减少。移动电话1993年起只安装23部，1998年达到9 637部。之后呈迅猛发展之势，到2005年有2.5万部，2010年13.3万部，2015年20.6万部。互联网宽带2002年起启用，当年安装516户，2005年达到3 909户，至2010年迅速发展到2.1万户，2015年达到3.4万户。电话和网络的逐步普及，极大方便了人们工作生活的信息传递和事务联络，也为人们增添了多姿多彩的生活乐趣。

从以上各种数据可以看出，随着改革开放时间的延伸，穆棱城乡人民生活水平逐年提高。尤其党的十八大以后，变化更是日新月异。国家不断出台的惠民政策，穆棱不断加大对民生事业的投入力度，使城乡百姓的幸福指数不断提高。

开放的穆棱正以前所未有的热情与活力，以国家提升沿边开放战略和黑龙江省打造"龙江丝路带"的历史机遇为契机，继往开来，与时俱进，穆棱人民安居乐业，穆棱的明天一定会更加美好！

第十一章　不忘初心

1979年，经国务院批准，根据民政部民发〔1979〕30号、财政部财税〔1979〕85号文件提出建立革命老区的要求，1980年，黑龙江省人民政府依据革命老区判定标准，穆棱满足在抗战时期曾有党的组织和革命武装、发动群众开展减租减息运动、建立抗日民主政权并进行武装斗争一年以上等条件，符合革命老区判定条款，上报民政部后，穆棱县全域获批为一类革命老区。穆棱人民在中国共产党的领导下，在革命老区建设中，不忘初心、牢记使命，奋力前行，努力把家乡建设得更加美好。

第一节　传承红色基因

革命老区是中国共产党领导人民浴血奋斗的地方，是共产党的根基，是人民军队的根基，也是新中国的根基。忘记历史就是忘本。穆棱人民牢记历史，积极传承红色基因，发扬革命传统，力求通过红色革命传统教育，激发穆棱儿女干事创业热情。

一、进行革命传统教育

长期以来，穆棱市委不断加强对全民进行革命传统教育的领导，广泛深入地开展各种形式的传统教育活动。

用好载体 利用会议、课堂、讲演、广播、电视、电影、网络、公益广告，以及走访革命老前辈、烈士亲友等各种手段和形式，不断宣传革命先烈事迹，讲好革命故事，弘扬革命精神，使革命传统教育进会场、进农村、进企业、进学校、进家庭，入脑入心。

开展活动 每逢清明节，团市委、学校都组织青少年祭扫烈士墓。入共青团、入少先队仪式也经常在烈士陵园举行。从1984年起，每年的国家公祭日，穆棱市领导都带头到烈士纪念碑前悼念烈士，进行公祭活动。从2014年起，穆棱市每年都组织党员干部参观向阳村的穆棱县委诞生地纪念馆，并举行重温入党誓词活动。2009年8月，穆棱市邀请抗联老战士李敏带领宣传抗联精神小分队来穆棱宣讲抗联事迹，弘扬抗联精神，给穆棱抗战纪念馆揭幕。2010年11月，邀请瞿秋白之女瞿独伊、秦邦宪之子秦铁、胡耀邦之子胡德平、董必武之子董良羽、胡乔木之女胡木英、杨勇之子杨小平、周恩来侄子周秉和、任弼时之女陈松、左权之女左太北、李兆麟之女张卓娅、陆定一之子陆德、余秋里之女余元元、李范五子女李多力、李黎力等多名老革命的后代到穆棱宣讲革命先辈精神。2010年8月，穆棱市委、市政府请曾在穆棱战斗过的老前辈，冶金部有色金属进出口公司原副总经理耿俊山、辽宁省丹东市中级人民法院原副院长苏显荣、丹东市农业机械中等专业学校原党委书记丁克明、黑龙江省林业学院原办公室干部田超、吉林省长春市郊区原区长于明昌、穆棱市经委原副主任李延溪、穆棱林业局离休干部于平等来穆棱故地重游，穆棱市委、市政府主要领导热情接待和陪同。老同志们重温战斗经历，讲述革命历史，参观革命遗址，对穆棱的发展成就给予高度赞赏，并提出指导性建议，希望家乡建设成"美好穆棱"。

编写书籍 穆棱市重视红色书籍的编撰工作，1998年出版了由刘武、梁兆宽编著的反映穆棱抗战历史等内容的《穆棱家乡史话》；1992年出版了穆棱市委党校教师尚凯文创作的反映穆棱抗日题材的长篇小说《老爷岭传奇》；1993年出版了由抗联八十八旅泉眼河游击队战士宫文昌撰写的反映泉眼河游击队抗击日军的《泉眼河烽火》；2006年出版了介绍穆棱老区今昔的《穆棱革命老区》；2009年出版了由穆棱市委组织部和市委党史研究室编写的反映中共党组织在穆棱成长、战斗、发展情况的《中国共产党穆棱历史》。这些红色书籍的编撰出版，对穆棱人民和子孙后代进行爱国主义教育具有重要意义。

创作影视片 2002年，创作了时长40多分钟的电视专题片《里程》，展示了早期穆棱党组织的活动情况和老区人民在党的领导下同日寇英勇斗争的光辉历程，以及新中国成立后老区发生翻天覆地的变化和取得的丰硕成果。2004年穆棱电视台摄制播出3集专题片《老区行》。2011年5至8月，为庆祝中国共产党诞辰90周年，穆棱电视台连续播出了31集《党史上的今天》专题节目。同时还播出了44期展现穆棱人民在党的领导下，昂首奋进的系列专题片《辉煌的足迹》。2012年，在原穆棱籍抗联老战士、黑龙江省省长李范五100周年诞辰之际，全市大张旗鼓地开展"继承革命传统，争取更大光荣——纪念李范五100周年诞辰宣传月活动"，召开座谈会，举办大型情景音画歌舞专场演出，祭扫李范五陵园，制作并播放纪录影片《白山黑水的怀念——纪念李范五诞辰百年》。2019年喜迎新中国成立70周年之际，演出了由穆棱市文化广电和旅游局主创，穆棱市委宣传部、穆棱市总工会、穆棱市教育体育局、穆棱市老区建设促进会共同参与的大型音舞诗画剧《让历史告诉未来》。通过影视片和舞台剧的宣传，再现了穆棱红色历史及奋斗足迹，警醒人们不忘历史，不忘初心，牢记使命，努力把家乡建设得更美好，把祖国建设得更富强。

二、建立教育基地

（一）把日本侵华罪证当成反面教材

日本侵占东北十四年，在穆棱境内建有兵营、碉堡、战壕、机场、仓库、住宅、慰安所等多种场所和设施，其所有遗留物都是他们的侵华罪证。突出的有：

1. 日军机场遗址

"九一八"事变后，日本关东军实际控制了中国东北地区，建立了伪满洲国。当时，日本帝国主义还在坚持"北进"战略，军事上第一假想敌为苏联。因此，在中国东北地区积极开展对苏备战，大量征用中国劳工，在中苏边境修建了许多军事工事。为能在对苏作战初期迅速夺取战场制空权，沿中国东北地区东部边境排布了很多机场，仅在穆棱县境内就建有4个军用机场，机场密度可见一斑。

这些机场大多采用"砂石跑道"，甚至是采用"草坪跑道"的简易机场。但位于八面通的机场不同，八面通是穆棱河流域老爷岭和太平岭山区少有的平地。从军事角度看，八面通四周群山环抱，易守难攻；常年西风，气候温和，恶劣天气少，非常适合飞机起降。所以，日本关东军在这里建设的是拥有机库、维修车间、燃油储备、飞行员宿舍、特种掩体等功能完备的混凝土跑道的永驻机场。

1933年1月，八面通刚刚沦陷，八面通飞机场即开始筹建，机场位于八面通火车站东200米处。初建时，仅将农民耕地压成简易跑道，3月份就投入起降飞机。开春后，土地翻浆，飞机着陆发生翻覆事故，被车站人员目睹。出于保密考虑，日军在推进机场改造的同时，将八面通火车站连同八面通段铁路一并迁到了东山脚下。

1939年，诺门罕战役失败后的日本，改而奉行"南进"战略，战略重点转到太平洋方向，日本在中国东北地区转入对苏防御阶段。除了在边境线上建设东宁要塞、虎头要塞等一级防御阵地外，日本关东军还构筑了一条长600余公里，纵贯东部边境的"穆棱河防线"，八面通机场就是这个防御体系中最重要的空军力量支点之一。作为对苏作战的防御纵深地带，为加强八面通机场防卫，专门修建了"八面通筑垒"工程，攻守兼备。至今，当年的反坦克沟、火炮阵地、机枪掩体、交通壕等遗迹仍能在八面通东部和南部山区中寻到。

日本空军第十飞行大队第二中队最早进驻八面通机场，空军地勤人员随队转场。在实践中发现，这种地勤人员跟随战队的体制极不方便，于是改革成立了专门的机场大队，驻守固定机场从事地勤保障。这样，第六十五机场大队就进驻了八面通机场。

1945年8月11日，由东北抗日联军组建的苏联远东第八十八教导旅化整为零，引导苏联红军跨越中国东北边境与日本关东军作战。出乎日本关东军预料，苏联红军远东第一方面军避开了边境上的东宁要塞，从穆棱县福禄乡桦木林子村的密林中直接突入中国境内，与驻守福禄乡的国境守备队简单接触后，猝不及防地直接出现在八面通外围。防守八面通地区的日本关东军第一百二十六师团长野沟贰彦中将，无奈放弃了八面通机场和八面通筑垒。八面通机场飞机全部转移到牡丹江海浪机场集结，防守部队退却到河西乡自兴村分水岭重新组织防线。

八面通机场被摧毁后，大量的机场装备和设施被拆卸运走，援建设在密山的"东北老航校"。解放初，穆棱县政府明令禁止任何人进入机场区域建房开荒，期待机场能够复建，以利发展地方经济建设。直到十年内乱期间，社会秩序紊乱，开始有企业、单位、居民进入机场建房，以至于该处居委会命名为"机场委"。随着城市建设不断推进，八面通机场遗留建筑已陆续被拆除。

2012年，八面通机场特种掩体4号—12号仓库被集中拆除；2013年，八面通机场飞机维修车间被拆除；2014年和2015年，八面通机场特种掩体1号和13号仓库被拆除；2016年，八面通机场飞行员宿舍和锅炉房被拆除；2017年，八面通机场特种掩体2号仓库被拆除。

如今，在穆棱市文物部门力争下，八面通机场遗迹在穆棱市区"琥珀新苑"小区30号楼与31号楼之间仅存一处特种掩体3号仓库，它成为八面通被日军践踏的历史见证。

2.开拓团创立纪念碑

穆棱市兴源镇车站村东山顶上，立有一块花岗岩的碑体，上面镌刻着5个大字"创立纪念碑"。"九一八"事变后，日本开始尝试向中国东北地区移民，1936年日本内阁通过了《满洲开拓移民推进计划》，预定从1936年起，利用20年时间，向中国东北地区移民100万户，人口500万，以达到利用人口规模和产业垄断，实现对中国东北地区实际控制的目标。随后，大批日本农民和在乡军人源源不断地涌入中国东北，成立日本半军事化组织"满洲开拓团"，将大量肥沃耕地以低价收归为"满洲开拓团"所有。中国农民只能去耕种贫瘠的土地，却要承担沉重的苛税，并在粮食和农产品的分配上受到歧视，吃自己种出的大米都属于经济犯罪。

日本侵略者从1939年起到1941年5月，向穆棱县分6批派来8个开拓团。1941年4月，从日本京都市周边招募组建的开拓团来到兴源镇。兴源镇车站村东山顶上是他们最早的开拓地和居住地，因临近伊林火车站，故开拓团取名"伊林山城开拓团"。"创立纪念碑"正是"伊林山城开拓团"殖民行为的历史见证。当年碑身后面嵌有两块铜质铭文，而今已不知去向。

（二）开发红色教育基地

穆棱现已正式确定革命遗址近100处，主要如下。

1.金城公园革命烈士纪念碑

金城公园革命烈士纪念碑，位于穆棱市城区东山的金城公园内。这里是穆棱爱国主义教育基地。每年清明时节、公祭日等节日，市领导和各界人士及中小学师生便云集于此举行纪念活动。

金城公园依山而建，多年来几经修建，迎面长长的背景墙上是反映抗日战争场景的大型浮雕，简洁的文字介绍了活动在穆棱革命老区的抗联队伍和穆棱儿女在长达十四年的抗战岁月中浴血奋战，歼灭和牵制大量日军，为东北和全国抗战胜利所做出的重要贡献。

抗战浮雕墙 摄影/韩立君

拾级而上，在半山腰一片开阔地上高高矗立着金城公园标志性建筑——革命烈士纪念碑。纪念碑背东面西，碑座呈圆形，直径约25米，四周拱围五块三角体，其中四块分别雕刻着象征不同意义的步枪、钢笔、书本和宝剑，正面一块镶嵌着鲜艳的红五星，五星下是1988年10月1日穆棱县政府所镌刻的碑文，碑文如下：

半个世纪以来，在中国共产党领导下，为拯救危亡苦难之民族、建设一个独立、自由、民主、统一、富强、光明的新中国，无数优秀的中华儿女前仆后继、浴血奋战，数千仁人志士甘洒热血，英勇捐躯，长眠于穆棱大地。其殊勋与江河同在，其忠魂与民众共存，其丹心与日月同辉。穆棱人民谨以万分虔诚之情树此丰碑，以告慰革命烈士在天之灵。我辈将铭志英烈遗愿、竭志尽忠、继往开来，为建设社会主义、实现共产主义奋斗不息。

革命英烈永垂不朽！

碑身四个底角由青色花岗岩方石相抱，裙围是蛋青色大理石贴面，正面嵌有一帧抗联战士奋勇杀敌的大理石浮雕。碑身30米高，为白色水刷石面，汉白玉石刻的"革命烈士纪念碑"几个异常醒目的红色大字，是由原黑龙江省省长陈雷题写，枪刺形的碑尖直指苍穹，整个纪念碑庄严凝重、雄伟壮观。

为方便祭拜，碑前建有30米见方的小型广场，北侧三尊浮雕分别描绘的是：1939年4月23日，柴世荣率抗联第五军集中优势兵力，在泉眼河伏击日军的战斗场景；1932年至1934年间，李范五在穆棱以小学老师身份为掩护，从事党的地下工作情景；1936年8月12日，陈翰章率部在北林火车站西，伏击日军军需列车的战斗场景。

革命烈士纪念碑后不远处有一个碑林，分三行整齐排列着六位烈士墓碑，分别是在穆棱战斗过的抗联英烈王克仁、黄玉清、姚震山、张中华、潘庆由、陶净非。墓碑正面镌刻着烈士的职务、姓名，背面则记述了他们的生平和英雄事迹。石碑为青色大理石，高2米左右，由黑龙江省烈士纪念事业基金会、穆棱市人民政府于1999年10月敬立。

碑林旁边有一条弯曲的石板路通往山顶。山上绿树掩映、曲径通幽。站在纪念碑前回望，城市风光尽收眼底。置身于此，不由让人想起远去的战争岁月，对革命烈士心生深深的敬意。

2.穆棱市抗日战争纪念馆

穆棱市抗日战争纪念馆位于穆棱市区奥林匹克公园东南侧，2009年8月9日开馆。馆长王志明，是穆棱市阀门厂工人，他怀着一腔爱国之情，历经十年艰苦搜集，开办了这个牡丹江地区首家个人筹建的抗战纪念馆。

开馆当日，时任中共穆棱市委书记赵连钧与抗联老战士、省老促会副会长、原省政协副主席李敏一起为纪念馆揭牌，李范五、张兰生、于天放等著名抗联领导人的后代、抗战名将马占山的后代，以及穆棱市各界人士200多人出席开馆仪式。

穆棱抗战纪念馆以抗战时间为脉络，充分展示了黑龙江地区特别是穆棱人民英勇抗日、浴血奋战的斗争史。纪念馆门厅正面醒目位置镶嵌"牢记历史、勿忘国耻"八个黑色大字。馆内分"日军侵华暴行""穆棱抗日英雄""抗日联军活动""苏联红军支援中国抗日"四个展区。展室共分为上下两层，一层门口放置两枚侵华日军遗留下来的当时亚洲最大的巨型炮弹，每枚重达250多公斤。室内墙上挂满侵华日军的罪证图片，展台和展柜中分别摆放着一些日军装备，有指挥刀、手枪、子弹、望远镜、中佐军服、九〇式钢盔、工兵钳、九二式重机枪、九九式轻机枪、九九式步枪、八九式掷弹筒、九一式两用手雷、各式炮弹及弹药箱、零式战机后尾轮、三二式骑兵刀、防毒面具、医用器材、刑具等100余种物品。

二楼展厅墙的展板上有杨松、李范五、田仲樵、杨靖宇、赵尚志、周保中、李兆麟等抗日英雄的照片和简介。展柜内陈列着一些抗联将士用过的武器装备，当年出版的救亡报纸，还有苏军光复东北时使用的转盘机枪、1943式反坦克手雷、F1手雷、苏式钢盔、望远镜、纳甘转轮手枪等。

穆棱市抗战纪念馆自开馆以来免费向社会开放，众多市民和学生前来参观，是穆棱市区内重要的爱国主义教育基地。

3.中东铁路历史文化穆棱陈列馆

中东铁路是沙俄"中国东方铁路"的简称。为展现中东铁路历史文化，尤其是穆棱段的历史文化，2015年初，穆棱市马桥河镇开始筹建"中东铁路历史文化穆棱陈列馆"。陈列馆坐落于穆棱市马桥河镇新站村（原中东铁路八站所在地），占地面积3万余平方米，建筑面积2 100平方米，布展面积2 880平方米，展出文物、史料6 000余件。

该馆于2015年12月建成并免费开放。布展内容以中东铁路为主线，以穆棱及马桥河镇百年历史沿革为脉络，以历史档案和文物为凭据，结合老人的口述历史，真实再现了穆棱及马桥河的沧桑历史。

展馆以历史年代为序，共分七大部分。第一部分为马桥河先民的足迹；第二部分为中东铁路概况；第三部分为"中华民国"前期；第四部分为抗日战争时期；第五部分为解放战争时期；第六部分为抗美援朝时期；第七部分为社会主义建设与改革开放时期。

中东铁路历史文化穆棱陈列馆旨在使观众通过对展馆的参观，不仅对中东铁路的历史文化有更全面的了解，而且是对中东铁路的屈辱史和红色革命史有更深刻的记忆，因此，这个展馆作为穆棱红色文化教育基地有其特殊的意义。

4.孤榆树抗联密营教育基地

孤榆树东北抗联密营教育基地位于下城子镇孤榆树村，2016年开发，2017年9月28日初步建成并对外开放。

基地占地面积200公顷，由村口景区、中国东北穆棱抗战十四年大事略记景区、郝家大车店景区、孤榆树地标广场、抗联密营纪念馆、抗联文化广场、重走抗联路景区、抗联密营地景区等多处景点构成。孤榆树东北抗联密营教育基地通过实物景观、展品和资料，再现了东北抗联将士艰苦卓绝的抗日斗争史。

该基地已成为牡丹江市干部教育现场教学基地、牡丹江市8所高校思想政治教育基地、牡丹江市第二批爱国主义教育基地。被评为国家AAA级景区，已成功接待了穆棱市"强基塑形千人计划"、牡丹江市管干部培训班等100多批次、5 000余人的红色基因教育，在牡丹江乃至黑龙江省已产生较大影响。孤榆树村2019年被国家农业农村部评为"中国美丽休闲乡村"。

5.向阳村穆棱县委诞生地

穆棱市河西镇向阳村（旧称向阳屯），是中共穆棱县委诞生地。东北民主联军重炮三团曾在这一带开展活动，这里有广泛的红色文化基础，2012年6月，河西镇在向阳村建设"穆棱县委诞生地旧址纪念馆"。馆舍为朝鲜族传统民居风格，建筑面积102平方米，展示面积8 000平方米。有抗战时期、日伪时期及近期的军事物品、农村生产生活用品等展品50余件。展馆内设有19块展板和10个展柜。该馆当年建成并对外开放。这里是"穆棱市干部教育现场教学基地""穆棱市党员干部革命传统教育基地"，相继接待了东北抗联后代代表团、省委党校、牡丹江周边市县及穆棱市各级党组织、民间团体、中小学生前来参观。每逢五四、七一、八一、九一八、十一、一二·九等纪念日，参观团体络绎不绝。这里作为红色教育基地，对党员干部及青少年学生开展爱国主义教育、弘扬革命先烈精神，发挥了积极作用。

6.粮台山

粮台山位于兴源镇东南，前文已有所介绍。这里不仅是莺歌岭同期文化遗址和清光绪年间吴大澂屯垦戍边遗址，山上的将军石和郝子英烈士纪念碑，也铭刻了兴源的红色记忆。解放后，兴源镇走出了第二炮兵副司令钱贵中将、国防大学副校长马伟志中将、总政治部郝长元少将三位将军。郝子英烈士（1920—1946年），陕西池永县人，1942年参加新四军，1943年入党。1945年9月随部队来到东北。1946年1月郝子英任穆南县（此时穆棱分穆南、穆北两县）兴源区保安队政治指导员。那时保安队领导成分复杂，个别人思想反动，于凤翥便勾结土匪密谋叛乱，欲投奔国民党中央军。1946年6月，于凤翥策反郝子英，被郝子英严词拒绝。同年7月，在兴源小西崴子村，郝子英被叛徒杀害，时年26岁。郝子英烈士牺牲后，人民在粮台山上为他建立了纪念碑，以便世代学习他、怀念他。

7.永安文物馆

永安文物馆位于马桥河镇东南部的永安村，这里依山傍水，风景秀丽。G10国道和滨绥铁路从村旁而过。永安村是马桥河境内人类重要的发源地之一。永安村文物馆于2014年建立，和村办公楼连为一体。

永安村文物馆馆藏物品达3 000余件，共分四个部分。第一部分是永安先人的记忆（远古—1919年）；第二部分是新民主主义革命时期（1919—1949年）；第三部分是社会主义建设时期（1949—1978年）；第四部分是改革开放时期（1978年后）。其中新民主主义革命时期的展品，展现了马桥河永安人在中国共产党的带领下，在抗日战争和解放战争中所表现出的民族大义和牺牲精神，是该馆红色教育的重要组成部分。

三、开展红色旅游

穆棱市有丰富的红色旅游资源，日本侵略者侵占穆棱13年，驻穆棱日军最多时达三万多人，在穆棱境内建有4处机场，5处陆军医院，多处油库、粮库、弹药库，多处碉堡、战壕、暗堡、兵营及生活设施，遗留建筑82处。

面对日寇的侵略，穆棱人民在中国共产党的领导下，组织成立了工会、反日会、抗日游击队等抗日组织。东北抗日联军第二军、第四军、第五军经常活动于穆棱一带，许多烈士的鲜血就洒在这片土地上。穆棱以"抗联英雄·林海雪原"为主题的红色旅游方兴未艾，根据穆棱的地理环境、史实和交通条件，逐步形成了两线三区多点的红色旅游格局。

（一）两线

第一条线是G10国道沿线。这里包括下城子镇李杜将军去思碑、孤榆树村抗联密营教育基地、抗联密营纪念馆、日本宪兵队旧址、日本兵营遗址、日本慰安所旧址；兴源镇粮台山、吴大澂纪念馆、开拓团遗址；北林子至红房子间铁路413公里处堵袭日军军需列车战场、苇子沟巧战日军讨伐队战场等景点。第二条线是穆棱镇至六峰湖水库沿线。这里包括西岗的张云烈士纪念碑，潘寿廷烈士纪念碑，王义坤烈士纪念碑；老牛槽抗日英雄安顺福烈士纪念碑。

（二）三区

一是六峰湖抗联密营区。这里有抗联根据地、抗联宿营地、金日成住过的密营及对日战斗的战场。二是奋斗水库抗联战斗区。这里有环水库红色旅游圈，其中有泉眼河秘密交通站，泉眼河抗联小分队诞生地、战斗地和抗联小分队纪念碑；大砬子情报交换地；苏联红军路径地；消灭残余日本鬼子战斗地；处死伪警察地；烧毁日本鬼子仓库地；行军岭下剿灭日寇战斗地等。三是八面通集中区。抗战时期八面通是穆棱县的县城所在地，是日伪政治、军事中心。这里有穆棱市抗日战争纪念馆；金城公园革命烈士纪念碑；王克仁、黄玉清、张中华、潘庆由、姚震山、陶净非六烈士纪念碑；日军机场及仓库、弹药库遗址；日军兵营、碉堡；莲花公墓抗联领导者、黑龙江省原省长李范五墓，穆棱县民主政府第一任县长马朝德墓；河西镇有向阳村中共穆棱县委诞生地纪念馆，抗联在雷峰南沟袭击日本警备旅、三道崴子袭击日军金矿矿警队、二站南沟痛打伪治安大队等战场遗址。

四、弘扬穆棱精神

穆棱人在长期奋斗过程中，早已把抗联精神、北大荒精神融入工作实践中，鼓舞穆棱人民奋勇向前，并在不同时期，提炼出独具特色的穆棱精神。

（一）龙马精神

1995年3月7日，国务院批准穆棱撤县设市，穆棱选定了市徽、市歌，并第一次将内涵为"求真务实，开拓奋飞"的"龙马精神"作为穆棱精神。1995年5月10日，时任穆棱市委宣传部副部长、后以代表作《长大后我就成了你》崭露头角于词坛的宋青松撰写了一篇《龙马赋》，对龙马精神加以诠释，全文如下：

世本无龙，龙乃人心中图腾。它灵光千载，光耀华夏，为万民心中敬仰。

人间有马，马为人胯下坐骑。它忍辱耕耘，负重奔驰，堪做人之楷模。

何为龙马？龙马兼龙之神、马之形，使虚幻得以寄托，让凡体尽现灵气，是梦想与现实结合的结晶。相传远古，龙马负图出于黄河，伏羲氏以图绘八卦，谓之河图，从中得治天下之道。

舜尧仁德，龙马再现，万民归顺，渔畜牧业兴。有诗云：龙马雪花毛，金鞍五陵豪（注：李白诗）。又曰：四朝忧国鬓如丝，龙马精神海鹤姿（注：李郢诗）。龙马已幻化成人们改造自然、征服自然，借天助、求生存的偶像。

时至二十世纪九十年代，黑龙江省有一边陲宝地，名曰穆棱，乃满语马之意，古为牧马场，开发只百余年，从蛮荒之地，日渐繁荣。穆棱人民拓荒野、驱虎狼、战倭寇、兴百业、求发展，历尽艰辛，顽强奋斗，犹如一匹骏马，辛勤劳作，奋力向前，脚踏实地走过百年历程，人口与三十万之众，财税贡献达亿元之多，成为全省十强县（市）和十小龙县（市）。

穆棱不甘为马，力做强龙。但不忘旧志，敬畏前贤，以"龙马精神"为立县之魂，并赋予"求真务实，开拓奋飞"之新内涵。

穆棱犹龙似马。犹龙则：勇于开拓，团结奋进，立志腾飞，气势勃勃。似马则：脚踏实地，甘于奉献，知难而进，风骨朗朗。

怀古观今，骏马成龙。百余载兴边拓野，十余年改革开放，三五年快速发展，穆棱已旧貌换新颜，三十万穆棱人民如骏马、似强龙、图大业、争率先，灵盛之光跃于眼前。至公元

龙马雕像 摄影/韩立君

一九九五年三月七日，国务院批其撤县设市，其喜可贺，其业可嘉，其志可敬。岁月沧桑，龙马犹壮。感穆棱之巨变，盼穆棱以腾飞，做此赋以记之。

为了弘扬"龙马精神"，在八面通火车站路旁广场，塑了龙马雕像。正是在"龙马精神"的激励下，穆棱在20世纪90年代，相继进入黑龙江省"十四强"和"九小龙"县（市）的行列，"龙马精神"为穆棱的发展注入了活力和动力。

（二）激情、敢为、坚韧、包容

随着时代发展，穆棱市委与时俱进，于2012年总结提炼了新时期穆棱精神，即"激情、敢为、坚韧、包容"。它凝聚了穆棱老区的历史传统、精神积淀、社会风气、创业干劲、价值观念以及市民素质等诸多元素，它也是社会主义核心价值体系在穆棱精神文明建设中的具体体现。

激情，是干事创业的源泉所在，一代代穆棱人在百余年的发展进程中，凭着一腔激情，以昂扬的斗志和实干精神，使穆棱进入黑龙江省十强县（市）的行列。

敢为，即敢于作为，但有别于无所畏惧的胡干、蛮干。它是在遵循理性和法治的前提下，所体现出的穆棱人积极进取、敢想敢干的"敢为"精神。

坚韧，亦非一味地顽固支撑，而是抓住目标，坚定意志，在中国特色社会主义正确发展方向的引领下，咬定青山不放松，在改革发展的道路上不断思考探索、坚持不懈、勇往直前。

包容，是一种心态、一种美德，更是一种胸襟。穆棱是闯关东的四方流人聚居之地，不同地域的民风民俗等地域文化在这里由碰撞到融合，体现了穆棱人良好的包容情怀；在政治生活和发展决策上，穆棱人更是能够友善地面对不同观点，民主、平等地交流对话，从不同的声音中寻求融合点，进而形成良好的政治生态，也为穆棱发展积聚了力量。

新时期穆棱精神的提出，是为了更好更深入地把地方精神融入经济建设、政治建设、文化建设、生态建设等各领域之中。2012年，穆棱市组织撰写了《穆棱人的精神家园》一书，历时两年出版。该书不仅从理论层面对"激情、敢为、坚韧、包容"八字穆棱精神作了深刻的阐述，还结合典型人物及事例加以说明。新时期穆棱精神，是一代代穆棱人经过岁月磨砺后，在奋斗实践中积淀出的高尚品质和旗帜导向，为穆棱人民在新时代中国特色社会主义建设中，提供了新的精神动力。

第二节　促进老区建设

为了促进革命老区建设，从国家到村，凡是老区都成立了老区建设促进会（简称老促会）。老促会由热心于发展老区建设服务的离退休老干部、老转业军人、老科技工作者为主体，并吸收有关部门在职的负责人参加的社会团体。它以党委统一领导、政府统筹各方、部门各负其责、群众积极参与为工作机制，积极发挥老促会的参谋咨询、宣传激励、协调服务作用，用实际行动促进老区发展和建设。1996年8月20日穆棱市机构编制委员会下发了穆编发〔1996〕40号文件《关于成立穆棱市老区建设促进会的通知》，成立了穆棱老区建设促进会。会长王彬山，副会长郭庚戌、毛居成，委员刘青山、王长富、朱绍鹏、卢长有、乔传金、杜连友、王明富、李军、高艳玲、高山龙，秘书长孙成宝，副秘书长张定德。之后，老促会组成人员不断替换、充实和加强，但会长始终由王彬山担任。2007年4月20日，中共穆棱市委组织部下发穆组干发〔2007〕6号文件《关于成立穆棱市老区工作领导小组调整穆棱市老区建设促进会成员的通知》，对老促会进行了换届，会长由原市政协主席梁兆宽担任，副会长由原市人事局局长冯研（2007—2018年）、市委老干部局副局长魏永和（2007—2012年）、市委老干部局局长邢桂贤（2012—2016年）、原市人大信访办主任张学彬担任（2018—今），秘书长由冯研（2007—2012年）、张晓纯（2012—今）担任，办公室主任由白树林（2007—2015年）担任，办公室负责人由王忠恒（2016—今）担任。1999年

10月20日，中共穆棱市委办公室下发穆办发〔1999〕45号文件《关于在乡镇建立老区建设促进工作领导小组的通知》，成立了乡镇老区建设促进工作领导小组，组长由乡镇党群书记担任，设成员3—5人，可分别由秘书、民政助理、妇联主任、离退休老干部党支部书记等兼任。2007年乡镇老区建设促进工作领导小组改名为乡镇老区建设促进会，同时各村也成立老区建设促进会，会长由党支部书记担任，成员由文书和妇联主任担任。市委、市政府为加强对革命老区建设工作的具体领导，2007年4月20日，中共穆棱市委组织部下发穆组干发〔2007〕6号文件《关于成立穆棱市老区工作领导小组调整穆棱市老区建设促进会成员的通知》，成立了穆棱市老区工作领导小组，组长由市委副书记闫海民担任，副组长由市委常委、市政府副市长孙涛和原政协主席、现老促会会长梁兆宽担任，成员由有关部门领导担任。办公室设在老促会，办公室主任由老促会副会长冯研担任。后来，穆棱市老区工作领导小组进行了多次调整和加强，但组长都是由市委副书记担任，副组长由市委常委、宣传部长、市政府主管农业的副市长、市老促会会长担任。为了使老促会工作能够规范进行，1997年12月23日，市老促会制定了章程，对老促会的宗旨和任务、权利与义务、组织机构与制度、经费来源和管理作了具体规定，并且在以后的工作实践中，章程得到了进一步修改、提高和完善。

老促会成立以来，做了大量工作。

一、做好老区宣传

穆棱市老促会充分发挥部门职能，不忘初心，牢记使命，将做好老区宣传工作、开展好老区革命传统教育视为促进老区发展的重要工作内容。2012年3月，穆棱市老区建设工作领导小组下发了穆老建字〔2012〕6号文件《关于成立穆棱市老区宣传、文化工作领导小组的通知》，领导小组由市委常委、宣传部长任组长，市政府主管文化的副市长、市老促会会长任副组长，有关单位领导任成员。领导小组的成立，把老区宣传工作纳入到了全市宣传工作大格局之中，使老区宣传工作实现了统一领导、统一部署、统一促进、统一验收。同年，穆棱市委宣传部下发穆宣发〔2012〕8号文件《关于做好穆棱市老区宣传文化工作的意见》，就老区宣传文化工作的指导思想、队伍建设、工作内容等提出了具体要求。在宣传工作中，充分利用各种媒体，采取各种方式，调动各方面积极性，不断丰富内容，做好老区宣传。

为了做好老区宣传工作，1997年，穆棱市老促会编写了《穆棱市革命老区斗争史宣传教育提纲》和《穆棱市革命先烈光辉事迹简辑》两本书，铅印2 000册发到全市9个乡镇、157个村、59个街道居委会和市直各部门学习。穆棱广播电视台以这两本书为教材进行了系列播讲。2002年，穆棱市委党校编写了《穆棱市老区抗日斗争史和发展史》教材。2006年，穆棱市老促会编辑出版了《穆棱革命老区》一书。2007至2014年，老促会创办了《穆棱老区》简报，每季一期，共出版28期。从2008年起，老促会每年举办一次重点工作宣传月活动。2012年9月，老促会编写了《穆棱革命老区》辅导教材。2016年穆棱市委党史研究室编著出版了《穆棱党史调研资政文选》。2017年，老促会制作了《穆棱革命老区》专题宣传片，创建了穆棱老促会网站，及时宣传上级有关老区建设的精神和政策文件。2018年起，老促会转发了《习近平总书记关于革命老区重要论述选编》一书，供大家学习。

穆棱市老促会将撰写、推介老区文章作为老区宣传的重要方式之一。近年来相继撰写了《白山黑水李范五》《从福兴村走出去的黑龙江省省长李范五》《穆棱县第一任县长马朝德》《抗日女英雄安顺福》等反映革命先辈和先烈人物的史料性文章；还有反映老区风貌的《风景这边独好》《穆棱河畔一朵盛开的文艺奇葩》，反映老区变化的《穆棱市共和乡整乡推进新农村建设》《穆棱老区实现从电视转播到新闻直播》，反映老促会工作的《一定要建设好穆棱革命老区》《我们是怎样做好老区宣传工作的》等文章上报和推介。在《黑龙江革命老区》杂志上每月都有文章或信息刊登，在中国老区网站上每季都有文章或信息发表。《"四体并进"，努力提高老区宣传效果》一文，在国家老促会《中国老区建设》2013年第11期上发表；同年10月，《做好老区宣传工作，促进老区发展建设》一文，在全国老促会宣传工作暨中国老区建设创刊二十周年纪念大会上进行了交流。经验材料《做好老区宣传和红色文化建设工作，为促进老区建设增光添彩》在2015年全国老区宣传报道工作研讨会上作了交流；《建立机制努力做好老区精神宣传工作》在2017年中国老促会全国宣传工作会议上进行了书面发言。

穆棱市老促会还将组织老同志参观红色教育基地和重点项目建设作为老区宣传内容之一。近年来，曾多次组织老同志参观孤榆树抗联密营教育基地、中东铁路历史文化穆棱陈列馆、马桥河镇永安村文物馆、穆棱经济开发区林木展览馆、开发区企业、奋斗水库建设项目等。通过参观，增加了老同志对穆棱红色文化和老区发展建设成就的了解，更加热爱穆棱老区。

由于穆棱扎实开展老区宣传工作，得到国家、省及牡丹江市老促会的认可和好评。2009年、2011年、2012年和2016年，穆棱市老促会相继被黑龙江省老促会授予"全省老区宣传工作先进单位"荣誉称号。从2011年到2019年，连续9年荣获国家老促会"全国老区宣传工作先进集体三等奖"。穆棱市老促会梁兆宽会长2011年被黑龙江省老促会授予"全省老区宣传暨办刊工作中荣获先进工作者一等奖"；2016年被省老促会授予"全省老促会系统宣传工作先进个人"；2018年被中国老促会授予"全国老区宣传工作特殊贡献奖"。

二、注重调查研究

调查研究是老促会的一项重要职责，穆棱市老促会每年都根据全市中心工作、重点工作、热点工作开展调查研究。通过深入基层、深入实际、深入群众调查研究，为领导决策提供情况，当好参谋。

1996年，老促会调研了马桥河镇北兴村发展养羊的情况。该村共有116户545人，其中16个养羊户养羊总量达2 000余只，户均养羊130只。有两户村里有名的贫困户通过几年养羊，不但脱贫致富偿还了欠款，还盖上了三间大瓦房，过上了小康生活。老促会深入进行了调研，并将调研情况向市有关部门作了汇报，使该村养羊经验得以在全市推广，带动了全市养殖业的发展，促进了农民致富增收。1998年老促会对河西乡采金地复垦造田的做法开展调研后，向市领导作了报告，使该做法得以推广，加快了河西乡百里金川（沙滩）变万亩良田的速度。2002年老促会将福禄乡成德村残疾农民王瑞才的养牛经验作调研推广，有力带动了全市养牛业的发展。2003年老促会多次深入到马桥河镇北兴村，就小康村建设问题进行调研并形成调研报告，为市领导和有关方面抓小康村建设提供了参考。2009年老促会多次到共和乡、兴源镇、下城子镇等当年抗联重点活动地带进行调研，撰写了《关于穆棱市开展红色旅游的思考和建议》的调研报告，得到市领导的高度赞赏，并批示该调研报告内容列入穆棱市旅游工作规划之中，对推进穆棱市红色旅游快速发展发挥了重要作用；此文还在黑龙江省老区优秀论文评比中荣获三等奖。2011年老促会所作的《关于发展和完善农民专业合作组织的调查与思考》的调研并撰写调研报告，得到了市领导的肯定和推广，促进了农民专业合作社组织的健康发展。2014年老促会撰写的《穆棱老区新型农业经营体系建设的思考》的调研报告在《黑龙江革命老区》2014年第1、2期、《中国老区建设》2014年第5期上刊登。2018年穆棱市筹建穆棱河流域博物馆，老促会会长梁兆宽应邀参与考察，考察后所撰写的调研报告《关于筹建穆棱河流域博物馆的思考与建议》，就办馆需要解决的问题、展馆的内容、正确处理好几个关系等问题提出了建议，得到市委书记的肯定，被有关部门认真采纳。同年，老促会根据走访调研全市精准扶贫工作情况时结合实际提出了《在扶贫工作中要突出老区特色的建议》，得到了市委、市政府领导的重视，并印制下发到基层参考落实。

三、为老区办实事

力所能及地为老区人民办实事，是穆棱老促会的一惯性工作。穆棱市老促会成立以来，根据群众需求，在调查研究的基础上，积极为老区人民办了许多实事。

1997年老促会深入下城子岗子沟村，总结了养牛专业户周建军带领乡亲们脱贫致富的养牛经验，多次组织人员参观学习，千方百计进行推广，促进更多农户养牛致富。偏远贫困的河西乡红星村是老促会的联系点，2004年老促会会长、副会长等同志多次到这个村走访调研，帮助村民寻求脱贫发展之路，使红星村被市农委列为国家投资村。在老促会与农委的配合下，与村干部一起为村民研究规划了发展养牛、低产田和草原改造、改水造林、修桥及连通有线电视4个扶贫项目，经过几年努力，全部实现了以上目标，提高了村民生活质量。

老促会还积极向上争取扶贫资金，帮助群众致富。1997年老促会配合老干部局去省里争取30万元，修缮了老干部活动室。

1998年河西乡福兴村一桥梁被洪水冲垮，严重影响学生上学，老促会积极向省民政部门争取4万元资金，修好了桥梁。2007年为马桥河镇进步村修河堤路项目向上争取资金10万元；2008年为共和乡太平村田间路项目向上争取资金10万元；2009年为磨刀石镇苇子沟村防洪堤项目向上争取资金15万元；2010年为河西乡福兴村中桥项目向上争取资金15万元；2011年为八面通镇清河村和马桥河镇西河村防洪堤项目各争取资金15万元。2014年至2015年老促会会长配合市有关部门，带领有关人员，历时一年多，与省国土资源厅、水利厅等部门多方积极协调，争取到3 900多万元的"穆兴灌区穆棱市下城子镇、兴源镇土地整治"投资项目，使灌区农田得到了改造，提高了粮食产量，增加了农民收益。

由于实实在在地为老区人民办实事，穆棱市老促会被牡丹江市老促会表彰为2015—2017年度全市先进老促会；2019年被黑龙江省老促会评为先进集体。穆棱市老促会会长梁兆宽2012年被黑龙江省老促会、黑龙江地区开发研究咨询委员会授予"全省老区发展建设先进工作者一等奖"；2015年被中国老促会授予"革命老区减贫贡献奖"；2018年被中国老促会授予"革命老区建设特殊贡献奖"。

第三节　美好愿景

2016年3月7日，习近平总书记在参加第十二届全国人大四次会议的黑龙江省代表团审议时的讲话和2016年5月25日在黑龙江省考察工作结束时的讲话，为黑龙江省的发展指明了方向，也为穆棱市全面振兴全方位振兴指明了方向。在总书记讲话精神的引领下，穆棱市委书记王铁在2020年1月10日召开的中共穆棱市第六届委员会第七次全体会议上的报告指出：方向清、路径明，才能措施实、行致远。面对高质量发展的时代重任，我们必须全面落实《穆棱市经济社会发展战略规划》及其《产业发展报告》，深入实施"五大战略"，明确前进方向，发挥自身优势，补齐发展短板，让美丽的穆棱明天更美好。

"绿水青山"战略 通过生态修复，建议将穆棱市划分为城镇村建设区、农业生产区、生态缓冲区和生态保护区，到2030年水土流失得到全面治理。加强污染防治，科学治理水土流失，强化穆棱河沿岸涉水企业整治，确保工业废水持续稳定达标排放，全域全时段禁止秸秆露天焚烧，重塑穆棱"绿水青山"风貌，发挥穆棱山水林田优势，合理利用土地资源，加快推进农业源、工业源和生活源等污染治理。实行矿山地质环境监测、预报预警报告制度，加大矿山环境保护与修复。落实河湖长制，实施严格的水生态空间管控，加强污水处理厂建设，对排污不达标准的污水处理厂进行升级改造。实施农业"三减"行动，维护好穆棱河山清水秀的旖旎风光。实施绿色经济系列行动，着力改善生态环境，打造天蓝水清、宜居宜游的"绿色穆棱"。

"美丽家园"战略 通过城镇聚力、精明收缩、乡村振兴，明确未来穆棱市城镇化发展规模及思路，城乡建设重点及路径。实施"城市补绿行动"，实施图书馆、博物馆等公共文化服务设施和爱国主义教育基地免费开放制度，加强广场、社区、企业、校园、家庭等文化建设，组织开展各类群众性文化活动，挖掘、扶植"一乡镇一品""一村一品"等具有地域特色的文化活动和文化项目。规划形成"一高铁、一普铁、一高速、二国道、四省道、一区域货运枢纽"的市域综合交通体系。有效利用城乡资源，控制增量，盘活存量，建设特色化、专业化的精品小镇和各具特色的美丽乡村，实现城乡有机融合，打造环境秀美、文明和谐的"幸福穆棱"。

"城市活力"战略 通过精准规划、精致建设、精细管理，从关注城市规模增长转向公共服务品质提升，激发城市活力，提高就业能力。推进城市总体规划修编和城市控制性详细规划修编，统筹做好国土空间总体规划编制及"一区两镇"合作建园规划编制工作，形成"两核三区"的发展格局。加强域内老旧小区改造、棚户区改造、农村泥草（危）房改造和公租房建设力度。提高城区供热保障，完善城镇饮用水净化基础设施及污水、垃圾处理配套管网建设。优化存量用地，围绕小生活圈完善基础设施配套，鼓励和引导人口向城区集聚，将穆棱主城区打造成为有活力、高品质、城市核心作用凸显的"宜居穆棱"。

"全面开放"战略 通过主动对接口岸、搭建平台，拓展开放渠道，加大开放力度，积极发展外向型经济。加强对国内外生产技术、生活消费等多方面领域的人才、信息、资源的互通与交流，融入全球生产网络体系，依托穆满欧专列，借道（牡）哈大通道，将穆棱培育成木材集散基地。加强境内外园区双向投资贸易合作联动发展，扩大对外开放。积极参加国际品牌会展，加强国际经贸交流。推动自贸区政策外延和口岸功能内移，打造自贸区配套服务基地，错位打造次区域金融中心与金融中心后援系统，打造地处东北、面向"一带一路"、连接全球的"开放穆棱"。

"创新驱动"战略 通过产业升级、品牌策划行动，实现发展动力转换，带动经济结构调整。以产业提档升级为突破口，实施"科技型企业双提升行动"和"高新技术企业倍增行动"，构建"科技型中小企业—高新技术企业—创新型领军企业"的梯次成长格局。五年内全市科技型中小企业入库达到60户，高新技术企业达到30户，省备案科技企业孵化器和众创空间达到15家，在孵企业达到150户。不断增强企业自主创新能力，加大地区竞争优势，推动产业向集群化、高端化、绿色化、服务化、特色化发展，打造科技引领、质量为先、产城融合的"魅力穆棱"。

总之，穆棱革命老区虽地处边陲，但丰富的资源、开放的胸襟、良好的生态、多彩的文化、宜居的环境，以及穆棱人求真务实、开拓奋飞的创业精神，使这片老区的土地充满活力和潜力。生活在这里，百姓幼有所托、少有所学、中有所为、壮有所成、老有所养，人人安居乐业，内心充盈着满满的幸福感。相信在中国共产党的领导下，在新时期中国特色社会主义道路指引下，在"四大战略、五大布局"的带动下，穆棱老区人民万众一心，砥砺奋进，在中华民族伟大复兴的道路上，一定会走向更加繁荣富裕的美好明天！

附　录

穆棱抗日英烈

从1931年"九一八"事变开始，穆棱经历了长达14年的抗战岁月。杨松、周保中、李范五、李延禄、陈翰章、李荆璞等一大批党的干部被派遣到穆棱地区开展抗日救亡运动，恢复和重建党组织，直接参与和领导武装斗争。在那场艰苦卓绝的反侵略斗争中，东北的抗日将士们在白山黑水间牵制和消灭了日本大量有生力量，对世界反法西斯战争的胜利起到了至关重要的作用。

抗日先贤志士们宁死不屈，无数英雄儿女长眠于白山黑水之间，其中许多抗日烈士连名字都没能留下。在此，将在穆棱战斗过并有档案记录的抗日英雄和烈士集中整理如下，以便后人铭记与缅怀。

杨松　原名吴兆镒，亦名吴绍镒，男，汉族，1907年11月14日出生于湖北省大悟县四姑墩一个职员家庭里。16岁参加湖北省青年团体联合会的领导工作，经常参加董必武、陈潭秋组织发起的学生罢课和游行示威，被推选为湖北省学联代表，与林彪等人一起赴上海出席中国共产党组织召开的全国学生代表大会。他1926年参加革命，8

月加入中国共产主义青年团，1927年在莫斯科中山大学加入中国共产党，1928年出席中共六大。自1931年1月始，历任海参崴太平洋国际职工会秘书处中国部主任、莫斯科职工东方部成员。

1931年末，中共满洲省委从奉天迁至哈尔滨，根据吉东地区党的组织及活动状况和战略地位，为加强对中东铁路牡绥沿线及整个绥宁、吉东地区（今黑龙江省牡丹江市、穆棱市、鸡西市、密山市、虎林、饶河及吉林省汪清县、延边州等）的抗日斗争的领导，决定撤销中共宁安县委，成立中共宁安中心县委，直接隶属我党在东三省开展反满抗日的最高领导机构——中共满洲省委。

11月，中共满洲省委委员孙广英对吉东地区党的工作进行调查，认为应在这一地区组建一个由中共满洲省委领导下的常驻机构，统一领导该地区各地方党组织的工作。孙广英当月离开穆棱县下城子到海参崴与时任海参崴太平洋国际职工秘书处中国部主任的杨松取得联系。杨松听取孙广英的汇报，根据共产国际执委会第十二次会议精神，与中共中央驻共产国际代表团负责人研究认为：在侵华日军全面占领吉东地区的局势下，绥宁、饶河、东满三个地区和中东铁路东线的党组织、抗日部队和工人、农民反日组织均处于分散状态，迫切需要"成立一个强有力的党的委员会"，称为"吉东特委或中共满洲省委吉东局"。

1933年4月，孙广英回到下城子，正式组建了中共满洲省委吉东局，领导中共绥宁中心县委、饶河中心县委、东满特委及其所属的各县党组织以及这三个地区的抗日武装斗争。书记由孙广英担任。

杨松根据吉东地区抗日的形势，在苏联写了《满洲事变与满洲的中国共产党》和《满洲工人阶级的形势与革命职工的任务》两篇重要文章，揭露了日本帝国主义侵占东北后强横残暴的法西斯殖民统治，歌颂了中国共产党领导东北工人和爱国人士进行伟大的民族革命斗争。

在吉东局存续期间，成立中共满洲省委吉东局编印社，秘密编辑印刷《反日报》和其他革命小册子。建立了横道河子、牡丹江大同医院、绥芬河、八面通田家澡堂子、下城子保安屯、密山二人班计5个交通联络站，及穆棱县桦木林子区域第21号中苏界碑、绥芬河北沟、密山二人班3条国际交通线。吉东局的成立，对加强吉东地区党组织的建设与发展起到了积极的推动作用。

至1934年4月，中共满洲省委吉东局两次遭到破坏。8月，中共中央驻共产国际代表团派杨松以省委巡视员身份到吉东地区，其任务有四项：

一是筹建吉东地区统一的党的领导机构——吉东特别委员会，接替原中共吉东局的工作，并相应改组所属各地党的领导机关；二是在政治上纠正原中共满洲省委吉东局及所属各级党组织的错误，主要是进一步落实"一·二六"指示信精神，纠正"左"的做法；三是在吉东地区招收党员到苏联学习；四是建立与杨春山（达干诺夫，中共驻共产国际海参崴工作站负责人）的交通联系。

杨松的行程是从莫斯科到远东的图里洛戈，在原吉东局民运部长李发（猎户、神枪手）的陪护下越境进入密山当壁镇沿穆棱河南行，经穆棱县梨树镇，到达八面通田家澡堂子交通站，和田秀山、修玉麟、田仲樵一家接上了关系。

10月初，杨松来到下城子区河西屯进行调查研究。同月下旬，杨松主持召开了吉东工作会议，各中心县委书记、各县（区）委书记和中东铁路东线党组织负责人等参加了会议。杨松在会上重申了中共中央驻共产国际代表团的指示，强调了"一·二六"指示信精神，检讨批评原中共吉东局及各级党组织工作上的"左"倾关门主义错误，阐述了建立和扩大抗日民族统一战线的必要性和可能性。会议根据中共中央驻共产国际代表团的指示，组建了中共满洲省委吉东特别委员会，简称中共吉东特委，局机关设在下城子，杨松任吉东特委书记，各中心县委书记、县（区）委书记为特委委员。特委领导中共饶河中心县委及宁安、穆棱、密山、勃利县委及东宁区委等广大的吉东地区，吉东特委隶属中共满洲省委和中共中央驻共产国际代表团共同领导。

1934年10月末，杨松以中共满洲省委巡视员和吉东特委书记的身份，到密山哈达河北山主持召开了中共密山县委扩大会议并改组县委，指示把中共密山县委游击队并入东北人民革命军第四军，并建议部队番号改为"东北抗日同盟军第四军"。会后，杨松到哈达河沟里李延禄部队巡视工作，将部队番号作了更改，加强了军队的统一领导，使分散的抗日武装通过联合走上了壮大和统一指挥的正确之路。杨松还将朴风南、李根淑、李春根、胡伦、康山等县委主要成员调入部队工作，并将由苏联新回国工作的何忠国等调入东北抗日同盟军第四军，以加强第四军的政治工作。东北抗日同盟军第四军设党委会，朴风南任党委书记；二团和卫队还设有党支部和团小组。

杨松在穆棱县等地工作期间，乔装成乡村医生提着药匣子到各地检查指导工作。1934年11月10日，杨松从密山回到穆棱县下城子区河西屯，主持召开中共穆棱县工作委员会扩大会议，传达共产国际和中共代表团的指示，批评了中共穆棱县工委软弱的问题，总结了经验教训，将县工委改组为中共穆棱县委，由李健侠任县委书记。会议决定要动员一切力量，支援抗日同盟军第四军第二团的工作，在穆棱开展抗日游击战争，建立反日统一战线。

12月20日，杨松到宁安召集宁安县委扩大会议，传达上级指示和中国人民武装自卫委员会纲领，批评了县委违背统一战线政策的错误，改组了县委，调宁安反日会会长李范五任中共宁安县委书记。

至1935年1月初，杨松会见绥中反日同盟军军事委员会主席周保中，指示周保中将绥宁反日同盟军改编为"东北抗日同盟军第五军"。2月5日，杨松以中共中央驻共产国际代表团和中共满洲省委巡视员的名义，给中共东满特委写信，指出中共东满特委在执行党的反日统一战线方针方面发生打击面过宽的错误，要求他们马上停止收缴反日山林队和救国军等部枪械的错误，团结一切反日武装，建立统一战线共同对敌。杨松在穆棱和宁安时，亲自深入到"白龙""打东洋""义君"等几支山林队营地与头目会面，和士兵生活在一起，引导他们走抗日救国的道路，使这几支山林队成为守纪律、英勇善战和受群众拥护支持的抗日武装。2月10日，东北抗日同盟军第五军在绥宁各地公开发表改编宣言；20日，又在《救国时报》发表改编宣言。

2月末，杨松去海参崴向中共中央驻共产国际代表团汇报工作。3月，返回下城子河西屯。由于特委主要成员没有公开职业，既无工资收入，又不方便掩护工作，4月，杨松将吉东特委机关从下城子河西屯移至大观岭站"庆祥堂"药店兼文具店，以经商的公开身份掩护工作，并对特委机关进行充实和加强。此时，中共满洲省委代理书记杨光华等人，奉中共中央驻共产国际代表团的紧急电令指示：要求中共满洲省委成员全部赴苏联莫斯科讨论满洲问题。从此一段时间内，吉东特委主要根据中共中央驻共产国际代表团的指示工作。

5月，杨松写信给密山县委和东北抗日同盟军第四军党委，指示第四军二团帮助中共穆棱县委组建抗日游击队，接应北征的东北抗日同盟军第五军部队，并建立四、五两个军之间的联系；

还指示第四军派出一支队伍到勃利县并向宝清方向发展，以便与中共饶河中心县委领导的游击队会合。同时，杨松又致信第五军党委，指示五军兵分两路，向南打通与南满人民革命军第一军、东满人民革命军第二军的联系，向西向东打通与第三军、第四军的联系，以便各军协同作战。

吉东特委使该地区原本分散的抗日武装以党领导的抗日武装第四、第五军两个部队为核心，形成了统一的军事指挥、联合打击日军的新局面，特别是第四军与第五军以及与其他抗日武装之间大都建立了联系，这为形成吉东地区抗日游击战争的新高潮奠定了基础。

8月1日，中共中央驻共产国际代表团以中华苏维埃中央政府和中共中央的名义起草了《为抗日救国告全体同胞书》，亦称《八一宣言》。中共吉东特委接到《八一宣言》后，立即派出许多党员干部到各地进行宣传落实。稍后，又收到了中共中央关于《东北抗日联军统一军队建制的宣言》。根据这两个宣言精神，吉东地区两支主要的反满抗日武装，分别改称为"东北抗日联军第四军"和"东北抗日联军第五军"。

9月下旬，杨松奉中共中央驻共产国际代表团之召去莫斯科汇报工作。不久，杨松给李范五写信，告知因工作需要，他留在中共中央驻共产国际代表团驻地工作，任命李范五代理吉东特委书记。

后来，杨松历任中共中央宣传部副部长兼秘书长、中共中央《解放日报》社总编辑等职，是一位优秀的马列主义理论家和宣传家。1942年11月23日，他因积劳成疾在延安中央医院逝世。毛泽东为表达对杨松同志的赞扬和哀思，亲笔题写了挽词："杨松同志办事认真，有责任心，我们应当记住他，学习他。"

李范五 1912年出生在穆棱市河西镇福兴村。"九一八"事变时，正在国立北平大学俄文法政学院读书的李范五一面攻读进步书籍，一面投身于抗日爱国运动。1932年，参加了中国共产党外围组织反帝大同盟，同年加入中国共产党。

1932年底，党派遣他回东北开展抗日斗争。回到穆棱后，以小学教师身份为掩护秘密开展革命活动。1933—1936年，先后任中共穆棱县、宁安县县委书记，吉东特委组织部部长、书记。

1936年，被派赴苏联莫斯科，在共产国际东方殖民地问题研究院学习，并兼任学生会临时党支部书记。1938年回到延安，1945年当选为党的第七次全国代表大会代表。

解放战争期间，为了建立东北巩固的革命根据地，李范五奉中央之命又回到东北，先后任中共合江省工委书记、省委副书记兼省政府副主席、省军区政委、松江省政府副主席。组织和领导了政权建设、剿匪斗争、土地改革、发展生产，为解放全东北，支援全国解放，作出了重要贡献。

中华人民共和国成立后，任林业部第一副部长、黑龙江省省长、中共东北局委员会委员等职。从事林业工作期间，他从筹建林业部，到普查全国林业资源，制定林业发展规划，发展林业生产，建立林业院校和科研机构，培养专业人才，呕心沥血，为发展新中国的林业事业打下了坚实的基础，他是林业战线的领导者和开拓者。他实事求是地执行党的路线、方针、政策，在三年困难时期，顾全大局、服从整体、厉行节约，为恢复和发展黑龙江省的工业、农业、林业、石油、煤炭等经济建设和改善人民生活做了大量工作，成绩显著。

"文化大革命"期间，李范五蒙受了极大的冤屈，被无端关进监狱8年，劳改3年，共11年之久，精神和身体受到严重摧残。

粉碎"四人帮"后，经党中央批准，彻底推翻了强加给他的一切污蔑不实之词，恢复了名誉。恢复工作后，他不顾年老体衰，夜以继日地赶写党史资料，为后人留下30多万字的宝贵史料。病危期间，依然关心我国林业事业的发展，参加了《当代中国林业》一书的编著工作，并写了《我对林业的回忆》，直到去世前的9小时还在修改最后一本革命回忆录。

1986年5月7日，李范五因病在北京逝世，享年73岁。遵照遗嘱，他的骨灰撒在家乡穆棱河畔。

李延禄 号庆宾，出生于吉林省延吉县一个贫苦农民家庭。幼年读私塾两年，12岁开始自己谋生，16岁投入东北军延吉巡防营，充当副兵。后升任排长、连长。1931年7月加入中国共产党。"九一八"事变后，李延禄受党的派遣到抗日爱国武装部队工作，被任命为国民救国军参谋长。

1932年初，国民救国军到穆棱县驻扎，参谋部设在兴源镇刘学山家，兵工厂设在兴源学校后侧房子，部队驻兴源学校。不久，党组织又派金大伦、于洪仁到救国军中工作。此后，国民救国军改称为抗日救国军。

救国军到兴源镇不久，李延禄把家眷从延吉搬到兴源。他爱人田佐民，发动群众搞募捐，支援李延禄部队。李延禄的女儿李万英，在兴源镇学校建立了抗日儿童团，并任儿童团长，开展抗日宣传活动，配合父亲在救国军中开展工作。1932年春，李延禄在满洲省委巡视员孙广英和穆棱县委的帮助下，在救国军中秘密建立了党支部，组建了我党直接领导的人民抗日武装，建立了以工农群众为骨干的抗日救国军第一补充团、第二补充团和十七团。

1932年11月，中共绥宁中心县委在兴源镇召开了部队党员干部会议。李延禄、孟泾清等10多人参加会议。会议分析了当前形势，认为在目前日军大举进犯，救国军、自卫军上层领导人受蒋介石"剿共"密电的影响，其主力已失去作战能力，他们可能退却逃跑，甚至越境去苏联，阻击日军入侵的重任就落在中共党员干部的肩上。因此，既要教育他们一道抗日，又要扩建自己的队伍。会议决定，李延禄要摆脱救国军总部的控制，以第一、第二补充团为基础，扩建为东北工农抗日游击大队，由李延禄任大队长，孟泾清任政委。

1932年12月25日，中共绥宁中心县委根据牡丹江日军集结乜河向穆棱县一带进犯的情报，命令各抗日部队开往磨刀石，阻击日军入侵。26日，李延禄、孟泾清在穆棱县兴源镇整理队伍。28日，李延禄率领工农抗日游击大队，从兴源镇乘火车奔赴日军入侵的屏障——穆棱县磨刀石。他亲自勘察地形，先后召开部队党支部和全体指战员会议，讨论和研究作战方案，部署战斗任务。1933年1月1日，与日军广赖第十师团第八旅团第三十九联队打响磨刀石阻击战。经过一天的战斗，打退日军四次进攻，消灭日军两个小队的兵力。为保存实力，当日撤出战斗，转移到五林。

1月13日，补充团根据绥宁中心县委的指示，正式脱离救国军，改编为共产党直接领导的抗日游击总队，李延禄任总队长。不久又收编散在宁安境内的义勇军，组成了800人的东北抗日救国游击军，李延禄为司令，孟泾清为政委。救国游击军转战于敌后的宁安、汪清、密山各县，利用敌人兵力分散的弱点，多次取得战斗胜利。

1933年7月，救国游击军改为东北人民抗日革命军，军长李延禄、政委张文偕。1934年10月，救国游击军与密山游击队合并，组织东北抗日同盟军第四军，李延禄任军长。四军组建后，在部队中普遍建立了党团组织和群众性反日会组织，加强了思想政治工作，认真贯彻执行统一战线政策，联合抗日，进一步团结密山、勃利、依兰一带的小股义勇军，并收编了一些山林队，扩大了四军队伍。

1935年9月，四军发展为2个师7个团1 800余人，游击区域扩展到穆棱、林口、密山、虎林等地，在方正县大罗勒密山区开辟了游击根据地，建起了密营、被服厂。在群众中建立了反日救国会、妇女会、儿童团、自卫队。与伪军李毓玖部、陈云山部建立了秘密合作关系。

1936年4月，李延禄奉命赴苏联莫斯科中共驻共产国际代表团报到，11月被派回国，以东北抗日联军代表身份，在潘汉年领导下，先后在上海、南京积极开展抗日宣传活动，以期敦促蒋介石抗战。

1937年"七七"事变后，李延禄遵从周恩来的指示，同李杜取道欧洲，经苏联重返东北抗日前线。1938年11月，经周恩来亲自安排，送李延禄到延安。12月，中共中央听取了李延禄关于东北抗联战绩的汇报，决定成立东北工作委员会，任命李延禄为副主任。1941年在中共中央党校学习期间，参加了延安整风运动。1945年4月，出席了中国共产党第七次全国代表大会。

1945年东北光复后，李延禄受命率领一批干部重返东北。11月到达佳木斯，参与组建了中共合江省工作委员会、合江省政府，被任命为合江省政府主席。1946年8月，被选为东北各省市行政联合办事处行政委员会委员。1949年5月，任松江省政府副主席。1954年8月，任黑龙江省政府副省长、省委委员，主管政法、民政、文教、卫生等工作。

在"文化大革命"中，遭到残酷迫害，但他始终保持共产党员的高贵品质。李延禄是第一届至第五届全国人民代表大会代表，第三、四、五届全国人大常务委员。1984年春节，中共中央表彰李延禄是"长期保持红军传统、艰苦朴素"的模范。1985年6月18日，李延禄病逝于北京，享年90岁。

周保中 原名奚李元，字绍璜，白族，1902年2月7日生于云南省大理县湾桥村。1926年加入中国共产党，历任中共满洲省委军委书记、救国军前方指挥部参谋、新建救国军参谋长、绥宁反日同盟军办事处主任、东北反日联合军（1936年2月改为东北抗日联军）第五军军长、军党委书记、东北抗日联军第二路军总指挥、抗联教导旅旅长。

东北解放战争时期，历任东北国民军辽吉军区司令员、东北人民自治军吉林军区司令员、东北民主联军副司令员、吉林省政府主席。社会主义时期，历任云南省军政委员会副主任、省政府副主席、昆明市军管会副主任、云南省委委员、统战部长、省政协党组书记、省民族委员会主任、西南军政委员会政治委员会主任兼民政部长、中央国防委员会委员、中共中央候补委员、全国政协常务委员。1964年2月2日，因病在北京逝世，终年62岁。

1917年2月，15岁的周保中到云南陆军第一师教导营当士兵，8月编入护国第五军，后改编为靖国第八军。他随军经贵州到川东、鄂西和陕西等地参加"靖国护法"战争，在军中曾任中士、上士、准尉司务长、少尉排长、中尉代理连长。

1923年春，周保中被选送到云南陆军讲武学校第17期工农科学习。1925年1月，由云南南部出境，绕道缅甸、锡兰、马来西亚等地，经香港到达广州，在杨希闵的驻粤滇军赵成梁部任连长。此军瓦解后，8月他在河南参加冯玉祥的国民军，任第三军教导团参谋等职。

1926年5月参加了国民革命军第六军，在这里找到了中国共产党，参加了北伐战争。他在北伐战争中屡建战功，从营长升为上校团长、少校副师长。在蒋介石发动"4·12"反革命政变、中国革命最困难的时刻，周保中加入中国共产党。

入党后，根据中共中央长江局的指示，周保中继续留在国民革命军第六军中进行党的秘密工作，与湖南省委一起，准备把他所率领的一个师拉出来，后因叛徒告密未能成功，被调到中央军委。在中央军委，曾秘密到浙江、湖南、河南等地从事兵运工作。1928年末，中央军委派周保中到苏联学习军事，1931年9月回国到上海，12月中央派他赴东北领导抗日斗争。

1932年2月，周保中到达哈尔滨，任中共满洲省委军委书记。他根据中共中央有关抗日游击战争的指示，协助省委书记罗登贤起草了武装人民群众进行游击战争的提纲。4月，根据省委决定，周保中到宁安组织和领导抗日斗争。

5月9日，周保中在花脸沟群众大会讲话时，被自卫军当作探子抓去送到穆棱县梨树镇自卫军左路总指挥部。自卫军领导人刘万魁（外号刘快腿，司令部设在穆棱县下城子栾家大柜）等问他对北局势有何见解，周保中从世界形势讲到东北战局，特别对自卫军情况和应采取的救国方针提出了具体意见，这时才使自卫军首脑确信周保中不是日本探子，而是一位有胆有识的爱国志士，就把周保中留在马宪章领导的自卫军左路总指挥部宣传部工作。

周保中发现这里的宣传工作内容不对头，经过一系列思想工作，很快扭转了宣传工作方向，把反共和对日军妥协的宣传转变为彻底抗日救国的宣传，受到了士兵和当地人士的欢迎。

由于周保中扭转了自卫军左路总指挥部的宣传工作方向，宣传中国共产党的抗日主张和政策，引起了自卫军上层首脑人物的不满，于7月解散了宣传部，周保中离开了自卫军。8月，周保中被救国军总司令王德林聘请担任总参议，不久，又担任救国军前方指挥部参谋长。在他的指挥下，攻克东京城和安图县城，破坏了吉林会宁路。9月初，与安图、桦甸抗日部队一起攻打敦化县城。10月，两次攻打宁安县城。由于周保中抗日坚决，善于指挥，关心士兵，爱护群众，深爱国军将士和当地群众的拥护。

11月，由于日军准备向牡丹江以东各县侵犯，中共绥宁中心县委机关从穆棱县下城子暂时迁到了绥芬河。根根绥宁中心县委关于在救国军前方指挥部建立党组织的指示，周保中在士兵中秘密开展马列主义宣传，发展了一批党员，在前方指挥部中建立了党支部，并通过党员开展抗日救国宣传，使共产党在救国军和人民群众中的政治影响进一步扩大。

1933年1月，日军向牡丹江以东进犯。由于救国军、自卫军在政治上受蒋介石"剿共密电"的影响，不接受共产党的抗日主张，上层领导钩心斗角、各自为政，使万余人的队伍在日军进攻下溃散，丁超投降日军，王德林、刘万魁退至苏联境内；李杜率队孤军抵抗，因伤亡过重，也退至苏联。日军很快占领了吉东地区。

抗日救国军前方总指挥吴义成也产生了动摇，准备带队撤往苏联。经过周保中等人的思想工作，稳住了吴义成领导的救国军前方指挥部的部队，整顿了队伍，于2月成立了新的抗日救国军，推选吴义成为总司令，周保中为总参谋长，陈翰章为司令部秘书长，柴世荣、姚振山等为宁安、敦化、额穆、安图等地救国军余部组成的四个路的司令。

新的救国军成立后，重新开展抗日游击战争。不久，来到穆棱镇大碱场一带活动，在吴义成、周保中的带领下进入金场沟，在金矿工人的配合下，袭击了矿警队，击毙了矿警队长若月（日本人）和副队长崔向武，俘虏矿警多人，缴获一批枪支弹药。

6月，吴义成率队跨过穆棱窝集岭，经过汪清去东满。周保中在安图以救国军总参谋长的名义成立了救国军辽吉边区留守处，任留守处主任。留守处领导范围扩大到吉敦路、吉海路的抗日部队，共千余人，曾在汉阳沟、寒葱沟、榆树川等地多次袭击日伪军，给敌人很大打击。

1933年冬，根据中共吉东局指示，周保中率领边区军一、三连到达宁安，着手组建共产党领导的绥宁反日同盟军。1934年春绥宁反日同盟军成立后，在周保中统一领导下开展游击战争，先后伏击了日本守备队和伪警察队，收缴了光棍屯、大荒地、上马莲河等地的反动武装，进攻了卧龙屯，解散了伪警察署，攻打了小城子，焚毁了电报局和四家走狗的房子，缴械了东京城等处农民伪武装，攻打了汪清大甸子街，攻占了警察署，袭击了南湖头日军兵营，解除了石头河等处反动地主武装，取得节节胜利。

1935年2月，根据中共吉东特委书记杨松的指示，绥宁反日同盟军党委将宁安反日同盟军改编为东北反日联合军第五军。周保中任军长、柴世荣任副军长、胡仁任政治部主任、张建东任参谋长。

5月，第五军党委根据杨松建立各抗日部队之间联系的指示信的要求，决定将部队分三个地区进行活动，以开辟新的游击区，除军部和一部分队伍留守宁安外，组成两支派遣队：一支东出穆棱，联系第四军；另一支向西向南去额穆、敦化等地活动，联系第一、二、三军，以形成倚角之势，周保中在宁安指挥全军行动。

东部派遣队，在五军政治部主任胡仁的率领下，于5月下旬进入穆棱，在当地党组织的支持下，转战穆棱境内开展游击活动，取得多次胜利。

西部派遣队于7月末到达额穆县，一部分活动在黄泥河子、威虎岭和敦化县各地，部分留守额穆，与军部保持系。他们曾多次与日伪军交战，壮大了我军队伍，密切了与群众的关系。

东北反日联合军第五军两个派遣队和军部留守部队在周保中统一指挥下，从1935年5月至1936年1月的远征中，在绥宁、东满两个地区与日伪军交战数十次，均取得胜利，打击了敌人，武装了自己，增强了作战能力，提高了威信，为扩编抗联五军奠定了基础。

1936年初，根据中共吉东特委的指示，遵照中共中央发表的《为抗日救国告全体同胞书》，周保中领导的东北反日联合军第五军改编为东北抗日联军第五军。周保中任军长、柴世荣任副军长、胡仁任政治部主任、张建东任参谋长，内设参谋处、军需处、副官处、军医处，下辖3个师、9个团，全军3千人左右。

9月10日，周保中率领五军军部及警卫营和第一、第二教导队转移到穆棱县磨刀石南沟，与抗联二军会合。恰好收到情报，12日晚5时有一列日军特别货车从牡丹江站出发，由日伪军混合护车，开往绥芬河国境。周保中与五军一师政治部主任张中华、二军二师副师长侯国忠研究袭击特别军列作战方案。

11日，抗联第二、五军由磨刀石南沟向预期设伏地代马沟车站奔袭。经深山中一夜急行军，于12日凌晨到达代马沟车站东七华里的新房子工区附近设伏。在铁路工人的配合下，撬松了铁路道钉。伏击队伍在树丛中将各连编为四个战斗队，分别埋伏在工区以西铁路两侧的峡谷上。

晚8时40分，日军特别货车行驶到伏击圈脱轨，铁路两侧伏兵向列车猛烈射击，打死日军190多人、打伤30多人、俘虏伪军100多人，缴获大量枪支弹药，烧毁日军军事器材1车厢。在战斗中，二军四团七连长张颜明及8名战士阵亡，12人负伤，1人失踪。

10月，五军军部转移到勃利县林口，建立了军部临时办事处。周保中率队北进刁翎，同五军副官长冯丕让在马路沟建立秘营，活动在牡丹江下游一带。11月，副军长柴世荣、政治部主任季青、副官长冯丕让，各率一支抗联队伍，分别活动在下城子、悬羊砬子、兴源猴石沟、奎山村白石砬子一带。张中华带队西移，活动在海林西北。年底，张中华率队转到中东铁路段道北的穆棱县，会同二军五师师长陈翰章，联合"九站""九彪"等山林队，在代马沟车站袭击了日军列车，打死日军105人，打伤70人，车上伪军一个团被缴械。

1937年3月10日，根据中共驻共产国际代表团关于成立四个省委的指示，在道南、道北、下江三个特委的基础上，成立了中共吉东省委，周保中任委员。根据会议决议，周保中整顿了五军队伍，解决了给养问题，加强了部队建设，在刁翎、依兰等地建立了医院、裁缝所、印刷所、修械所和秘书处。还成立了牡丹江、依东、下江、罗勒密等办事处，健全了全军各级党组织，使五军有了新的发展。

7月7日，全国抗战爆发，东北抗日联军各军军心大振，伪军、伪警普遍动摇。12日，在五军一师张镇华和地工人员王亚东等人的工作下，伪宁安县三道河子森林警察大队倒戈抗日，编为抗联五军警卫旅。此后，又有伪军三十八团和伪二十九团一部分举行起义，参加了抗联队伍。

7月末，副军长柴世荣和副官长冯丕让率领队伍200多人，在穆棱县雷峰村二站南沟伏击了日伪军讨代队。打死打伤日伪军80多人、俘5人，缴获小炮、军马等战利品。9月29日，周保中在四道河子主持召开了吉东省常委会议，分析了全国抗战爆发后东北抗日战争的形势和任务，成立东北抗日联军第二路军筹备委员会，组成二路军总指挥部，周保中任总指挥，副军长柴世荣提任五军军长。第二路军以四、五、七军为骨干，领导八、十军和义勇军姚振山部、反日救世军王荫武部。11月和12月间，周保中又先后对四军、七军和下江特委进行了整顿。

1938年1月20日，经苏联远东边防军代表的同意，周保中率队渡过乌苏里江到达苏联的比金，找中共驻共产国际代表团联系，但代表团已经回国。

3月24日，周保中率队由苏联边境渡江西返。这时，日军公开悬赏5万元，妄图活捉周保中。在这十分险恶的情况下，同志们动员周保中折回苏联。周保中坚定地说："即使死掉，也头朝西。"茫茫雪原，寒风刺骨，加上敌人搜索，行进极端困难。他为避开敌人，露营于冰雪之中，断炊便杀马充饥，几经周折，终于摆脱了敌人。3月初，回到了宝清县梨树沟，正式成立了东北抗日联军第二路军总指挥部。

日军完成了集户归屯、筑墙清野，切断了南北满抗联部队之间的联系，对集中在三江地区的吉东、北满抗联部队进行大规模讨伐。为了粉碎日军的讨伐阴谋，周保中制定了远征计划：以四军、五军主力部队和二军五师为骨干，与八、九军救世军、义勇军各部协作，突破敌人包围进行远征，到五常、舒兰老游击区活动，与南满第一路军联系，同时打通与关内的八路军联络，和党中央取得联系。为了牵制敌军兵力，掩护西征部队突围，周保中率领第二路军总部留在宝清、富锦、虎林、饶河等地，机智勇敢地与敌人周旋。远征军出发后，周保中率队破坏了敌人的交通路线、"集团部落"，袭击伪警察署，与日军讨伐队展开了艰苦卓绝的斗争。

7月初，远征部队翻越老爷岭，12日，攻克苇河县楼山镇，突入五常、舒兰，与抗联十军联络。日军从牡丹江调来一个旅团兵力，从哈尔滨、吉林调来一个师团、一个旅团兵力，妄图围歼抗联远征军。远征军经过苦战，伤亡较大，四军代理军长李延平、副军长王光宇在五常牺牲。

11月中旬，周保中率领的总部和直属部队80多人被敌人包围在莲花泡、夹皮沟一带。周保中率队转入一个天然山洞，隐蔽40天，未被敌人发现。当敌人粮尽撤走时，周保中率队截击，打死日军30多人，缴获一些枪支。12月下旬，周保中率队到达牡丹江东岸，与五军、九军联系，筹划突围。不久，召开党吉东临时会议，将吉东省委改为吉东省委执委部，周保中任执委主席。

恶劣的战斗环境使少数干部战士产生了动摇，五军一师师长关书范于12月下旬投降日军。日军紧缩包围圈妄图消灭我二路军总部和五军。1939年1月16日，关书范带两名日特前来"收编"抗联五军。周保中将其逮捕，予以枪决。1月27日，周保中率总部直属部队与九军和救世军会合。随即进行两昼夜行军，在饥饿和包围中穿过三道通封锁线，进入夹皮沟，转向四道河子，向方正、延寿方向前进。

1939年4月10日，联军各部开始分别突围。五军在军长柴世荣的率领下，于4月20日到达穆棱县梨树镇西北的白石砬子附近，前卫改后卫，沿山向南行军，到穆棱站以西的擀面石后，连夜越过铁路向穆棱泉眼河方向挺进。在行军中，发现后边有追兵，便加快速度提前到泉眼河埋伏起来。23日清晨，驻穆棱、下城子的日军跟踪而来，柴世荣指挥部队经过5小时激战，打死日军官兵100多人，伤40多人，其余狼狈而逃。

周保中率队离开驻地向东移动，经过激战也冲出了敌人的包围圈。5月7日到达宝清第二路军总部留守处。冯丕让、金石峰率领留守部队400多人，用"麻雀战术"分散敌人精力，迷惑、牵制敌人，并与八军、九军和柴世荣联系，使敌人大扫荡的兵力顾此失彼。

11月28日，周保中应苏联远东军区负责人邀请到达伯力。他在伯力期间，起草了《关于东北抗日游击运动的新提纲》，分析了形势，总结了东北抗战的经验教训，提出今后东北党组织的任务、斗争策略和具体措施。同时，与苏联远东边防军代表多次协商，最后达成双方建立联系、互相支援的协议。

1940年3月，周保中回到饶河抗联七军驻地，召开了七军党代会，作工作报告并传达《新提纲》精神。会后，周保中率总部直属部队转战宝清、富锦、勃利、依兰等地，指导第二路军各部的游击活动。9月末，苏联远东边防军代表来电邀请东北抗联各路军负责人到伯力，参加抗联领导干部会议，周保中于11月18日到达伯力。同年冬，一部分东北抗联人员在苏联双城子、伯力附近建立了南野营（A野营）、北野营（B野营），进行整训。周保中担任这两个野营党组织领导人，他一面指导野营的整训工作和派小分队回国活动，一面继续指导在吉东、南满地区的抗日游击战争。

1941年初，抗联五军长柴世荣和政治部主任季青率领五军部队奉命赴苏。

1942年4月，周保中、张寿篯（李兆麟）发表了《关于建立东北党及抗联统一领导机关意见书》。8月1日，将入苏的抗联部队统编成东北抗日联军教导旅，又称八十八特别独立步兵旅，周保中任旅长、张寿篯任政委兼副旅长，下设4个教导营，3个独立连，15个小分队。9月，成立了中共东北委员会，崔石泉任书记、周保中任常委。中共东北委员会为及时掌握东北各地情况，先后派人在穆棱县建立了狍子沟屯中心交通联络站和泉眼河屯交通站。在狍子沟屯中心交通联络站基础上又建立了牡丹江交通分站、穆棱县奎山区白石砬子屯交通分站和哈尔滨交通分站。

1945年8月6日，周保中给泉眼河屯交通站王亚东、冯淑艳写信，命令他们做好接应苏军进入东北对日作战准备工作。

8月8日，苏军对日宣战。9日，由于朝鲜族同志大部分回国，中共东北委员会成员进行了调整，周保中任书记。10日，周保中在全体抗联干部战士大会上作了《配合苏军作战，消灭日本关东军，争取抗日争最后胜利》的报告，并派金光侠、陶雨峰、乔书贵带领抗联部队随苏军回东北作战。14日成立牡丹江军区卫戍司令部，陶雨峰任司令，金光侠任政委。

8月20日，周保中主持召开了中共东北委员会会议，制定了抗联在东北的任务和方针：一是帮助苏军维持占领区的革命秩序；二是进行建党、建军、建政，发动群众建立军事根据地；三是在红军和八路军之间起向导和桥梁作用，迎接党中央、八路军；四是若东北被国民党占领，则继续在东北开展长期的游击战争，推翻国民党的反动统治。

8月22日，周保中带领中共东北委员会委员和抗联队伍100多人，乘飞机从苏联伯力到达长春，周保中任苏联红军长春警备司令部副司令。其他干部也分赴东北57个市县，先后成立了中共黑龙江地区委员会、松江地区委员会、佳木斯地区委员会。8月25日，成立了中共牡丹江地区委员会，领导牡丹江市委和穆棱、宁安、密山、林口、勃利、依兰等县委。12月，先后成立了中共穆棱中心县委、密山中心县委、勃利中心县委（各中心县委领导若干个县委）。

1945年10月，中共东北委员会与中共东北局取得关系。20日，周保中、崔石泉在沈阳向彭真等同志汇报工作，转交了中共东北委员会的组织关系，完成了历史使命。从此，周保中和他的战友在中共中央和中共东北局的领导下，投入了解放全东北和全中国的伟大斗争。

柴世荣 原名柴兆升，汉族，初中文化。1894年生于山东省胶县的一个农民家庭，1931年11月参加革命工作，1934年11月加入中国共产党，历任国民救国军第四旅旅长、新的抗日救国军第四路司令、绥宁反日同盟军军事委员、东北反日联合军第五军副军长、东北抗日联军第五军军长、中共道南特委委员、道南特委三人团成员、东北抗日联军教导旅驻苏联北野营第四步兵营营长。1943年夏秋之季不幸牺牲，时年49岁。

1899年春，柴世荣随父母从山东到吉林和龙县六道沟，生活略有好转，柴世荣得以上学读书。他刻苦自励，学习成绩优异。1912年父亲病故，柴世荣不得不辍学，挑起了全家生活的重担。由于生活所迫，他于1924年被招去朝鲜做苦工，为日本侵略军修筑铁路。1928年他离开朝鲜回到和龙。在生活极端困难的情况下，他报名当了警察。侠义心肠的他给自己规定了一条戒律"替天行道"，用以约束自己的言行。在他当警察的三年中一直抑富助贫，广交多识，在群众中享有很高的声誉。

"九一八"事变后，和龙、延吉一带的反日运动风起云涌。为挽救中华民族的危亡，柴世荣说服了爱人柳素青，扔掉了房屋和家产，全家走上了抗日救国道路。他以领导的十几名警察为基础，组成了一支200多人的抗日武装。不久，加入了王德林改建的国民救国军，编为第四旅，柴世荣任旅长。

1932年初，柴世荣带领第四旅随同救国军大部队攻克敦化、蛟河、额穆，参加了镜泊湖战斗，"柴旅"成为救国军中一支能征善战的队伍，柴世荣本人是一名沉着老练、善于指挥、身先士卒的指挥员。

救国军主要是由原国民党东北军组成的，柴世荣当初抱着很大希望率队投奔而来。一年多来，他感到这个部队上层勾心斗角，互相拆台，虽然队伍人数较多，但仍有原东北军的旧习，不能吃苦、不会打仗。

1932年8月，满洲省委派周保中以旧交到救国军中工作，担任前防指挥部参议，柴世荣在会上听到周保中的讲话，感到非常解渴，对他十分钦佩，他从周保中等共产党员身上看到了前途和希望。从此以后，柴世荣成为周保中的亲密战友。

1933年1月，日军向牡丹江以东进犯，王德林率部退至苏联境内。柴世荣和周保中一起说服了吴义成，整顿队伍，成立了新的抗日救国军。同年5月4日，柴世荣和周保中、陈翰章、吴义成率领抗日救国军的两路部队，来到穆棱县大碱场金场沟，袭击了金矿矿警队。这次战斗的胜利，让"柴旅"的战斗力闻名于吉东地区。

同年冬，周保中正式退出救国军，到宁安组建绥宁反日同盟军。1934年2月16日，周保中主持召开各部代表会议，制定了一致的抗日纲领，柴世荣正式参加了绥宁反日同盟军，被推选为同盟军军事委员。在柴世荣的带动下，原救国军残部付显明、王毓峰、王汝起、裴振东等团也加入了同盟军。

1934年12月，根据中共中央驻共产国际代表团杨松的指示，绥宁反日同盟军改编为东北反日联合第五军，柴世荣和李光林一起向士兵讲解党的抗日主张和改编的重大意义，取得全体官兵的一致拥护。1935年2月初，以柴世荣、付显明的队伍为骨干，在汪清正式组成了第二师。2月10日，东北反日联合军第五军正式成立，周保中任军长、柴世荣任副军长。

在改编的过程中和改编之后，柴世荣率领300多人先后与日伪军进行了多次战斗，最著名的战斗是穆棱县石门沟伏击战，打死日军田中曹长以下4人、伪穆棱县警察大队16人，缴获步枪20余支、轻机枪2挺、手枪2支、子弹2000多发，我方无一损失。

1935年5月，按照中共吉东特委书记杨松指示，柴世荣领导的西部远征队在额穆活动近一年时间，给日伪军以很大打击，与群众建立了良好的关系，提高了部队的威望。

1936年2月，东北反日联合军第五军改编为东北抗日联军第五军，柴世荣仍为副军长。五军党委特别会议决定，五军主力部队向中东铁路道北转移。4月，柴世荣率领军部教导队破坏了宁安卧龙屯集团部落，缴械了马连河伪自卫团，配合抗联二军二师陈翰章部伏击了烟筒沟伪森林警察队，缴械了三道河子伪一连，掩护五军主力部队向道北顺利转移。之后，他和政治部主任季青、军部副官长冯丕让各率一支队伍，活动在穆棱县下城子村悬羊砬子、兴源村猴石沟、雷峰村雷峰岐沟一带。

1936年6月，穆棱县下城子日本警备旅集中100多人的兵力去上雷峰岐南沟讨代。柴世荣等五军领导人早已获悉消息，在上雷峰岐南布下埋伏圈，打死打伤日军20多人，缴获机枪一挺，步枪20多支，我方无一损失。

1937年初，柴世荣率领五军二师和军部直属部队，战斗在牡丹江两岸，狠狠地打击了敌人。其中最大的是1月的道盘战斗和2月的刁翎战斗。同年6月，柴世荣率队转入穆棱县境内，与二站南沟活动的五军副官长冯丕让领导的部队会合，共同开展游击活动。7月，日军根据特务情报，命令伪穆棱县治安大队携带机枪、小炮，治安大队在前，日军在后，向二站南沟"围剿"。我军获此情报后，做好了迎击敌人的充分准备，打死打伤日伪军30多人，俘虏5人，缴获小炮1门，军马4匹。

柴世荣认真贯彻为党的民族政策，凡所到之处时刻注意与地方和伪军建立关系，动员伪军倒戈抗日。他派五军一师长张镇华，三次化装到穆棱镇找党的地下工作人员冯淑艳，通过她做三道河子伪森林警察大队李文彬的反正工作。经过9个月的准备和内部动员，1937年7月12日，李文彬下令打死日本指导官8人，缴了从虎林新调来50多人的武装，烧毁了防所，破坏了军事建筑，带领森警大队150多人和家属70多人，携带全部军用物资，在张镇华接应下，投奔抗联五军，编为五军警卫旅，旅长李文彬、政治部主任张镇华、参谋长蒋继昌、副官长王亚东，内设2个团、6个连，全旅200多人。

1937年9月29日，中共吉东省委决定组成抗联第二路军之后，原五军军长周保中任第二路军总指挥，柴世荣升为五军军长。

1938年春，日伪开始向该地区抗联部队进行全面大围剿。抗联五军在柴世荣的指挥下，始终坚持战斗。3月18日宝清石灰沟里一战，打死日伪军90多人，打伤50多人，打死战马90多匹。接着，日军对抗联五军进行反扑，敌队搜索进攻，敌机侦察、轰炸。在穆棱县委和群众的支援下，柴世荣、季青、冯丕让各率一支队伍，分别活动在穆棱县六峰山、大顶子山、悬羊砬子等地。

1939年3月30日，中共吉东省委扩大会议决定周保中率省委机关和总指挥部及其直属部向密山、宝清转移，五军在柴世荣和新任政治部代理主任王克仁的率领下，向穆棱、东宁、汪清等地转移，选择适当地方建立后方根据地，做好长期斗争准备。4月15日，柴世荣和王克仁率五军基干部队从刁翎出发，经过勃利进入穆棱县，跨过中东铁路，奔向宁安。在转移过程中，王克仁不幸牺牲，柴世荣失去了一位得力助手。4月20日，柴世荣率领五军先头部队在梨树镇白石砬子附近巧妙摆脱日军追踪，反向向穆棱泉眼河方向挺进，并于4月23日清晨成功伏击了从下城子一带尾随的日军，打死日军官兵100多人，打伤40多人，其余日军狼狈逃窜。

1940年9月，柴世荣率队到东宁县片底子找到五军政治委员兼道南政务特派员季青。季青主持召开了一路军和二路军干部会议，组成了中共道南特委，季青任书记、柴世荣等为委员，不久，柴世荣、季青率队转入穆棱。

1941年初，柴世荣、季青领导的抗联五军在奉命赴苏途中，包围了伪穆棱县杨木桥子森林警察队，解除森林队武装；走到穆棱县桦木子时，在金刚台遇上了日本边防军，打死打伤日军多人。

柴世荣和季青在北野营（B野营）学习训练。1943年春，五军（8月编为抗联教导旅第四营）派三个小分队从苏联回到东北活动，柴世荣带领一支十多人的抗联小分队到泉眼河屯与王亚东、冯淑艳交通站联系，在大碱厂、柳毛河、大桥子一带活动。

1943年4月，在大碱场木材沟伐木场，柴世荣率队打死代运队日本头目4人，缴获手枪2支、步枪4支，还有部分物资。事后，驻穆棱镇日军一个团和穆棱县边境警察队前去"讨伐"，搜索7天，也未见到抗联小分队的影子。

年末，柴世荣奉命回到苏境的北野营，任抗联教导旅第四步兵营营长。此后，投入到军事和政治理论学习中，他年龄虽然较大，但对政治理论学习和军事技术训练特别认真，工作之余手不释卷。后来在肃反期间被苏军契卡带走审查，再也没有回来。

张中华 1912年出生于吉林永吉县乌拉街，1929年考入哈尔滨铁路专科学校。"九一八"事变后积极参加各种抗日救国宣传活动，1932年加入中国共产党。

1934年4月，张中华任共青团穆棱县委书记。他经过辛勤工作，全县各地共青团组织、儿童团组织普遍建立起来，协助党组织开展工作，使全县抗日救国运动迅速展开。年底，任共青团宁安县委书记。1935年6月，为共青团吉东特委组织部长，同年冬，担任中共宁安县委书记。

由于吉东特委遭受破坏，地方组织一时处于瘫痪状态。为了

恢复地方组织，坚持抗日游击区的抗日斗争，1936年4月建立了道南、道北、下江等特委，张中华任道南特委书记。因斗争环境残酷，道南特委机关设在抗联五军部队当中，张中华除了参与五军军部领导工作外，还开展地方党的工作和群众工作。

1936年9月12日晚，张中华率五军警卫营二连，与侯国忠团长领导的二军五师四团四、六、七连，联合部分反日山林队共500多人，在穆棱县代马沟新房子工区附近成功伏击日军军列，伤亡日军120多人，缴获了大量军用物资。

同年底，张中华率领部队转到穆棱县与二军五师师长陈翰章同志的部队会合，在穆棱县代马沟袭击了日军的军用列车，打死日军105人，打伤7人，车上一个团的伪军在我军"中国人不打中国人"的号召影响下，一枪没发缴械投降。

1937年3月10日，张中华参加了吉东省委成立大会，决定以道北特委为基础，成立了中共吉东省委，张中华被选为吉东省委委员。同年夏秋，张中华曾率领五军一师一团，在桦木顶子与白俄伪森林警察队进行了激烈战斗，消灭白俄伪警五六十人，缴获一些枪支弹药。

12月，张中华率领留守部队在桦皮沟与敌战斗中右臂受重伤被俘。敌人用各种手段诱降，但张中华坚贞不屈，大骂敌人，敌人无计可施，将张中华同志杀害于狱中，时年25岁。

侯国忠　1931年10月参加革命，1932年11月加入中国共产党。侯国忠少年时读过几年书，由于家境贫困，不得不中途辍学。"九一八"事变前，他在国民党东北吉林军王玉振营当兵。"九一八"事变后，日军东侵，王玉振举起抗日救国旗帜，以此营为基础组成了抗日救国军，侯国忠在此军姚团三连任班长。

1932年，抗日救国军溃散，姚团投降，侯国忠发动和组织了24名士兵从投日部队中哗变，打起抗日山林队旗号，报号"四季好"，活动在珲春县二道沟、三道沟、金场一带。同年11月间，与我党领导的抗日游击队取得了联系。在共产党的指引下，他毅然率队加入抗日游击队。他在党的直接领导和教育下，对敌斗争顽强勇敢，不久，光荣地加入了中国共产党。

1934年春，延吉、珲春、汪清、和龙等四个游击队编成了东北人民革命军第二军独立师，侯国忠任三团一连连长。这时，日军向东满地区发动大规模军事讨伐，实行"清野集户归屯"政策。在这种情况下，我东满抗日主力部队撤出了游击区，到长白山森林中露营。部队经过整训，不断派出小部队袭击日军。侯国忠率部分队伍出山，几天之内就占了三个"集团部落"，歼灭三股伪自卫团。后来他利用自己过去的旧关系，在伪自卫团中进行宣传教育和争取工作，促使伪自卫团100多人起义，加入抗日队伍。

1935年3月，侯国忠任东北人民革命军第二军独立师四团参谋长。5月，任四团团长，逐步成长为一名优秀的指挥员。为了打通东满和吉东地区抗日队伍的联系，扩大新的游击区，二军开始向吉东地区远征，侯国忠率队参加了第二路远征军。1935年夏，部队来到穆棱县马桥河老黑山，侯国忠率领四团主力利用有利地形，一举歼灭敌人一个连，击毙50人，俘获伪军21人，缴获迫击炮一门、轻机枪一挺、长短枪60多支、战马7匹，还有其他大量军需物资。战斗胜利后，侯国忠随着第二路远征军又来到了穆棱县太平沟，与伪满军一个连遭遇，双方展开激战，全歼敌军，完成了与抗联五军的会师任务。

1935年12月，中共吉东特委和东满特委决定，成立二军、五军临时联合指挥部，周保中同志任总指挥，侯国忠担任东线副指挥，领导穆棱、东宁、勃利一带的抗日部队，以穆棱为活动中心，向东宁、依兰等地开辟新的游击区。

1936年2月，在团山子战斗后，侯国忠率四团主力部队到穆棱县磨刀石苇子沟一带活动。一天，与日本讨伐队相遇，敌人企图依靠十倍于我军的兵力，围歼我军。危急时刻，侯国忠果断指挥部队避开敌人的正面攻击，巧妙地绕到敌人包围圈外，从敌人背后突然发起攻击，打死打伤日军40多人，使敌军的合围计划破产。战斗结束后，侯国忠率队迅速转移。

同年9月12日，侯国忠率二军五师四团，张中华率五军警卫一、二连，陈翰章率二军二师四团，联合反日山林队，在代马沟水平站（今新房工区）成功伏击日军从牡丹江开往绥芬河边境的特别军列。

1937年5月，侯国忠同志被提升为抗日联军第一路军二军五师副师长，兼四团团长。

1938年夏，以抗联四军、五军的一部分和二军五师为骨干，联合其他部队进行西征。7月初，二军五师师长陈翰章、副师长侯国忠率队全歼了镜泊湖水电站的日本守备队，焚毁了日军工程事务所，放出了被抓的劳工。在西征途中，破坏了图佳铁路、公路。8月末，在东京城粉碎了600多日军对横道河子的进攻。

1939年7月，陈翰章任第三方面军指挥、侯国忠任副指挥。8月23日，在第一路军副总司令魏拯民和第三方面军指挥陈翰章的率领下，攻打大沙河镇。侯国忠率领200多人到大沙河南杨木条子处埋伏，阻击从安图开来的日军援兵。我军攻打大沙河的消息被安图县城日军得知后，日军的九辆汽车向大沙河开来。侯国忠同志指挥部队向日军开火，阻击了日军的援兵，保证了大沙河战斗的胜利结束。战斗中，侯国忠同志英勇献身，时年35岁。

陈翰章　满族，1913年出生于吉林敦化县城西半截河西屯的一个农民家里，1931年参加革命，1932年10月加入中国共产党。

陈翰章从小聪明伶俐、学习刻苦，每次考试都名列第一。在中学学习期间，接受进步思想，他在中学毕业典礼上演讲道：我志在教育事业中培养人才，把我们的国家建设得独立富强。但帝国主义不让我们这样做，妄想把我们的祖国变成他们的附属国。为了祖国的独立，我一定要投笔从戎，用手中的枪赶走敌人。

"九一八"事变后，陈翰章对国民党政府抱有一点幻想，可是国民党反动派不但不抵抗，反而反对人民群众的抗日斗争，向日本讨好。陈翰章决心离开家乡，走救国救民之路。他投入到原系国民党东北军二十七旅七团老三营的王德林领导的抗日救国军，不久担任前方司令部秘书。中共满洲省委为了改造这支部队，先后派进了中共党员周保中、王润成、胡泽民、王松柏等同志在此部队中建立了党的秘密特别支部，陈翰章在党的影响下，认清了救国军前方司令吴义成妥协的面目，他和周保中、王润成等同志团结在一起，坚决主张抗日，反对妥协投降。

1932年10月10日，攻打宁安县城，周保中任总指挥，陈翰章为战地鼓动队队长，他们联合其他抗日武装，历经一个多小时的激烈战斗，攻开了城门。在战斗中，突击队长牺牲了，陈翰章挺身而出，主动指挥作战，完成了炸毁敌人军火仓库的任务。战斗结束后，经王润成介绍，陈翰章光荣地加入了中国共产党。他的表现得到了吴义成的信任，因不知他是共产党员，提升陈翰章为总部秘书长。

1933年10月，吴义成在队伍中制造分裂，要收缴东满各县我党领导的游击队武装，企图逮捕我党领导的反日会领导崔振和等同志，陈翰章和王润成出面做吴义成的工作，使事态平息，保存了我党的有生力量。后来，吴义成得知陈翰章的身份，对他恨之入骨。党组织为了保证陈翰章的安全，将陈翰章安排到周保中领导的绥宁反日同盟军所属的宁安工农义务队任中队政治指导员。

1935年2月10日，绥宁反日同盟军改编为东北反日联合军时，陈翰章被提升为五军二师参谋，并任师党委书记。1936年初，由于工作需要，陈翰章被调到抗联三军二师任参谋长，并代理师长（因师长养伤未到任）。中共道南特委成立时，他被推选为特委常委；中共南满省和抗联第一路军成立时，他又被推选为南满省委委员。这时原二军二师改为二军三师，陈翰章仍代理五师师长。1937年5月，任师长。陈翰章和王润成率领五师相继在穆棱、宁安的南湖头、东宁、延吉、汪清等地开展游击战。

1936年9月12日晚，陈翰章与侯国忠、张中华率队在代马沟水平车站附近伏击日军军列，伤亡日军120多人，缴获大量军用物资。

同年冬，陈翰章率领五师和五军的一部，在穆棱和宁安交界处的大段金厂，消灭守敌70多人。年底，陈翰章领导抗联和中共道南特委书记兼五军军部宁安留守处主任张中华，联合"九站""九彪"等山林队，又一次在穆棱县代马沟袭击日军军需列车。

1937年初，陈翰章率领抗联二军五师混合部队，来到穆棱县境内。5月末，袭击了碾子沟金矿，打死打伤伪矿警20多人。6月初，围击了小金山金矿，打死打伤伪矿警27人，活捉日本矿长。1938年7月，陈翰章被任命为第三方面军指挥。

1940年12月6日，陈翰章率队到宁安县鹰膀子北山坡时，一个姓张的战士趁大家不注意，跑到湾沟村投敌叛变。敌人得到陈翰章部队的确切消息，调集1 000多名日满军包围过来。12月

8日上午，陈翰章和战士们正在小湾湾沟老密营窝棚休息，放哨的战士报告，敌人三面包围上来。面对险恶的处境，陈翰章临危不惧，指挥战士做战斗准备，要以一当十节省子弹。战士们英勇阻击，敌人四次冲锋全被打退，终因敌众我寡，许多战士中弹倒下，敌人的包围圈越缩越小，陈翰章的右手和胸部负重伤，扑倒在雪地上。他以顽强的毅力慢慢地坐起来，靠在一棵大松树旁，吃力地用左手掏出了腰中的手枪，准备继续战斗。这时，敌人扑上来，夺去他的手枪，陈翰章怒视着敌人大骂。一个日本军官抽出短刀，凶狠地刺向他的眼睛，陈翰章一扭头，脸上被刀划了一道深深的口子，骂得更厉害了。这个残暴的鬼子用刀子在陈翰章的脸上乱刺、乱砍，最后敌人把他的两眼剜了出来。日军残暴地将陈翰章的头割下来，浸泡在福尔马林液中，保存在当时伪满洲国首都新京的"大陆科学院"。时年，陈瀚章27岁。

2013年4月，陈翰章一百周年诞辰，烈士头颅被迎回吉林省敦化故乡身首合葬。

潘庆由 化名潘向允，朝鲜族，中共党员，历任中共宁安中心县委书记、中共绥宁中心县委书记、中共吉东局组织部长等职。1933年6月，被叛徒枪杀。

1931年"九一八"事变后，中共满洲省委机关由沈阳迁到哈尔滨。为了适应形势发展的需要，决定撤销中共北满特委，把城市与农村中的党组织分开，建立汤原、宁安，绕河、珠河等四个中心县委和哈尔滨市委。

同年11月，把宁安县委扩建为中共宁安中心县委，中心县委书记潘庆由。宁安中心县委领导中共穆棱县委、宁安工作要员会、东宁特别支部和密山区委，全区党员284人。

1932年5月7日，日军依田部队侵入了牡丹江。由于宁安中心县委设在宁安，领导绥宁地区各县和中东路沿线不便，加之日军逼近宁安，如果中心县委仍在宁安，有与其他县断绝联系的危险。

6月，宁安中心县委迁到穆棱县下城子镇，改名为中共绥宁中心县委，管辖穆棱、宁安、密山、东宁、绥芬河等地。潘庆由任中心县委记，组织部长李春根，宣传部长朴凤南，工运部长李发，青运部长李根淑，妇运部长吴樱旭，常委安炳哲、安一山。机关地点设在下城子伪警察分所隔壁，领导中共穆棱县委、宁安临时县委、密山区委、东宁区委（1932年9月建立）、勃利特别支部（1933年初为支部，8月为特支）、绥芬河特别支部和全地区抗日部队工作。期间，潘庆由带头深入基层，大力发展党的组织，使全地区党支部发展到44个，党员发展到393人。为了开展抗日宣传工作，在穆棱县穆棱新安屯沟里抗日游击队密营，建立了印刷机构。

1932年7月，密山区委被破坏，党员减少到7人。潘庆由派穆棱县党员金镇浩、金伯万到密山哈达河检查工作。根据检查情况，又派朱德海、崔平国、崔洪基等人到密山安家落户，从事地下活动。同年9月，又派被营救出的党员李成林和阚玉坤到密山，又调在虎林活动的党员张墨林等到密山活动。

10月，根据满洲省委关于派一名领导带队去密山的指示，绥宁中心县委组织部长朴凤南带队去密山。随同人员有：李春根、李根淑和穆棱县党员干部黄玉清、金伯万、金镇浩、金铉等10人，到达哈达河二段定居，一边劳动一边工作，建立了哈达河、西大林子、白泡子3个党支部，成立了密山区委。区委书记朴凤南，组织部长金刚天，宣传部长李成林，委员李春根、李根淑、林永浩，区委机关设在哈达河头段金炳奎家。

1932年8月，潘庆由调穆棱县委书记全凤来和团县委宣传部长赵昌涉二人，到东宁县组建区委，经一个月的工作，把东宁特支扩建为区委。区委书记全凤来，组织委员韩子清，宣传委员全凤国，团区委书记赵昌涉。

1933年初，潘庆由调穆棱县党员郑昌国等6人，到下亮子（古城镇）活动，建立了勃利县党小组，负责人郑国。同年8月，潘庆由、崔洪基、李成来、权一、李永祚、朴钢、李春根、李达、金伯万等11人到古城镇进行秘密活动，将勃利县党小组扩建为中共勃县特别支部。特支书记郑昌国，组织委员郑昌国，宣传委员崔洪基。

潘庆由在绥宁中心县委期间，主持召开了三次工作会议，解决了绥宁地区有关重大问题。

第一次绥宁工作会议。1932年6月末，中共绥宁中心县委在穆棱县磨刀石区召开了第一次绥宁工作会议。中心县委书记潘庆由主持会议，各县（区）委书记和李延禄、贺剑平、李成林、李延青等同志参加了会议，满洲省委巡视员孙广英出席了会议，会上分析了当前抗日斗争的形势和问题，研究决定建立和扩建我党直接领导的人民抗日武装的问题，决定由李延禄进一步扩建第一、第二补充团和十七团，以便必要时拉出来作战。

第二次绥宁工作会议。1932年9月末，中共绥宁中心县委在穆棱县穆棱镇召开了第二次绥宁工作会议。中心县委领导人潘庆由、朴凤南、吴福海、李春根和满洲省委巡视员孙广英出席了会议，各县（区）委书记和部队党员干部参加了会议，会上分析了蒋介石"8月剿共密电"，会议认为，日军依田部队已经侵占了牡丹江，蒋介石配合日军向牡丹江以东各县进犯，进而制造反共逆流。我们要教育救国军、自卫军等上层领导人，千万不要上了敌人的奸计。会议决定，要教育这两军的全体官兵，反对上层少数领导人的反共阴谋，整顿队伍，清理奸特，团结多数，一致对外。

会后，经过工作起到了一定的效果。但是，抗日自卫军中的反共头子马宪章却口是心非、顽固到底。他于1932年末，在穆棱县梨树镇又逮捕了我党员干部金大伦、李维新等同志，关押在八面通监狱。绥宁中心县委书记潘庆由责成李延禄，利用军队中上层领导人之间的矛盾，将金大伦、李维新和早前被捕的邱文华等党员干部一起释放。

中共穆棱县委通过八面通商务代办所的抗日同情者亚米索夫，派关慈、李维新同志到抗日自卫军第四旅当参谋，金大伦、邱文华到外县工作，对救国军、自卫军进行整训，清除了特务高博生、奸细孙瑞，以开会为名把亲日反共头子马宪章调到八面通，除掉了这一祸害。

第三次绥宁工作会议。正当我党急于解决救国军、自卫军上层领导人之间矛盾的时候，日军向牡丹江以东各县进犯的苗头越来越明显。在这种情况下，中共绥宁中心县委于1932年11月在穆棱县兴源召开了第三次绥宁工作会议。潘庆由主持会议，刘静安、李发、李延禄、孟泾清、张建东等十余人参加。会上分析了日军入侵牡丹江以东各县即将来临的恶化形势和抗日救国军、自卫军中面临危机的严重性。会议指出，目前是日军大半进犯即将来临的时候，抗日救国军、自卫军的上层领导人受蒋介石"8月剿共密电"影响，其主力已经失去了作战的能力，他们可能退却逃跑，因此，阻击日军入侵的责任就要落在中共党员干部的肩上。一方面要教育他们一道抗日，另一方面要扩建自己的队伍。补充团要脱离救国军总部的控制，将张建东派入补充团。会议决定，以李延禄组建的第一、第二补充团为基础，扩建为工农抗日游击大队。大队长李延禄，政委孟泾清，参谋长张建东。下属3个团，1个步兵营，1个游击支队，共800余人。会议号召，各抗日部队要做好战斗准备，提前进入阵地，阻击敌人入侵。会后，为了保存有生力量，经满洲省委同意，于1932年11月，把中共绥宁中心县委机关从穆棱县下城子迁到绥芬河。

12月25日，中共绥宁中心县委决定，各抗日部队要开往穆棱县磨刀石，阻击日军入侵。12月28日，中共党员李延禄率领工农抗日游击大队，从穆棱县兴源出发，直奔阻击日军入侵的战场——磨刀石火车站以东的奔娄头山。1933年1月1日清晨，我军与日军开战，打退了日军的三次进攻，消灭敌军数百人。

1933年1月，中共绥宁中心县委机关，在潘庆由的带领下从绥芬河迁回了穆棱县下城子。

1933年5月，根据中共中央驻共产国际代表团的指示，经满洲省委同意，在穆棱县下城子中共党员王胜魁家建立了中共吉东局，潘庆由任组织部长。1933年6月，潘庆由到东满特委传达中共中央《一·二六指示信》。7月，珲春县抗日游击队长朴斗南叛变投敌，潘庆由惨遭枪杀。

王克仁 原名王世友，生于穆棱县下城子保安村，1924年入私学馆读书一年，由于家境贫困而辍学务农。12岁时，堂叔资助其在下城子小学读书到毕业，后在八面通第二完全小学校做堂役。

年轻的王克仁，很关心国家大事，对于日本帝国主义侵略东北的罪行怀着刻骨的仇恨，决心不当亡国奴，要为抗日救国活动尽到自己的"匹夫"之责。平时，他除了做好杂活，细心地照料一些未成家的年轻教师的生活外，还积极参加教师们从事的抗日活动。1933年5月，他参加了李范五组织的反帝大同盟。在第二小学校共产党员的帮助下，逐步受到党的教育，不断提高思想觉悟，提高对抗日救国的认识。同年6月，经李范五介绍，加入中国共产党。

王克仁入党后，党组织交给他的任务是：联系和掩护狍子沟反日会（反帝大同盟改称反日会）人员到八面通镇内开展活动，并向党组织及时汇报情况。狍子沟反日会人员和他取得联系并在他的掩护下，利用夜间开展活动，召开群众会、撒传单、贴标语等。党组织为了防止反动当局的抓捕，让王克仁秘密通知反日会人员及时撤离八面通镇，到城外各农村进行活动。当反动当局发觉开始抓人时，却见不到反日会人员的影子。时过不久，狍子沟、百草沟、向阳、火车站等地的抗日活动又很快地活跃起来了。

1934年初，王克仁调到宁安县领导青少年抗日救国会，秘密组织起抗日少年儿童团，写标语、油印宣传品，到群众中广泛散发，鼓动群众参加抗日救国活动。

1935年至1936年初，王克仁任共青团吉东特委委员。正逢中共宁安县委遭敌特破坏，他不惧险恶，及时把危急情报反映给县委书记和吉东特委，并且主动通知党团员迅速转移。由于他的机智果断，赢得了时间，让敌人企图一网打尽我地下党组织的阴谋破产，保证了党组织和同志们的安全。

1936年，王克仁调任抗联五军五团政委。1937年夏，调到抗联九军二师任政治部主任。他率部与抗联三、四、五军并肩作战，在宝清、方正、林口一带打了很多胜仗。1938年冬，王克仁晋升抗联九军政治部主任。1939年春，在中共吉东省委扩大会议上，王克仁被任命为抗联第五军政治部代理主任。根据省委和抗联二路军总部指示，王克仁和柴世荣军长率领抗联五军一部和教导团，突破日伪军包围向南挺进，迎接和集拢西征期间留在五常县境内的抗联各分队。征途中屡屡遭到日寇从各地纠集的讨伐队拦截。同年5月上旬率领先头部队到达林口刁翎地区与敌人遭遇，发生激战，王克仁在率部冲锋时不幸牺牲，年仅25岁。

冯丕让 1896出生于辽宁省宽甸县，1932年迁居到穆棱县奎山区麻山村，1933年参加革命工作，1934年6月加入中国共产党。历任麻山村抗日救国会长、奎山区抗日救国会长、中共奎山区委书记、穆棱县抗日游击队长、抗联五军副官长、抗联稽查处长等职。1941年秋，因负重伤而被捕，在穆棱县下城子被日本守备队杀害。

1907年，11岁的冯丕让在原籍私塾读书，后因家贫辍学，随父务农。1932年随同父母来到穆棱县奎山区麻山村（今奎山属林口、麻山属鸡西）落户。

1933年3月，冯丕让参加了党领导的麻山村抗日救国会，4月，被选为麻山村救国会会长，同年6月加入中国共产党。1934年初，冯丕让任穆棱县奎山区抗日救国会会长，4月任中共奎山区委书记。他发动和组织爱国群众，给吉庆沟里的抗日队伍送粮、捐款、购买药品、布匹和枪支弹药。

1935年10月19日，密山县委书记刘曙华（化名老曹），在穆棱县梨树镇被捕，关押在日本宪兵队。敌人对其施用酷刑，一无所获。后来敌人又施一计，把刘曙华送到梨树镇旅店养伤，暗地派特务监视，妄图破坏我党组织和反日组织。穆棱县委得知这一情况后，为营救刘曙华作了安排，责成冯丕让以伪甲长的身份设法把刘曙华营救出来。

1936年3月，冯丕让担任抗联五军军部副官长。5月，奎山区反日会被破坏。一天，冯丕让带领连长王富和双枪手孙喜山到穆棱县梨树镇煤窑沟吴家，接应警备旅哗变的伪军。因筹划不周，被日本宪兵队察觉，他们三人急中生智，打死煤矿日本顾问和翻译7人，在警备旅士兵的掩护下突围出来。同年，日本宪兵逮捕了冯丕让的家眷作人质，企图胁迫冯丕让放弃抗日斗争，更加激起他抗日复仇的怒火。后来通过地下党组织，把冯丕让妻子和孩子营救出狱，转移到勃利县乡下隐居。

冯丕让和五军副军长柴世荣、军政治部主任季青，各领导一支抗日队伍，分别活动在悬羊砬子、猴石沟和雷峰岐沟一带。冯丕让则以兴源村猴石沟屯为根据地，在大顶子山建立了密营，活动在猴石沟、扣河沟一带。

1937年6月，冯丕让同抗联五军在穆棱县雷峰岐、百草沟等地，一举粉碎了穆棱县下城子日本警备旅三十一团讨伐队约100人的猖狂进攻，击毙日军20多人，缴获机枪1挺和步枪10余支。

7月份，冯丕让侦察到准确情报：伪穆棱县治安大队100多人（其中有抗联叛徒）携带机枪和小炮，配合100名日军，进二站南沟讨伐。他及时报告给在附近活动的柴军长和季青同志的抗联队伍，在当地群众配合下，对敌采取包围夹击的战术，打死打伤日伪军30多人，俘虏4人，缴获小炮1门，军马4匹。

1940年，冯丕让带领一支100多人的队伍，从林口刁翎经过奎山、华山转战到穆棱县兴源镇猴石沟大顶子山打游击。

同年秋，冯丕让担任抗联三支队队长兼参谋长，率领队伍辗转来到穆棱县白石砬子。他化装下山为部队筹备冬装时，被日伪特务包永伦跟踪，在兴源砍椽沟大架山的山沟一栋小草房附近遭到包围。冯丕让掩护战友突围时，不幸腿部负重伤被捕，押到穆棱县下城子日本守备队。在狱中敌人对冯丕让施行了种种酷刑，他始终坚贞不屈。最后，敌人竟将他抛进了狼狗圈。时年44岁。

黄玉清　原名韩亨镐，生于朝鲜咸境道吉州郡一个农民家庭里。1905年，随父母迁移到穆棱县八面通向阳屯落户。1924年参加革命，1930年加入中国共产党。历任向阳屯反日会员、中共穆棱县委宣传部长、下城子区委书记、抗日同盟军第四军一团二连指导员、抗联四军政治部主任、吉东省委委员、抗联第五军总政务处主任等职。在1940年与日伪军作战中不幸牺牲。

1929年秋，黄玉清与金瑞铉、许范俊等20多人，同向阳屯一个以传教为名的反动基督教牧师进行斗争，被伪八面通公安分局的警兵逮捕，在八面通监狱关押两个多月后放回。黄玉清出狱后，继续领导群众对敌斗争。

1934年秋，根据斗争形势发展的需要，黄玉清被调到东北抗日同盟军第四军一团二连任指导员，他的爱人许贤淑把他们三岁的女儿托放在一位汉族反日会员家里抚养，只带领两个稍大一些的男孩，跟随黄玉清一起从地方转到部队工作。

1936年3月，黄玉清被任命为军政治部主任。他能文能武、智勇双全，他除了出色地担负着部队的政治思想工作之外，还亲自领导和指挥了许多大大小小的战斗。1937年5月，他带领部队南下，联合五军共同攻打了驻密山县哈达河的伪军二十六团，活捉了伪团长，缴获了迫击炮连、机枪连和3个步兵连的全部武器弹药。

1937年8月，黄玉清在穆棱县狍子沟、光义沟、百草沟一带率队打击日伪军，在凉水泉子战斗中，打死敌人10余名，缴获步枪13支。

1938年春，黄玉清兼任抗联四军一师政治部主任。4月，他的爱人许淑贤随军主力西征，在五常县境内的一次激战中被俘，惨遭敌人杀害。

1939年12月，黄玉清被选为中共吉东省委委员，同时被任命为东北抗联第二路军总部政务处主任。

1940年2月20日，黄玉清等20名同志被数十倍于游击队的日伪军包围在宝清县南的石灰窑里，激战中黄玉清不幸中弹牺牲，年仅41岁。

林贞玉 朝鲜族，1914年出生于一个贫苦农民家庭。1929

年，随父母迁居至穆棱县朝鲜族聚居村新安屯。"九一八"事变后，在党团组织的教育下，她的思想进步很快，立志参加革命，做一名抗日救国的革命战士，提出了参加地下组织的要求，但因年龄幼小，未获批准。她主动帮助党组织做了许多工作，勇敢机智、见义勇为，曾将一名共产党员以自己哥哥的名义，从"红枪会"手中营救出来，受到全村群众的称赞。她冒着生命危险，多次散发传单，揭露日本侵略者的暴行，协助党组织，把党的抗日救国主张宣传到群众中去，号召人民起来斗争，消灭侵略者，极大地鼓舞了群众的抗日斗志，打击了敌人的凶焰。

1932年1月，因村中叛徒告密，林贞玉被迫离开新安屯，隐蔽于宁安县小牡丹屯继续从事抗日活动。

1933年冬，林贞玉与时任宁安县团委书记李光林结婚。婚后，她参加了党领导的抗日武装工农义务队，被分配至平日坡根据地洗衣队工作，后调裁缝所任领导工作。

在林贞玉一再要求下，组织上将她编入抗联第五军第一师任战士。她毅然剪去长发，以表达坚定的抗日决心。她行军打仗、站岗放哨，样样走在前头，在战争烽火的锤炼下，成长为一名坚定勇敢的抗日女战士。

林贞玉在行军打仗之余，经常向群众宣传抗日救国的道理，揭露日寇的侵略罪行，启发群众拿起武器，把侵略者赶出家园。她能歌善舞，经常不辞劳累，用歌舞鼓舞同志们的斗志，激励战士们勇敢杀敌。她的事迹在军中广为传诵，被战士们誉为游击队中的"花木兰"。

1934年深秋，为解决棉衣和给养问题，部队计划夺取斗沟子车站。斗沟子是图佳线上的火车站，位于东京城南约40公里处，是敌军运输的必经之地。据侦察，敌人一列满载棉衣的列车要通过斗沟子车站。得知这一消息后，师长李荆璞带领300多名战士在夜幕中开赴斗沟子车站。

林贞玉所在的妇女队20多名战士，分别扮成农村姑娘或老太太，于下午陆续先行来到车站，她们机智地以探望亲人为借口来到警察住处，未放一枪，就缴了20多名护路警察的枪械。黄昏时她们已占领车站，控制了调度室。

夜晚，敌人的货车经过，李荆璞率战士们迅速将其拦截。部队正在收缴物资时，从宁安方向开来一列敌人军列，部队与敌人展开激战。由于情况突变，部队改变了计划，决定经东山撤退。林贞玉率一个班断后掩护，在激战中她不幸中弹，壮烈牺牲，献出了年仅20岁的年轻生命。

李延青 山东省莱州县人，初中文化，1929年来到穆棱县穆棱车站当铁路临时工人。1930年3月，经学友介绍参加革命，成为我党地下工作人员。1931年6月加入中国共产党。经延吉县委同意，李延青于1931年11月来到穆棱车站，利用夜间向铁路工人宣传中国共产党的抗日主张和政策，经过艰苦的工作，成立了一支50多人由穆棱铁路工人组成的抗日游击队，李延青担任队长。

1932年3月，李延青同李延禄一起，共同率队参加了镜泊湖连环战役，打死日军七八十人。经过一段休整，李延青在亚布洛尼扩军，穆棱铁路工人游击队由原来的50人增加到80人。为配合国民救国军打击日军，李延青率领游击队将高岭子天险盘山道弯道处铁轨道钉拔掉，伏击日军列车，消灭日军100多人，击毙了日军头目天野少将。

1932年4月，在中共穆棱县委的协助下，以李延青领导的穆棱铁路工人游击队为基础，动员群众参军。收编了来到兴源镇的邹风翔（原名崔庆寿）哗变的一面坡警察队130多人和王、张、杜三人大法师的红枪会、黄枪会200多人，把穆棱铁路工人游击队扩建为一个团，即抗日救国军第十七团，团长李延青。十七团是救国军的编制，实际上是我党派入救国军中的共产党员们建立、领导和指挥的人民抗日武装。

李延青击毙日军天野少将，驻牡丹江日军把他视为"眼中钉"，以重金收买了救国军十七团第三营领导人（王、张大法师）暗杀李延青。1932年8月的一个夜晚，王、张大法师乘十七团主力外出之机，带领红枪会闯入十七团团部，杀害了李延青。第二天主力返回，活捉了王大法师为李延青祭灵，部队将李延青的遗体安葬在穆棱县兴源镇西崴子村南侧水田地边上。

张镇华　1933年6月参加革命，8月加入中国共产党，历任穆棱县抗日游击队副指导员，绥宁反日同盟军连长、东北反日联合军第五军警卫连长、东北抗日联军第五军一师参谋长，五军警卫旅政治部主任，五军二师副师长、三师长等职。

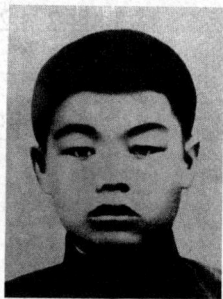

张镇华参加抗日游击队后，协助部队领导扩建队伍，修理枪支，与伪军开展小型游击战。1933年6月，张镇华带着抗日救国的思想，到穆棱县八面通狍子沟参加了穆棱县抗日游击队。入伍后，他积极协助游击队队长胡仁、指导员宋一夫建立密营、联络军需物资。不久，被提为游击队副指导员，当时全队50多人。

由于游击队武器不佳，需要修理，张镇华到穆棱县八面通镇与中共穆棱县委取得联系。县委书记李范五派人在八面通镇西侧建立了张家枪炉，利用夜间给游击队修理和制造枪支。后来，由于铁器不足，修理枪支发生了困难。张镇华到穆棱县委交通站田家澡堂子，与交通员田仲樵取得联系。田仲樵收集马掌、道钉等铁器送到张家枪炉，为抗日游击队修理枪支所用。

张镇华到游击队后，经常深入边远村屯，动员爱国青年参军。经过一段时间工作，郭长玉、梁万春等10余名青年参加了游击队。为了扩建游击队，他还动员伪军倒戈抗日。1933年7月，张镇华与穆棱县委书记李范五取得联系，研究动员伪军警哗变问题。李范五与县委委员马朝德一起，做了伪穆棱县警务局文书孙长仁和财务股长王子书的工作，发展他们为反日会会员，搜集敌人情况。后来，派他俩以旧交相继做穆棱县公署警卫队队长王经武和士兵的工作。7月末，在马朝德的指挥和田家澡堂子交通站的配合下，由张镇华率队接应，王经武将警卫队30多人全部拉出，携带一批枪支弹药奔向狍子沟，编入穆棱县抗日游击队。由于张镇华工作成绩显著，经胡仁和宋一夫介绍，于1933年9月，光荣加入中国共产党。

1934年2月26日，中共党员周保中成立绥宁反日同盟军办事处。不久，宋一夫任八面通区委书记。张镇华和胡仁带领游击队编入绥宁反日同盟军。3月1日，反日军办事处改为联合办事处。8月，成立中共绥宁反日同盟军委员会，周保中任书记，胡仁任委员，张镇华任连长。1935年2月，根据中共吉东特委指示，将绥宁反日同盟改编为东北反日联合军第五军，周保中任军长，胡仁任政治部主任，张镇华任五军警卫连长。1936年2月，东北反日联合军第五军改为东北抗日联军第五军，张镇华任五军师参谋长。

为了扩建军队，收编伪军警一道抗日，张镇华受五军长周保中委派，三次到穆棱镇联系地下党员冯淑艳，研究劝降三道河子森林警察大队一道抗日的问题。因为，森警大队长李文彬是冯淑艳爱人王亚东的表弟，这对劝降森警大队倒戈十分有利。1937年7月10日晚，李文彬下达起义命令，烧毁营房，绑走了顽固的杨翻译，拉出了150名官兵和50多名家属，在五军军长周保中和张镇华率队接应下，奔向抗联五军营地后，编为五军警卫旅。11月，警卫旅改编为五军三师，师长李文彬、政部主任王效明、副官长王亚东，张镇华任二师副师长。

1939年8、9月间，抗联二路总指挥部政治部主任黄玉清视察虎林的第五、七军工作。这时，敌人实行大讨伐，割断了虎林到饶河的路线，无法找到七军。所以，五军三师师长李文彬和九团政委姜信太率领200多人，同黄玉清一起回宝清找周保中领新任务。9月12日下午3时，刚到宝清便遭到伪军三十五团和警察大队的追击和包围，激战数小时，三师长李文彬和副官张云晋等7人壮烈牺牲。

李文彬牺牲后，张镇华任三师师长，活动在依兰、富锦、宝清等地。1940年2月，张镇华带领20多人的小分队遭到日伪军伏击，大部分队员牺牲，张镇华被俘。日军认为可以利用张镇华搜捕周保中等抗联主要领导的行踪，所以把他押送到佳木斯特务机关，但特务机关在张镇华口中一无所获。1944年2月，张镇华被杀害于佳木斯监狱，时年31岁。

窦玉山 汉族，出生在山东省昌邑县。1932年参加革命，历任椅子圈（今山底）养路工区工长、党支部书记、磨刀石铁路区委委员。1935年4月7日牺牲。

1933年5月成立吉东局后，9月在磨刀石站成立了铁路区委，窦玉山任椅子圈党支部书记。在铁路工人中开展活动较好的有横道河子的潘庆由和椅子圈的窦玉山。

1933年9月，吉东局由穆棱搬到山顶站（今大观岭站）。老赵（黄秀珍）到山顶站上党课时，听到椅子圈工区有个白俄监工头，经常欺压工人。经吉东局同意，1934年1月在黄秀珍帮助下，由窦玉山团结职工群众，领导铁路工人举行一次罢工，把那个充当日本奸细的白俄工头驱逐。

1934年3月，中共吉东局在磨刀石窦玉山家召开了第四次吉东局工作会议，由团省委小王传达贯彻中共中央给满洲省委的"一·二六"指示信。

1933年冬季，团省委宣传部长杨波到延吉、珲春等地巡视回来，路过吉东局时到山底站开展工作，区委把杨波安排到窦玉山家住了六七天。杨波熟悉这一带情况，1934年，杨波回到哈尔滨时被抓叛变，供出了吉东局全部情况。

1934年4月，敌人进行大逮捕，包围了窦玉山的家，因窦玉山已调椅子圈工区当工长未抓着。此时，磨刀石养路副工长孙宝田到水楼（给水所）给窦玉山打电话，用俄语说："你往山上快逃跑！"窦玉山接到电话，但未听清楚，出来走了不远，发现桥头上敌人迎面而来，他虽躲藏到桥下，但被敌人发现逮捕，押送到磨刀石警察署。酷刑面前他毫不屈服，后被送到牡丹江，又送到哈尔滨日本领事馆警察署监狱关押。

1934年4月28日，敌人费尽心机审讯窦玉山始终一无所获。窦玉山在狱中同敌人进行了顽强的斗争，因多次身遭酷刑折磨，加上参与绝食斗争，身体衰弱，于1935年初牺牲在狱中。同时被捕的一位叫苏长德的同志从狱中出来后，把窦玉山在狱中英勇斗争和牺牲的情况汇报给党组织及其家属。

金伯万 原名金亨国，1909年2月出生于穆棱县百草沟高丽屯一个贫苦的朝鲜族农民家庭。1919年，他在八面通街小学读书。小学毕业后，因家境贫寒，无力继续升学，与家人一起在百草沟种地过活。

1929年，金伯万在百草沟高丽屯参加了反日会群众组织。组织群众秘密集会、撒传单、贴标语，动员大家起来抗日。同年夏，因张贴反日标语被八面通警察署关押了一个多月。

1931年，金伯万加入了中国共产党。"九一八"事变后，金伯万遵照穆棱县委指示离开家乡，先后来到八面通、向阳屯、杨木背等地进行抗日活动。

1932年底，根据绥宁中心县委指示，金伯万被调到密山县筹建密山抗日游击队。

1933年7月，金伯万等4名同志打入伪满军二十六旅内部，很快和那里的士兵混熟，机智地带出4支步枪。不久，在哈达河通往县城的公路上，又击毙了哈达河大排队队长于仁江等6人，缴获手枪1支，步枪5支，子弹数百发。

同年9月，金伯万等同志被派到勃利县大四站活动。一天中午，他们路过一所伪军营房时，发现伪军正在屋内赌博，金伯万带几名同志勇敢地闯进屋里，缴获步枪11支。

1934年3月20日，哈达河（中共密山县委所在地）成立了赤色游击队，金伯万任副队长。赤色游击队成立后，在密山杨木林子与伪军进行了战斗，毙伤伪军官兵10余人。在这次战斗后，混入游击队内部的坏分子张宝山，裹胁10余名队员叛离了革命队伍。金伯万在密山县委领导下，联合部分抗日山林队，收缴了叛徒武器，整顿了队伍。

同年10月，他率领密山抗日游击队会同李延禄同志领导的东北人民革命军第四军攻打了密山县城，游击队突破了县城北天门，缴获步枪数十支。在攻打密山县城的战斗后，密山反日游击队改编为东北革命军第四军第二团，金伯万任二团一连连长，不久调到第三团，任团政委。

1935年9月，金伯万在执行任务时被叛徒杀害于勃利县通天沟，时年26岁。

李光林　朝鲜族，1910年出生于延边一个贫苦的农民家庭。1927年参加革命工作，1931年加入中国共产党。1933年到穆棱县工作时同林贞玉结婚。历任宁安县团委书记、吉东局团委常委、吉东局团书记兼吉东局巡视员、反日联合军五军二师政治部主任等职。

1931年"九一八"事变后，上级党组织任命李光林为宁安县团委书记。1933年5月中共吉东局任命李光林为吉东局常委。1934年初，他又被中共吉东局提升为共青团吉东局委书记兼吉东局巡视员。他以穆棱为中心，经常到勃利、密山一带，发动群众开展抗日活动。

1935年2月，在汪清正式组建了反日联合军第五军第二师，李光林任师政治部主任。同年4月，五军党委决定师长傅显明和李光林率三、五、七团随军部在宁安境内活动。

1935年冬季，日本侵略者加紧了对抗日部队的讨伐，妄图剿灭抗日力量。宁安境内的抗日军处于困难境地，给养发生困难。师长傅显明和政治部主任李光林商量决定，由傅显明带四五个人到三道河子联系四团三连，李光林带四连和五连的一部分战士到嘎斯沟一带征收给养和服装。他们约定三四天后会合，然后向花脸沟、许家大屯等地活动。

分手后，李光林即带20多名战士活动到宁安江南山东屯，在征收给养过程中，由于当地一个汉奸告密，敌人遂于12月24日派伪军1个团，将李光林部重重包围在尤家窝棚后面一个空房子里。这是一栋孤立的房子，四周是一片开阔地，无险可守，无路可退。他临危不惧，从容率领战士进行英勇的抵抗，但终因敌众我寡，激战两小时后，李光林等13名同志不幸被俘。李光林坚贞不屈，怒斥伪军甘当日本侵略者的鹰犬、为虎作伥、残害同胞。伪军官恼羞成怒，将李光林杀害，时年25岁。

朴凤南 朝鲜族，1903年出生于吉林省和龙县平康村农民家庭里。童年因家庭生活窘困，长年累月给地主扛活，饱尝辛酸。不平等的社会现象，曾经深深地刺痛了他幼小的心灵。

1918年，求学心切的朴凤南才有机会上小学，深知学习机会来之不易，他发奋读书，1924年考入龙井大成中学。在中学期间，他受革命思想影响，踊跃参加政治活动，潜心攻读革命书籍，找到了自己的理想之路。

1928年，基于救国救民的爱国热情，朴凤南奋然投身革命，翌年，加入中国共产党。入党不久，党组织根据他的特点，决定让他去东京城工作。朴凤南同志欣然接受此项任务后，在东京城南大庙以私塾先生为名，向爱国青年和群众进行革命宣传，开展秘密活动。他性情温柔、待人和善、谦虚谨慎、很有涵养，颇受人们尊敬。许多热血青年都愿意和他在一起，听他讲故事跟他学文化，朝鲜族小姑娘李根淑就是其中之一，她在朴凤南的教育下，走上了革命道路，迅速成长为一名机智勇敢的小战士。

1932年6月，日军向宁安进犯，中共宁安中心县委迁到了穆棱县，改称"中共绥宁中心县委"，朴凤南任宣传部长。革命斗争实践使他深刻地认识到，只有不断发展和扩大党组织，广泛动员劳苦大众，才能将抗日救国斗争推向新的阶段，因此，他非常重视组建各地党组织。

同年7月，朴凤南派穆棱县党员干部去密山县境内开展工作。金浩、金伯万、朱海等十余名同志到密山永安区锅盔山定居，暗地进行党的活动，发展党团组织，为建立密山区委奠定基础。8月，派中共穆棱县委书记全凤来、团县委宣传部长赵昌涉二位同志去东宁组建区委，至10月建立了中共东宁县区委。同年10月，朴凤南同志由宣传部长接任中心县委组织部长。

1932年12月，上级组织决定，让朴凤南带领若干同志去密山组建区委，他带领李根淑、李春根、韩亨镐、金根等10余名同志，深入偏僻山乡，建立了哈达河、西大林子白泡子支部。在此基础上，建立了中共密山县区委，朴凤南任书记。1933年10月，条件成熟将密山区委扩建为中共密山县委，同年12月，朴凤南任中共密山县委书记。

1934年10月，吴平以中共满洲省委巡视员身份在哈达河主持召开的密山县委扩大会议上，决定朴凤南同志调抗联四军政治部任组织部长、金根同志调四军任参谋处长、李根淑调四军任妇女主任。从此，他以新的姿态投入了部队的战斗生活。

1936年秋，朴凤南同志随部队去依兰县土龙山附近白家大院收缴地主武装时，不幸中弹牺牲，年仅33岁。1950年秋，李延禄同志为他题词"朴凤南同志千古"。

张林 汉族，原名郝东发，化名张树仁、郝光、小郝。工人出身，初中文化，中共党员。1914年5月出生于山东省平度县，1932年参加革命，1933年加入中国共产主义青年团，1936年转为中共党员。历任抗日救国军兵工厂钳工、救国军团小组长、团支部书记、横道河子铁路执务段团支部书记、共青团吉东局副书记、共青团满洲省委组织部副部长、部长，共青团吉东特委书记、陕西省西安市工委秘书、副书记，松江省珠河县委书记、松江省委组织部长、北京铁路总局人事部副部长、部长，哈铁管理局副局长、党委副书记、哈铁管理局顾问。

张林从小就失去了父亲，五六岁时，在原籍帮助妈妈种地、拾粪、拣柴。1925年冬，11岁的张林随母亲来到哈尔滨市，在道外花园街学徒。1928年，14岁的张林失去了母亲，住在哈市道里区舅父家，后因舅父家贫，张林流浪于街头。1929年冬，张林到哈铁机务段当学徒工。1932年2月5日，日军侵占了哈尔滨，张林同志为了抗日救国，立志投身革命。

1932年夏，张林同志化名为张树仁到抗日救国军王德林部下兵工厂当钳工，修理枪炮。同年11月，日军从牡丹江市准备向穆棱、东宁、绥芬河、密山、虎林一带进犯，王德林部队退至中苏边境，准备去苏联。张林同志离开了队伍到横道河子铁路检车段，以检车员身份为掩护，从事抗日活动。

1933年初，经程芳同志介绍，加入了中国共产主义青年团。入团后，任团小组长、团支书，带领团员、青年开展抗日活动。

1933年5月，在穆棱县下城子中共党员王胜魁家建立了中共吉东局，张林任共青团吉东局经斗部部长，此时改名为张林。当时共青团吉东局成员有：书记关书范，常委李光林，委员王克仁。1934年初，关书范调入部队，李光林担任共青团吉东局书记，张林担任副书记。1934年4月，满洲省委巡视员杨波到吉东局视察工作回哈后被捕，供出了吉东局和其所属的党团组织。所幸，此事被在横道河子巡视工作的张林得知，立即用电话通知了吉东局，党团机关人员携带文件转移。山底站党支部书记窦玉山和吉东局交通联络站（牡丹江大同医院）的交通员杨光廷、王德纯先后被捕。中共吉东局书记朱克实（原名孙广英）移至辽宁省新民县外祖母家。此后，张林被提任为共青团满洲省委组织部副部长、部长。

1934年9月，中共中央驻共产国际代表团成员吴平从苏联来到穆棱县下城子河西屯，在姜老麻子家建立了中共吉东特委。张林任共青团吉东特委书记。因张林工作有成效，于1935年底去苏联参加共产国际第六次代表大会，被留在莫斯科东方大学学习。1936年10月，张林由共青团员转为共产党员。

1938年春毕业回国，在延安中共中央党校干部部工作。同年末，张林任陕西省西安市工委秘书、副书记；1945年4月，张林被选为党的七大代表，同年7月任松江省珠河县委书记；1946年初，任哈东支队政治委员，同年冬，任北京铁路总局人事部副部长、部长；1950年春，任中长铁路局局长助理；1953年春，任铁路管理局副局长；1958年1月，任哈铁党委副书记；1966年8月至1972年5月，在"文革"中被揪斗，送榆林五七干校劳动；1975年夏至1976年4月，担任哈尔滨铁路局顾问。1982年4月病故于哈尔滨。

冯淑艳 人称"双枪女将"。1930年，冯淑艳与青年农民王亚东结婚。1933年1月，日军侵占了穆棱县。7月，泉眼河屯发生了日本军官龟田强奸新娘暴行事件，冯淑艳的母亲和侄女为了保护新娘，双双被日本鬼子打死，冯淑艳满腔仇恨，决心与日本侵略者斗争到底。

1934年夏天，冯淑艳女扮男装几经周折，找到了中共穆棱区委书记潘寿廷，从此成为一名地下革命者。1935年秋天一个傍晚，冯淑艳看到自己的丈夫没有找到共产党，却穿上了一身黑色伪森林警察制服回到家，她批评丈夫不分敌我，并向组织汇报了情况。在党的指示下，她让丈夫打入伪森警内部，冯淑艳只身多次来到伪森警大队，进行策反工作。

1937年7月12日傍晚，伪森警大队长李文彬率兵起义，冯淑艳和起义森警一起消灭了日本军官，引导380名伪森警官兵走上了抗日救国道路。7月15日，宣布正式参加抗联第五军，后来冯淑艳被任命为第五军被服厂厂长，不久后加入中国共产党。

1939年冬，冯淑艳在苏联治病，回国后做情报工作。1945年5月，冯淑艳和弟弟冯广志一起建立了农民反日会、抗日儿童团。1945年8月7日夜，冯淑艳接应苏联红军飞机空降5名抗联侦察员，及时架起电台，将日伪军情报发往抗联总部。1945年8月15日，日本帝国主义无条件投降。9月，东北人民自治军绥东军分区司令部把抗联独立营改编为独立团，冯淑艳任团长，王亚东任参谋长，为穆棱县民主政权建立做出了巨大贡献。

冯淑艳这位智勇双全、叱咤风云的女英雄，为世界反法西斯战争和中国抗日战争和解放战争立下了不朽的功勋。1995年8月15日，俄罗斯政府授予她"第二次世界反法西斯战争功勋荣誉章"（朱可夫勋章）。2008年9月10日，因病在哈尔滨逝世，享年98岁。

王亚东　原名王杰臣，生于哈尔滨市，毕业于铁路警官学校。1935年在宁安县三道河子森林警察大队任副大队长，1937年7月12日率队哗变，参加东北抗联第五军警卫旅任旅副官长，后部队改编为东北抗联第五军第三师，任三师副官长。1938年冬加入中国共产党，1939年去苏联，1940年5月领导抗联小部队活动，1942年去苏联在南野营工作，1943年被派回穆棱县做侦察工作。

1943年3月，中共东北委员会常委、教导旅旅长周保中，将部队中的中共党员王亚东、冯淑艳夫妇，从苏联派回故乡穆棱镇泉眼河屯，建立了夫妻交通站。他俩以客商身份为掩护，搜集穆棱、绥芬河、绥阳等地日伪军的情报。后来，他俩在传递文件和搜集情报的同时，建立了一支40多人的抗联小分队。

1945年8月7日，王亚东、冯淑艳收到周保中从苏联来的指示信和冯淑艳在部队时用过的手枪，命令他们："苏联飞机进入穆棱县时，抗联小分队要配合苏军消灭日军。"午夜，二人在泉眼河屯召开紧急会议，传达周保中的指示，研究布置配合苏军消灭日军的计划。后半夜，一架飞机来到穆棱县泉眼河屯的对头碰子山上空空投侦查员5人，携带手枪和电台找王亚东、冯淑艳接头。8月9日，苏联红军飞机飞进穆棱县上空，在抗联小分队、反日会、抗日儿童团的配合下，王亚东夫妇代表人民处决了泉眼河屯伪警察分驻所宋警长，打开了敌人的仓库，将粮食、衣物分给群众。群众积极踊跃参军，小分队由40多人扩大到200多人。8月9日，苏军坦克部队驶进穆棱县，日军向深山逃窜，抗联小分队在泉眼河沟里埋伏在峡谷的两个山头上，日军行至此处，我军猛烈袭击，歼灭了日军残余部队。

后部队改编入绥东军分区，配合陶雨峰的十四团消灭了国民党三十一团，为穆棱民主政府建立作出了巨大贡献。王亚东曾一度去武汉，一个月后返回东北，在二五三七部队（牡丹江航校）任科长、处长，1958年9月28日因病在哈尔滨去世。

李守中 化名刘玉山，汉族，吉林省人。1930年3月加入中国共产党，历任中共穆棱县委书记、东北抗日同盟军第四军司令部执法处主任、四军一团政委、抗联四军一团政委等职。

1934年2月，由于穆棱县委成员领导不利，使全县党的工作处于停顿状态，根据中共吉东局的指示，将穆棱县委改建为中共穆棱县工作委员会，有待于进一步充实和加强。4月，由于中共吉东局机关被敌人破坏，穆棱县党的工作处于停滞状态。为了充实穆棱县党组织，吉东局临时委员会派李守中和张玉杰（李守中爱人）等同志到穆棱县下城子区河西屯（今保安村），整顿了县工作委员会，改建为中共穆棱县委。李守中任县委书记、杜本君任组织部长、安景之任宣传部长、李增岱任团县委书记、张玉杰任县妇救会主任。在李守中同志的带领下，经过一番努力，全县各级党的组织日益发展壮大。县委领导磨刀石、穆棱、下城子、八面通、梨树、奎山，全县党支部24个，党员170多人。全县各地共青团、妇救会、抗日儿童团等组织普遍建立起来。

1934年11月，吉东特委调穆棱县委书记李守中任东北抗日同盟军第四军司令部执法处主任，他经常带领四军司令部执法处的干部深入各连队，了解和掌握执行纪律的情况，深入开展遵纪守法的宣传教育，及时处理违反群众纪律的行为，使部队很快地成为有理想、守纪律、能吃苦的人民抗日武装。

李守中调到东北抗日同盟军第四军后，李健侠任穆棱县委书记。李健侠任职后，与原县委委员有矛盾，影响了县委工作的顺利开展，吉东特委书记吴平将李健侠调出，调李守中任穆棱县委书记。从此，李守中化名为刘玉山。一次，他在穆棱区委书记李增岱的陪同下，到兴源德后街（今北村），以伪职员身份为掩护，用动员群众"为日军捐献"之名，在刘仁堂家召开了全村妇女大会，动员妇女为抗日部队捐献。为了迷惑敌人不暴露身份，开始他讲了"日满亲善、王道乐土"和"为日军捐款捐物"的话。在我党妇救会放哨，严防会场混入敌人的情况下，李守中转移了话题，宣传抗日救国道理，动员妇女群众为抗日部队捐款捐物，支援部队打击日军。大会结束后，在妇救会组织的带动下，爱国的妇女群众利用夜间给抗日部队送粮、盐、火柴和药品。

李守中在任穆棱县委书记不久，吉东特委调李守中任东北抗日同盟军第四军第一团政委。李守中到部队后，与四军一团团长杨太和密切配合，加强对一团的领导，不仅使一团指战员健康成长，而且在一团各连队均建立了党支部、团小组。部队每到一地，李守中带领全团指战员，一边发动群众，一边打击敌人。部队在穆棱、密山、勃利三县沿山地带活动，到1935年1月下旬，配合这三个县党组织发展反日会员达300多人，三县党组织带领反日会员支援抗日部队打击日伪军。

1936年2月，东北抗日同盟军第四军改编为东北抗日联军第四军。3月15日，军长李延禄被调走，李延平任代理军长，黄玉清任政治部主任，李守中仍为四军一团政委。4月，图佳线路已经铺到勃利，敌兵千余人，在勃利、林口一带向抗联各部进行春季大讨伐，代理军长李延平率队，在勃利大四站与日军讨伐队遭遇，因敌众我寡，我军牺牲8人，受伤9人，李守中壮烈牺牲，时年30岁。

　　李成林　朝鲜族，原名金东植，化名金大伦、孙靖海。生于朝鲜咸境南道咸州市郡东川面一个贫农家里，1915年随父母离开朝鲜来到穆棱县磨刀石南街村（今红星村）落户。1919年于磨刀石小学校毕业，1920年考入宁安吉林省立第四中学读书，1922年毕业，1926年考入广州黄埔军校，1930年加入中国共产党。

　　1931年10月，李成林受宁安中心县委的派遣，随同李延禄、孟泾清等到东北军十三混合旅，在七团三营王德林部任宣传部长，化名金大伦。其后不久，该部改编为抗日救国军并建立了秘密党支部，李成林任支部委员。

　　1932年，在救国军第一次军事会议后，自卫军反共头目马宪章得到了南京发来的《剿共密令》，在穆棱县梨树镇、马桥河镇逮捕了一大批共产党员，其中，李成林、李维新等人被关押在八面通监狱，李延禄经多方努力，巧妙利用总指挥王德林与副总指挥孔宪荣之间的矛盾，把中共党员李成林、李维新和6月被捕的邱文华营救出来。

　　李成林为发动群众、建立人民抗日武装，组织编辑印刷了《在战线上》小报。利用夜间印刷传单，发动群众张贴标语，组织学生游行，动员群众参加抗日救亡运动。许多青壮年在他的教育下，踊跃参军参战，仅1932年抗日救国军在穆棱县驻扎期间，参军参战的即达数百人，为创建我党直接领导的人民抗日武装第一、二补充团和十七团打下了坚实的群众基础。

　　1932年末，李成林被派往密山做党的地下工作。1933年12月，密山区委扩建为密山县委时，李成林任宣传部长。1934年3月，中共吉东局委派李成林整顿了密山游击队，纠正了"左"倾关门主义，改建为"密山赤色游击队"。

1934年10月，李成林调任勃利县委书记。1936年6月，李成林从勃利大四站去依兰黑背开会，行至勃利县马粪包北沟时，不幸遭三名土匪暗害，年仅32岁。

刘曙华 汉族，别名李明学。1912年出生于山东省济南市的一个贫苦农民家庭，他很早就参加了中国共产党。1934年去苏联海参崴列宁主义学校学习，1935年回国，任过密山县委书记。1936年3月至6月，任穆棱县委代理书记，同年7月，任抗日联军第五军二师政治部主任，抗日联军第八军政治部主任、中共吉东省委委员、省执委委员、哈东联军办事总处负责人等职。

1935年秋，刘曙华找到了正在地里干活的妇女干部田仲樵，向她要反日会员登记表，当他拿着登记表正要离去时，遇上了伪军大搜查。刘曙华忙躲进草丛，把登记表分几处埋起来，但被敌人发现，搜出了部分登记表，刘曙华被捕，敌人认为他是个重要的政治犯，把他押送到穆棱县宪兵队。敌人根据反日会登记表，逮捕了李贵、孙洪山、王老疙瘩等7人，敌人让刘曙华与反日会员对质时，刘曙华一口咬定登记表是他自己偷着搞出来的，李贵他们根本不知情。敌人想方设法从他嘴里得到口供，对刘曙华施用上水挂、灌辣椒水等酷刑，把他折磨得死去活来，敌人什么也没有得到，只好把李贵等7名反日会员释放了。

1935年10月19日，敌人一计不成，又施一计。对刘曙华实行假释放，把他安排到梨树镇旅店里养伤，暗地派特务监视。情况被穆棱县委得知后，对营救刘曙华的工作作了安排，责成中共穆棱县奎山区委冯丕让同志，以甲长的身份把刘曙华营救出来，被敌人关押了五个月的刘曙华，又回到了党的怀抱。

敌人严刑拷打，摧残了刘曙华的身体，穆棱县委安排他到奎山区委组织委员杜继臣家养伤。他的身体还没有完全恢复，又向组织要求工作，县委批准了他的请求，决定让他暂时随五军北征。1936年1月，部队在麻山活动时，与三四十名伪军遭遇，敌我双方展开了激战，刘曙华和二连长指挥部队沉着作战，部队安全地撤出了战斗，刘曙华腿部负了重伤，他又回到了杜继臣家养伤。

1936年3月，吉东特委决定刘曙华任穆棱县委代理书记。他更加清楚地认识到党领导武装斗争的重要性，多次要求到部队中工作。7月，经道北特委批准和五军长周保中同意，刘曙华担任抗联五军二师政治部主任。1936年夏季，敌军70余人押着4辆汽车、20大车的军用物资经过二道沟，我军得到这一消息后，刘曙华带二师部分战士在敌人必经的公路上埋伏。傍晚，敌人车队进入埋伏圈，刘曙华一声令下，战士们集中火力消灭了4辆汽车上的敌人，紧接着又截击了运送物资的大车，击毙敌人20多人，缴获了汽车和大车上的所有军需物资及30支步枪。1936年9月，东北抗日联军第八军成立时，为了加强八军领导力量，中共道北特委调刘曙华任抗联八军政治部主任，兼任五军党委委员。1937年3月10日，吉东省委成立时，刘曙华当选为省委委员、省执委委员。不久，在东北抗联三、四、五、六、八军会议上，被选为哈东联军办事总处负责人。

1938年6月，在行军途中，刘曙华发现八军三师师长王子孚策动投敌叛变的阴谋，同王子孚进行了不屈不挠的斗争。他利用各种机会向三师干部战士，积极宣传党的抗日主张和政策。叛徒王子孚认为刘曙华是他们投敌的障碍，就把他捆绑起来，妄图胁迫他一起投敌。他大讲抗日救国的道理，痛斥王子孚是民族的败类。

8月22日，王子孚一伙到勃利县通天沟时，一些战士在他的教育感召下犹豫了，王子孚眼看投敌不成，就把刘曙华绑在大树上，惨无人道地割下了他的舌头，鲜血顺着英雄的嘴角淌了下来，染红了衣服。但刘曙华威武不屈，毅然挺立，虽然不能说话，但他的一双炯炯有神的眼睛却无限深情地凝视着曾经战斗过的祖国大好河山，他怒视着王子孚一伙叛徒，表现出誓死不降的英雄气节。最后，这伙穷凶极恶的家伙竟用刀子一点一点地割掉刘曙华的皮肉，情状之惨目不忍睹，刘曙华就这样被叛徒杀害了。

噩耗传到他生前的五军二师，抗联干部战士悲愤填膺，都为失去自己敬爱的政治部主任而失声痛哭，他们在四道河子为他召开了追悼会，战士们决心化悲痛为力量，为刘曙华报仇雪恨。解放后，党和人民抓住了当年杀害刘曙华的王子孚，处以枪决，民族的败类得到了应有的下场。

赵永新 汉族，原名赵焕卿，黑龙江省双城县人。1913年出生于一个自由职业者的家庭。"九一八"事变后参加革命，历任宁安工农义务队队员、东北反日联合军第五军一师一团三连文化教员、二师五团二连指导员、哈东办事处秘书长、抗联五军警卫旅二团政委等职。

赵永新在读小学期间，勤学好问、刻苦钻研，学习成绩优异。为人谦虚、待人诚恳。小学毕业后，他到北平弘达中学学习，后入北平俄文法政学院学习。在此期间，他阅读了许多进步书刊，他清醒地认识到，帝国主义的瓜分、封建军阀的割据、资本家和地主的盘剥，让人民过着牛马不如的生活。他积极靠近团组织，接近进步同学，加入了共产主义青年团。他和许多进步同学一道，散发传单、手拿标语走上街头演讲，反对日本帝国主义侵占东北大好河山的罪行。不久，他回到东北，投身于人民抗日武装斗争的革命激流之中。

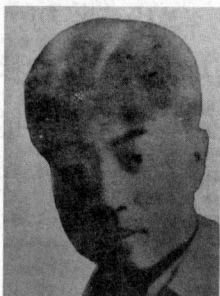

1933年初，赵永新到宁安县工农义务队当战士，在党的培

养和教育下，经过革命斗争的锻炼，1934年光荣地加入了中国共产党。

1935年2月10日，东北抗日联合军第五军成立，赵永新任五军一师二团三连文化教员。后来，调任他为反日联合军五军二师五团二连指导员。他参加了烟筒沟战斗，战斗中他沉着果断、机智勇敢，为战士们做出了榜样。在平时工作中，他关心同志、爱护战士，上下关系十分融洽。一次，他回家探亲返回部队时，特给战士们买了袜子、脚布子、香皂等日常生活用品，战士们深受感动。

1936年3月，赵永新带队与陶净非带领的部队进入穆棱县，在八面通大桥袭击了日军军用列车。这次战斗，炸断了铁路大桥，打死日军170多人，获得了大量的军用物资。赵永新在打扫战场时，获得了一块怀表上交到五军军部。庆功大会上，抗联五军军长周保中同志把这块怀表奖励给赵永新，在以后的战斗岁月里，他一直使用。

1937年初，赵永新被调到哈东办事处任秘书长。同年7月，伪三道河子森林警察大队长李文彬率队起义反正，编入抗联第五军，改编为抗联五军警卫旅。警卫旅下属两个团，李文彬任旅长，赵永新任二团团政委。此后，赵永新率二团开展抗日游击活动。

有一次，日伪军向抗联部队开展大规模的讨伐，为避开敌人，抗联五军党委在三道河子召开了临时会议，决定抗联五军警卫旅与其家属离开牡丹江地区。赵永新随同李文彬带领部队向下江依东、宝清地区转移。7月下旬他们到达依东地区，与日伪军交战3次，共击毙日军指挥官大佐以下60多人，伤10多人。8月16日，在桦川县（今桦南县）境李红眼子东山阻击日军浅田大队的战斗中，赵永新牺牲，时年24岁。

建国前夕，周保中同志将赵永新烈士生前使用过的怀表，送给了东北烈士纪念馆，陈列至今。

乔树藩 汉族，原名乔德本，化名乔英华。1929年在哈尔滨市俄国人开办的大学参加革命，1930年加入中国共产党。历任穆棱县地工人员、穆棱县委书记、吉东局临时委员会委员等职。

1929年，在哈尔滨市俄国人开办的工业大学读书，学会了俄语。在此期间，乔树藩在学校党组织的领导下，参加了革命，被选为学校的学生会主席。1930年初，加入中国共产党。同年7月，被党组织派到社会主义苏联学习。1931年8月，在苏联学习结业回国，继续在哈尔滨第一国民高等学校从事革命活动。"九一八"事变后，乔树藩率领学员开展反日活动，学校反动头目要逮捕他，他巧妙地逃脱了敌人的逮捕。

1933年8月，乔树藩被调到穆棱县下城子，以下城子小学教员身份为掩护从事地下工作。同年9月，穆棱县委书记李范五被调到宁安，乔树藩接任穆棱县委书记之职，县委机关在下城子河西屯。

10月4日晚上，乔树藩在下城子河西屯召开团员会议，布置"八月十五闹中秋"的任务。他把10名团员分成两组，连夜到南站和北街张贴标语、散发传单，让南站的日本兵营、守备队、宪兵队、警护队和北街的警察队等日伪机关人员惊恐万状。由于这次活动，乔树藩已暴露，敌人到处抓人，中共吉东局调乔树藩去苏联学习，派吉东局委员赵志刚（化名王茂才）接任中共穆棱县委书记之职。

1934年3月，乔树藩从苏联回到了穆棱县。4月，吉东局被破坏。乔树藩与赵志刚、潘寿廷等同志一起，在穆棱县九站重新恢复组织，被中共满洲省委批准为"中共吉东局临时员会"，负责人赵志刚，委员乔树藩、潘寿廷、黄秀珍。他们为了开展党的地下活动，在九站火车道西侧边开了一个菜床子，以卖菜为掩护开展党的地下活动。

6月，中共吉东局负责人赵志刚等同志被捕，乔树藩离开了穆棱，回到兰西县城西乔家烧锅隐蔽。不久，日特付占一告密，同年7月30日，乔树藩和他父亲乔玉骐被日本人小林和宪兵部门的谢荫廷（外号谢大虎）、崔炳武等人逮捕，押送到哈尔滨特别警备大队监狱关押在一号牢房，乔树藩的妹妹乔淑英去哈尔滨探监时，乔树藩对妹妹说："你要照顾好妈妈。"他告诉妹妹："我的生命不会太长了。你要向那正大光明路走，继续战斗。"1941年10月，乔玉骐、乔树藩父子在哈尔滨宪兵总部监狱被杀害。

田孟君 原名田淑兰，中共吉东特委领导人李范五的前妻。1913年出生于黑龙江省穆棱县八面通高丽营村，田孟君的家是东北抗日战争时期我党重要交通站之一，其父田秀山、母亲修玉麟都是地下交通员。父亲以澡堂老板的公开身份进行交通联络，母亲以道德会成员的身份开展地下交通工作。姐姐田仲樵，1932年秘密加入中国共产党。受姐姐的影响，1933年，田孟君参加了家乡的反帝大同盟组织，而后这个组织改为抗日救国会。

1934年春，她被调到宁安参加抗日斗争，不久，由丈夫李范五介绍加入中国共产党，并任县妇女反日会主任。通过秘密宣传、组织发动，很快在全县的区、村建立了抗日妇女组织，培养发展一批党、团员和妇女干部。各村的妇女反日会，经常组织站岗放哨、搜集传递日伪活动情报、为抗联战士筹备粮食、做饭洗衣服、开展慰问等活动。

1935年7月，田孟君被调到中共吉东特委，任特委委员、妇委书记，领导吉东各县妇女抗日工作，负责处理特委文件，在林口丁文礼的交通站坚持工作，她机智勇敢地完成了任务。

1936年4月以后，根据共产国际的指示，先到海参崴，后到苏联红军军事工程学院学习情报技术，并从1940年起从事情报技术工作。

中华人民共和国成立后，任哈尔滨保育院副院长，后被调到北京中央调查部，又到人民大学学习。1955年任北京经济学院讲师、人事处副主任、政治部办公室副主任、图书馆馆长，1982年离休。

李根淑 亦名李槿淑，1913年出生于朝鲜庆尚道礼川郡一个秀丽的山村，1914年迁至中国东北，1930年10月参加革命，不久加入中国共青团，1932年7月加入中国共产党。历任反日会会员、绥宁中心县委委员、密山区委妇救会主任、密山县委妇运部长、东北抗日同盟军第四军妇女主任、地工员等职。1940年9月被捕，1941年4月被宪兵队杀害，时年29岁。

李根淑在朝鲜出生后，她爷爷李守元带全家搬迁到宁安县东京城南大庙附近，靠租种土地谋生。1923年，9岁的李根淑开始读书时，母亲常对她讲："许多爱国志士，为了朝鲜独立英勇斗争，死在日本帝国主义的屠刀之下……"亡国仇、民族恨，革命的种子开始在她的心中生根发芽。当时大庙附近有一朝鲜族私塾青年教师朴凤南，是反日会领导人之一。李根淑在朴凤南的帮助下，参加了反日会，1927年11月加入了中国共产主义青年团。

1932年6月，宁安中心县委迁至穆棱县改为"中共绥宁中心县委"。这时，李根淑与朴凤南结成名义上的夫妻来到穆棱县。朴凤南（化名蒋哲山等）任绥宁中心县委宣传部长（同年10月任组织部长），李根淑任绥宁中心县委妇运部委员。绥宁中心县委机关设在穆棱县下城子区伪公安分驻所隔壁王子训的房子里。她最喜欢汉族衣服，能够说一口非常流利的汉话，常利用业余时间给人家烧饭、洗衣服，还常以农村姑娘的打扮，深入下城子附近的村屯，召开秘密会议，宣讲抗日救国的道理，建立反日会，利用夜间撒传单、贴标语，开展革命活动。1932年7月初，她加入了中国共产党，7月下旬，李根淑任中共绥宁中心县委委员。

1932年12月，满洲省委调绥宁中心县委组织部长朴凤南去密山组建区委，他带领李根淑、韩亨镐夫妇等10多名党员干部，到密山哈达河二段李凤春家，以组成家庭的形式落户。他们边劳动边秘密活动，建立了哈达河、西大林子、白泡子3个党支部，党员由7人发展到30多人，党支部由3个发展到6个，成立了中共密山区委，朴凤南任中共密山区委书记，李根淑任区委委员兼区妇救会主任。1933年10月，成立了中共密山县委，朴凤南任县委书记、李根淑任县委妇运部长。不久，李根淑与朴凤南举行了简朴的婚礼。

1934年10月下旬，东北人民革命军第四军改为东北抗日同盟军第四军，调朴凤南任第四军组织部长，李根淑任第四军妇女主任。当抗联部队宿营时，她把自己的马拴好，然后担水铡草，她常说："男人能干的活女人也能干，男女平等么，劳动也要平等。"

1935年11月，东北抗日同盟军第四军收编的第五营营长王应五，和几个大法师想寻机下山投降当汉奸，为了挽留这支队伍，第四军军长李延禄等领导人经多次讨论，认为李根淑能完成这项任务。经过周密计划，李根淑带领慰问队到黄枪会驻地，说服哨兵进入兵营。士兵看到了李根淑带去的慰问品，一拥而上围着慰问队让座、点烟、倒茶。而此营的头目和大法师虽然不太欢迎，想制止也无济于事，善于察言观色的李根淑看出了破绽，她从日军侵略东北，讲道人民受苦受难和抗联第四军收编黄枪会协同作战、共同打击敌人的共同经历。"同胞们，宁受千般苦，不当亡国奴！"李根淑慷慨激昂地演讲，在此营中产生了两种不同的反响。一个头目说："别听不吉利的女人瞎说。"一个爱国士兵说："拥护抗联四军，谁投降就无脸见祖宗！"这个头目环顾四周群情躁动的情景，接着说："自讨方便吧，愿意跟我走的站过来。"有几个士兵异口同声地大声说："兄弟们，不当亡国奴，赶走日本兵，救国当英雄！"这时，只有王应五和几个大法师带领着少数士兵到深山老林里去了，绝大多数士兵在李根淑的感召下，参加了抗联四军，壮大了抗日队伍的力量。

1936年7月，李根淑到莫斯科东方大学学习，1939年7月回国，由于抗联四军转移，李根淑没有找到部队，便回到故乡宁安东京城。在东京城化装成汉族姑娘，做妇救工作，发展妇女组织。在工作中，她发现一个叫丁尚文的小男孩抗日意识高又机智灵敏，慢慢培养他，后来丁尚文成长为李根淑的交通员，经常到江南、江北等地搞交通联络。

1940年夏天的一个下午，李根淑在木其活动时被东京宪兵队逮捕，敌人多次严刑逼供，她始终坚贞不屈。敌人看她不吃硬的，又用软招子引诱她说："只要你交出地下党组织名单，让你做大官、住洋房、坐汽车，尽情地享受。"李根淑像没听见一样，闭口不言。1941年4月的一个深夜，敌人把李根淑杀害了。

李延禄于1961年"九一八"事变30周年之际，为李根淑作诗一首：

李根淑同志千古

雏凤凌云破樊篱，振臂高挥反帝旗；
万马军中声浪起，士气轩昂歼劲敌；
囚门难锁英雄志，倭奴妄图诱军机；
宁为玉碎非全瓦，血染黄沙志未移。

陶净非　原名叫陈明亚，于1912年出生在吉林省德惠县。1932年2月参加革命，5月加入了中国共产主义青年团，10月转为中国共产党党员。历任宁安工农义务队战士、东北反日联合军第五军一师一团连指导员、团政委、师政治部主任等职。1942年5月21日，陶净非为了掩护同志们突围，在五常县三道海浪河沟壮烈牺牲，时年30岁。他是东北反日联合军的优秀将领，他所领导的部队经常活动在穆棱县境内，为绥宁地区早日解放立下了汗马功劳。

陶净非，13岁就学于吉林省德惠县小学，1928年他家搬到了哈尔滨市郊区，小学毕业后考入了哈尔滨市中学的高中班读书。"九一八"事变后，在中共中央和满洲省委的号召下，东北爱国群众以各种形式反对日本帝国主义的侵略。人民群众的反日怒潮，教育和激励着广大青年学生。正在中学读书的陶净非，在报纸上看到日军的暴行，激起了他的爱国热情，他深深感到"国家兴亡、匹夫有责"。所以积极参加学校组织的抗日宣传队，到哈尔滨市的大街小巷张贴标语，号召群众起来进行武装斗争。

1932年2月5日，日军侵占了哈尔滨，中共地下党组织派遣陶净非和王兴（王光）到王风林义勇军中做宣传工作，被学校团组织吸收为共青团员，同年10月，又转为中共党员。

1933年初，陶净非在中共吉东局经短期训练，被派到宁安县委工作，后在宁安工农义务队当战士，由于缺乏经验，在工作中犯了一点错误。后经党组织帮助，他从思想上认识了自己的错误，表示要坚决改正自己身上的缺点，并把自己的原名（陈明亚）改为净非，就是要彻底改正自己身上的不足之处。从此以后，他在工作上一贯热情积极，认真负责，苦干实干，不怕困难。

1934年8月21日，当宁安工农义务队活动到大唐沟时，队伍中有两个当过土匪头子的士兵乘机叛变，将大队长李荆璞绑架，大队副、党支书于洪江同志被当场打死。陶净非临危不惧，在战士中积极做说服工作，并同队伍中两名没有暴露身份的共青团员一起同叛徒头目讲理。在他和战士们的努力下，叛徒头子不得不释放了李荆璞，最后，叛徒头子带50多名士兵投降日军。

1935年2月10日，绥宁反日同盟军改编为东北反日联合军第五军，宁安工农义务队被编入此军一师一团。李荆璞同志任师长兼团长，陶净非任一团指导员。4月，抗联五军党委决定，将部队分为三个地区进行活动。陶净非领导一师一团二连和二师四连为东北反日先遣队，转战于穆棱县大石头河、小石头河、擀面石河，以及柳毛、大平川、悬羊砬子、大小豺狼沟、扣河沟、黑瞎子沟、黑老婆沟等地。在黑老婆沟伏击了日本汽车队，炸毁日军汽车两辆，打死打伤日军70多人，获得步枪50多支。

同年5月，穆棱县警察大队机枪连奉日军之命，驻穆棱县福禄东沟胡家甸子王家大院，搜查和讨伐抗日军。为了打击敌人的嚣张气焰，在敌强我弱的情况下，东北反日联合军第五军政治部主任胡仁同志和五军一师一团指导员陶净非率领关、马两个连，决定拔掉这个"钉子"。他们事先派人到王家大院侦察敌情，又多次派部队引敌讨伐，掌握了敌人的行动规律，采取巧妙的战略战术攻击敌人。打垮了驻在福禄东沟胡家甸子王家大院的穆棱县警察大队机枪连，打死打伤敌人20多名，缴获重机枪2挺、步枪20多支。

经过思想工作后，狍子沟、百草沟、福禄东沟等地的伪自卫团和大排队，已成为掩护抗日部队活动的有力帮手。在八面通内的四合屯和奎山区的白石砬子两个重要游击区的伪自卫团不肯为抗联部队服务。1935年6月，陶净非率领东北反日联合军第五军一师一团二连和二师四连，缴除了八面通四合屯伪自卫团房所的全部武装，然后里应外合又缴了白石砬子伪自卫团的全部武装。10月，在亮子河康乐屯后山，陶净非领导的抗联部队被伪穆棱县警察大队包围，他采取了政治攻心术，打败了敌人，获得一部分枪支弹药。穆棱县委利用这些战利品组建了一支30多人的游击队和一支20多人的青年义勇军。当地群众说：陶净非领导的抗联部队"是红军，是真正的人民军队"，"是最积极勇敢和最忠诚的好干部"。

1936年2月，陶净非率领的部队也随五军一师一起向道北转移，3月在宁安县境内缴获了马莲河防所的枪械后，部队又直入穆棱县小金山金矿局，金矿局伪警察队长被擒，50多名警兵投降，缴获步枪40多支。经我军教育部分伪警回家，有20多人参加了抗日部队，壮大了抗日力量。

1936年4月，陶净非任东北抗日联军第五军二师四团政委，从此他率领部队离开了穆棱县，陶净非晋升为抗联五军二师政治部主任，在西征中，率领部队打了许多胜仗。1942年5月的一天早晨，在五常县老爷岭东三道海浪河沟里，陶净非率领的小部队被森林警察队包围，他沉着应战并指挥部队突围。但终因敌我力量相差太大，除一部分人在陶净非的掩护下冲出包围，仍有一部分人在突围中牺牲，最后剩下陶净非同志一人向外突围时，壮烈牺牲。

梁万春 汉族，化名王元武，1919年出生于穆棱县兴源镇扣河沟屯的农民家庭，1934年初参加革命，同年7月加入共产主义青年团，1938年加入中国共产党。历任下城子小学团支部委员、抗联五军战士和我党地下工作人员。

梁万春从小就爱读书，因家贫没有入学。1932年，12岁的梁万春在姐夫的帮助下，远离家乡兴源镇扣河沟屯到下城子姐夫家居住，入下城子小学读书。当时，中共绥宁中心县委机关在下城子伪警察分驻所隔壁，穆棱县委机关在下城子河西屯，下城子小学也建立了党支部。在此期间下城子小学教员中的党员李增岱、高振国等同志，利用教学的有利时机，经常在学生中开展抗日爱国教育，使梁万春同学种下了革命的种子，立志投身革命。

在小学党团支部的教育下，梁万春接受了许多革命道理，抗日救国的思想越来越坚定。他积极靠近团的组织，于1934年7月光荣地加入了中国共产主义青年团。在团支部的领导下，积极开展抗日宣传活动，组织学生撒传单、贴标语，使下城子的抗日运动极为活跃。

1935年春，他多次向下城子小学党支部书记李增岱同志要求参军参战。由于梁万春年龄太小，没有被批准。因家庭生活困苦无法生活，梁万春只读了四年书就退学了，梁万春到下城子刘孟令"华特号"鞋铺学徒，学校老师动员他继续求学，梁万春说："念日本书，受压迫，学也是当亡国奴。"在学徒期间，作为下城子团支部领导人之一，经常组织和参加学生的反日活动。

梁万春在鞋铺学徒半年，穆棱县委与反日联合军第五军取得联系，批准梁万春参军。1935年夏季，在下城子小学党支部护送下，梁万春到穆棱县奎山区白石砬子，在周保中、柴世荣同志领导的东北反日联合军第五军当战士。

梁万春随军活动在穆棱县八面通、梨树镇、奎山区和密山、林口一带。在战斗中，梁万春勇敢善战，于1938年光荣加入了中国共产党。入党后，梁万春服从领导，听从指挥，遵守纪律，在战斗中机智勇敢，英勇杀敌，其战斗生活长达七年之久。

1941年初，梁万春的父亲被下城子伪军三十二团逮捕关押，通过刑讯，强行其将梁万春从抗日队伍中找回来，否则押狱不放。此事被抗联交通联络员郭长玉同志得知，报告了抗联五军。五军副军长柴世荣同志让梁万春回家救父亲。梁万春不同意这样做，他说："要想救国，就不能孝父母之忠；如果都自顾孝父母之忠，谁还去抗日救国。"但当时，根据上级指示将大部队划为若干小部队，分散活动，决定梁万春回家，一可救其父亲，二可搜集敌情。就这样，1941年1月，梁万春携一支枪回到了下城子。伪军三十二团将梁万春的父亲释放，而把梁万春关押狱中。敌人多次对他严刑拷打，让其交代下城子小学党组织情况和抗联五军情况，梁万春威武不屈，一字不供，敌人不得不把关押半年的梁万春释放出来。

释放后梁万春回家务农，1942年，由其姐夫介绍到下城子火车站当铁路工人，梁万春边做工，边在铁路党组织的领导下开展抗日活动。

1945年8月5日，日军又将梁万春重捕入狱。8月9日，苏联红军飞机进入穆棱县上空，日军和伪军政警宪特人员纷纷溃逃，下城子三十二团监警姜世其在逃跑前，用手枪将梁万春小腹打伤，梁万春手捂小腹伤口向家乡扣河沟屯奔去，走到扣河沟一个地窝棚时就不能动了，群众把他送到家。当晚牺牲，时年26岁。

王新文 1908年生于河北省正定县赵村，他从小爱学习，1918年在原籍读小学，后到县立中学读书。1927年因生活所迫，来东北哈尔滨市投奔表姐夫赵采青。赵采青在哈铁工务段当工人，经亲友介绍，王新文白天在铁路技工校学习，晚上给人家烧锅炉，维持生活。学习期满，他被分到穆棱铁路养路工区当巡道工，1930年他调到山洞养路工区任工长。在此期间，他家成了铁路地下党活动的据点，受到革命的影响，由同情革命到投身革命，成为党的地下工作人员。

1933年经中共地下党员苏长德（原名苏文）等介绍参加中

国共产党。1935年他负责山洞、北林子、磨刀石一带党的工作，1936年他任山洞、磨刀石党支部书记，1937年冬，他直接接受赵采青领导，当时赵采青是中共吉东局工运部长、中东铁路职工部书记。

王新文是中共地下党的交通员。他利用巡道工身份的方便，传递党的情报，有时用火柴盒装情报，让妻子传递，还常在家里开会，研究抗日工作。

1938年秋的一天，他后半夜才回家。几天后，到处传日寇军列在代马沟被颠覆，军火爆炸，死伤多人，日寇损失巨大，人们暗暗称快，这是他与地下党的同志扒了道轨造成的。事后，他帮助同志们安全转移了。

王新文会讲一口流利的俄语，被日寇知道了。日寇认为他在牡丹江—绥芬河铁路区间工作不合适，将他调到了海林养路工区。不久，牡丹江至海林区间，又发生了一起列车脱轨大事故，日寇军需物资受到大量损失。日寇进行审查，也未查明真相。于是怀疑王新文，为了监视他，日寇又调他到牡丹江铁路工务段，让他在工务段养成所当教员，带一些童工劳动，并派两人监视他。

1938年赵采青被捕，1939年被杀害，王新文曾以亲属的名义，和党组织一起参加营救。赵采青被害后，王新文收到狱中传出的赵采青的亲笔遗书，要把遗骨送回老家河北，党组织把这项任务交给王新文。他冒着生命危险，设法把赵采青的骨灰和家眷一起送回河北故乡，实现了赵采青的遗愿，完成了组织交给的一项重大任务。

王新文从河北回牡丹江的第二天，就被日寇逮捕，严刑拷打逼问他是赵采青的同伙，是共产党员，是反满抗日分子。他只承认是赵采青的亲属，别无口供。他被折磨得大口吐血，敌人暂时释放，严密监视。由于王新文与地下党是单线联系，日寇没找到线索。1944年，他正在班上工作，敌人又突然逮捕了他，并轮番用刑，灌辣椒水，让他供出抗联组织。他已经生命垂危，仍无口供。中共地下党潘寿廷等同志多方活动，才以"保外就医"名义释放。因身体遭受严重摧残，回家不久，于1945年3月逝世，年仅37岁。

李海山 汉族，原名阚玉坤，化名老张，绰号张麻子。1906年生于河北省，1923年参加革命，1924年加入中国共产党。历任地工员、县委委员、县委组织部长、八面通中心区委书记、穆棱县委书记等职。1945年9月，被国民党的"林口县国民政府"杀害，时年39岁。

为了发展吉东党的组织，满洲省委先后派党员干部到吉林东部各县，李海山被派到穆棱县，经常活动在穆棱镇河北、河南、三岔一带，秘密进行地下工作。

1930年8月，李海山等同志受组织指派，到平阳镇（今鸡东县所在地）组建党支部。9月建立密山特支，11月建密山县委，李海山任县委委员，12月20日，密山县委被破坏。

1932年1月，建立密山区委，不久，区委又被破坏。李海山到古城镇马鹿沟屯一个地窝棚里，经常向群众宣传抗日救国思想，组建反日会，动员群众支援抗日部队。

为了组建密山反日会，1932年3月16日，党组织派李海山、张墨林、林贵春、李春根等8人，到密山哈达河，经过工作，成立了反日会，发展24名反日会员。

1934年10月，将勃利区委扩建为勃利县委，李海山任县委组织部长，经常活动在青山河口、马鹿沟等地。

从1936年起，李海山在中共穆棱县委任委员，他与张哈、赵德君、赵德顺等委员一起，积极配合穆棱县委代理书记刘曙华，广泛开展党的地下工作。7月，县委书记刘曙华任抗联五军二师政治部主任，刘广田任县委书记，李海山仍为县委委员。他与鲍林等县委委员和县委交通员王德新等同志一起，积极配合刘广田开展党的活动。在此期间，李海山为了便于县委对各区委的领导，他在穆棱镇河南村以做工为掩护，建立了中共八面通中心区委，他任中心区委书记，经常到磨刀石、穆棱、下城子、兴源镇、马桥河、八面通、梨树镇等为党工作，统一了县委对全县各地党组织的领导，使党的组织快速发展。这时，全县区委8个，党支部30多个，党员253人。

11月，穆棱县委书记刘广田等7人，在穆棱县梨树镇被捕，党组织被破坏，全县党员由250多人减少到120多人。这时，由李海山接任中共穆棱县委书记之职，郭永才、鲍林、于文清等人为县委委员，王德新仍为县委交通员。在县委书记李海山的带领下，经过一段艰苦的工作，使党的组织不断巩固和发展，准备筹建河南、奎山两个区委。

1937年1月1日，中共穆棱县委机关又被破坏，县委书记李海山等人在梨树镇被捕，押到林口宪兵队，由郭永才接任穆棱县委书记。敌人为了得到口供，对李海山采取上大挂、棍打、鞭抽、火烧、灌脏水、烙铁烙等酷刑。但是，李海山对革命前途不悲观失望，反而充满着必胜的信心，同敌人进行周旋，敌人一无所获。李海山的伤痕遍身，特别是他的右腿肚子，被敌人烧烂了，形成溃疡。狱中的王德新等人，见到李海山被敌人折磨的情景，都说李海山是个"硬骨头""铁汉子"。最后，敌人把李海山等人放出，出狱后，李海山继续组织爱国群众，深入开展抗日斗争。

1938年8月，革命处于低潮。这时，穆棱县委机关在转移前，通知李海山到刁翎一带隐蔽，待机活动，从此，李海山以卖茶水、刻图章为职业，冬季以卖糖葫芦为掩护，待机活动。

李海山等党员，与穆棱县委失去了联系，他经常拖着被敌人酷刑而致残的瘸腿，一瘸一拐地深入到黑背金矿工人和当地农民中，宣传抗日救国道理，搜集敌人情报。他的生活异常困苦，常以豆腐渣为主食来度日，但他的革命意志非常坚强。他在任何情况下，都不忘记党的信念，成天盼望祖国的早日解放和共产主义的实现。经过李海山和聂开荣、王德新等党员的工作，使工人和农民有所觉醒，经常秘密开展活动。李海山等人的活动，引起了敌人的注意，林口宪兵队长安藤，亲自从勃利县宪兵队来到黑背金矿，派出特务跟踪李海山，监视黑背、刁翎一带的抗日群众。

1944年7月，李海山在黑背一个马架子里给抗日群众开会时，被勃利县宪兵队逮捕。同时，在刁翎、黑背一带把聂开荣、王德新等党员和梁彦章、梁振方、董国章等11名爱国志士，一起押到勃利县宪兵队。在狱中，敌人施行各种残暴的刑具，但李海山等人坚贞不屈，宁死不供，因无证据，李海山等人被关押三个多月后，在群众的"联名保"下出狱。

1945年9月，李海山在刁翎找到了我党领导的自治军，随队伍来到林口。李海山又返回了刁翎、黑背，召集王德新、于言君、崔忠烈等人来林口接关系。此时，李海山被叛徒蔡兴坤诱骗到林口苏联红军司令部，诬为歹人，又转送国民党"林口县国民政府"，被杀害于林口南山。

魏绍武 汉族，1930年生于辽宁省辽阳县千山北大湾，1918年移居在穆棱县狍子沟屯。1933年3月参加革命，5月加入中国共产党，历任穆棱县反帝大同盟支部成员、反日会会员、穆棱县委委员、吉东特委国际交通员、穆棱县委宣传部长、延安留守兵团警卫排排长、穆棱中心县委民运部长、绥阳县县长等职。1946年5月8日，为保卫绥阳县城壮烈牺牲。

1933年3月，不甘做亡国奴的他，参加了李范五组建的穆棱县反帝大同盟支部。他在支部中努力工作，积极发动群众开展抗日救国活动，通过开群众秘密会、撒传单、贴标语等形式开展反日宣传。由于他工作出色，于同年5月光荣地加入了中国共产党。

入党后，他更加严格要求自己，努力完成党组织交给的各项任务。同年6月建立中共穆棱县委，反帝大同盟支部改称为反日会。魏绍武同反日会人员一起，除了在狍子沟一带活动外，经常到八面通镇开展反日宣传。在穆棱县委书记李范五的领导下，魏绍武和李福堂（李范五的三弟）等人成为反日会的主要骨干。在他们的带领下，抗日运动日益高涨。不久，魏绍武被任命为中共穆棱县委委员，他仍然活动在狍子沟屯。

1934年4月，中共八面通区委机关，设在狍子沟魏绍武家，魏绍武同区委书记宋一夫一起从事党的活动。同年11月，吉东特委在密山半截河建立了国际交通站，交通员有佟双庆、王志成、魏绍武，跑半截河至海参崴、绥芬河至四站（格洛捷阔沃）。后来，魏绍武又开辟了一条新的交通线——从吉东特委途经穆棱县桦木林子区域第21号中苏界碑，到苏联传递文件和情报。

1935年3月，吉东特委书记吴平（杨松）调魏绍武任穆棱县委宣传部长。他经常活动在下城子、狍子沟等地，扩建了狍子沟反日会、建立了狍子沟抗日儿童团、下城子抗日儿童团。

1937年，狍子沟有一个以跳大神、卖假药为业的马喜道，这个人反对和监视魏绍武的抗日行动，党组织为了保存有生力量，派魏绍武去苏联东方大学学习。在莫斯科，他努力学习文化、军事、钻研政治，1938年毕业后和同学一起到延安，担任留守兵团警卫排排长职务。

1945年光复后，魏绍武被派回东北开展进行收复工作。他于9月9日到达穆棱县，为建立穆棱县民主政权积极工作，10月10日，被任命为中共穆棱中心县委民运部长。

当时，由于各县不断加强剿匪，迫使一些国民党残匪流窜到我党力量比较薄弱的绥阳一带骚扰破坏。魏绍武认为绥阳是祖国边境枢纽，决不能让它掌握在国民党匪军手中。他亲自到绥阳发动群众，开辟革命工作，建立我党新政权，经中共穆棱中心县委批准他为绥阳县县长，派李福堂担任警卫员，还配备了县公安局长兼保安大队队长于佑民，副队长卢凤岐（伪警察钻入内部），县妇联主任吴舒兰（魏绍武爱人）。

魏绍武一行发动和领导绥阳群众对匪军进行了不懈的斗争，匪军把魏绍武等领导视为眼中钉。匪军同卢凤岐、刘发先进行秘密勾结，1946年5月8日4时，国民党匪首孙中奎营、姜营、徐营2 000多名匪兵，在卢、刘的内应下，攻打绥阳县城。枪声一响，卢命令保安大队"停止射击，缴枪投降！"然后，派人将白衬衣挂在木杆子上作为投降的标志，使匪军很快占领了县城的南山、西山、北山的三个小山头。这时，县政府大楼上只有魏绍武、吴舒兰、于佑民和李福堂等7人。他们看穿卢凤岐、刘发先的反革命嘴脸，在楼上向卢、刘开枪，打退了卢、刘一伙。这时，魏绍武想到的不是个人的生命安全，而是组织的机密文件和怎样消灭敌人，他一面沉着地指挥战斗，让李福堂派警卫人员守卫楼梯口要道，一面叫爱人把一些党的机密文件烧掉。他自己带领警卫人员和少部分公安干警在楼梯上的窗口架起两挺机枪向匪军射击。见此情景，卢凤岐引匪军从东西两面围攻上来，魏绍武带领李福堂奔下楼梯，死死守住县政府唯一的北大门。匪军见攻不进来，就用小钢炮、掷弹筒进行轰炸，炸碎了玻璃，震倒了院墙，李福堂壮烈牺牲。战友的牺牲更激起了魏绍武愤怒的火焰，他端起机枪向敌人猛烈射击，打退了敌人一次又一次的进攻。由于子弹断绝，敌人又冲上来了，魏绍武把最后的两颗手榴弹投向了敌群，自己也不幸中弹牺牲，时年44岁。

猖狂的敌人被赶来的民主联军击溃，活捉了卢凤岐、刘发先，并处以死刑。

绥阳人民为了纪念魏绍武及其他牺牲的烈士，召开了隆重的追悼会，并在绥阳北山顶建起一座纪念碑。

李福堂 汉族，1914年出生于穆棱县狍子沟屯，1933年3月参加革命，同年6月加入青年团，7月加入中国共产党。历任反帝大同盟成员、反日会成员、青年团组织宣传工作兼儿童团工作、交通联络员、国际交通员、绥阳县长魏绍武的警卫员等职。1946年5月8日，国民党匪军攻打绥阳县城时壮烈牺牲。

李福堂少年时在狍子沟屯读完小学后，在家放猪。李福堂是李范五（原名李福德）的三弟，1933年李范五回家乡穆棱县开展工作，李福堂带头参加了李范五组建的穆棱县反帝大同盟支部，同魏绍武等同志一起发动群众抗日救国，成为反帝大同盟支部中的骨干。

同年5月，李范五担任中共穆棱县委书记，以教员身份为掩护开展工作，穆棱县反帝大同盟支部改称穆棱县反日会，李福堂和魏绍武除在狍子沟一带活动外，经常到八面通镇以开展群众秘密会、散传单、贴标语等形式，发动群众开展抗日救国活动。不久，李福堂在八面通加入了青年团，做组织宣传工作，兼做儿童团工作。当时，他和哥哥李范五的家都从狍子沟屯迁到八面通镇，他家成为地下党组织活动的联络站。一次夜里，一位交通员到他家，说后边有几个特务跟踪，李福堂为了掩护自己人，让交通员到自己爱人被窝假称夫妻，而自己从后窗跳出进山隐蔽。随后，几个日本特务闯了进来，经过查户口、点人数，没有发现问题，交通员顺利脱险。经过考验，同年7月，李福堂光荣地加入了中国共产党。

1936年6月，李福堂为国际联络交通员，在抗联五军周保中等领导人与中共中央驻共产国际代表团之间进行联络。起初只有通过绥芬河一条交通联络路线，后来他又和魏绍武一同开辟了一条新的路线，即由穆棱县桦木林子区域21号中苏边界碑处通往苏联的交通联络路线。

1938年8月，吉东地区党组织遭到破坏，党的工作停止。在失去联系的情况下，李福堂在伪穆棱县八面通镇商团当兵（后任自卫团长），以掩护身份，开展秘密抗日活动。

日本投降后，李福堂找到党组织。1946年1月，为加强对绥阳县的领导，穆棱中心县委派李福堂随魏绍武等人去绥阳县建政。魏绍武任县长，李福堂担任警卫员。经过工作，组建了200多人的县保安大队。由于工作不慎，伪警察卢凤岐钻进了内部，当上了县保安大队副大队长。

1946年5月8日，国民党"中央胡子"孙中奎营、姜营、徐营2 000多匪兵在卢凤岐的内应下，里应外合攻打绥阳县城。李福堂与魏绍武等同志英勇抵抗，因寡不敌众，弹尽无援，全部壮烈牺牲，李福堂时年32岁。

全凤来 朝鲜族，化名王杰、全凤三、申春景，初中文化，中共党员。1907年1月出生于朝鲜咸镜北道吉州郡一个贫农家庭，1920年10月迁到吉林省延吉县智新区大城村。1926年12月加入朝鲜青年团，1929年6月加入朝鲜共产党，1930年7月转为中共党员。历任朝鲜青年团龙井市委书记、东满朝鲜青年同盟书记、宁安县反日会宣传部长、宁安县南湖头区委书记、穆棱县区委书记、穆棱县委书记、绥芬河特支书记，后调尚志县。新中国成立后，任延吉县人民政

府县长、延边自治州卫生处长。十年内乱期间被揪斗,1973年11月逝世,享年66岁。

1924年,全凤来参加学校少年运动,提倡新思想、新文化。1926年,19岁的全凤来又参加了学校的青年运动。12月,加入朝鲜青年团。1927年,全凤来考入龙井市大成私立中学,被提任朝鲜青年团龙井市委书记,兼延边中等学生会委员。

1928年,他组织学生中的团员和青年,为反对把大成中学经营权交给日寇而进行了同盟罢课。罢课后,被开除校籍。1929年"五一"节,全凤来加入了朝共党,任东满朝鲜青年同盟书记,后调宁安任《民声报》宁安分社经理。1930年,全凤来转为中共党员,任宁安反日会主任、农民协会委员。由于当时执行"立三路线",成立了苏维埃宁安县临时委员会,全凤来任宣传部长,准备在苏联十月革命节举行暴动,被敌人察觉,11月13日,在县委所在地火龙沟与敌人发生武装冲突,我红军司令部正副司令牺牲,红军转入深山,党组织遭到破坏。不久,中央开始纠正"立三路线"错误,把干部调往各地。1931年1月,全凤来调到宁安县南湖头,建立各村党支部,组建了南湖头区委,全凤来任区委书记。

1931年11月,全凤来调到穆棱县,组建了中共穆棱县区委,全凤来任区委书记(化名王杰),区委机关设在八面通河西高丽屯。1932年2月,恢复了中共穆棱县委,县委机关迁到下城子东北角的一块水田地中间的房子里。县委书记全凤来,领导马桥河区委、兴源镇区委、八面通区委、穆棱区委。全县各地不仅有党支书、团支书,各学校都建立了抗日儿童团。

1932年2月末,中共穆棱县委在八面通基督教堂(向阳屯)召开了全县反日代表大会,参加大会的全县各地反日会代表共50多人,揪斗了破坏抗日的亲日派反动基督教长老金律云和反动地主朴渊。会后，全县各地先后都召开反日大会，在广大人民群众中撒传单、贴标语，广泛开展反日宣传。八站、九站、八面通镇等地的群众，在当地党组织的领导下和反日会的组织下，举行了示威游行。穆棱县梨树镇反日会审讯了亲日派头目——梨树镇洋服店崔经理，掀起了全县反日浪潮。

1932年"五一"劳动节，八面通区委书记金中会领导八面通反日会率领爱国群众在八面通镇内进行了游行示威，声讨日本帝国主义侵略东北的罪行，揭露反动当局不抵抗的嘴脸，号召全县人民团结起来，防止日军入侵穆棱县。反日会员冲进了反动的基督教堂（以基督教为掩护的大韩民族党），斗争了亲日派长老金律云、黄昌海和牧师金秉柞，当场把长老金律云头部打伤。伪穆棱县公安局巡官金泰焕带警兵7人，逮捕反日会员21人，以反对教会、打伤长老为罪名关押在八面通监狱。5月2日，全凤来在下城子被捕，他在狱中坚持斗争20多天，经抗日救国军前防司令部参议周保中同志援救而释放。全凤来被释放后，为了武力营救狱中的同志，他与团县委宣传部长赵昌涉一起到穆棱县大碱场找到落脚点后，越过穆棱窝集岭，与吉林省汪清县简子沟抗日游击队联络，带回一些枪支和手榴弹。还没行动，绥宁中心县委调全凤来、赵昌涉去东宁县组建东宁区委。

1932年9月，全凤来、赵昌涉来到东宁县。他们一边整顿党的组织，一边发动群众抗日。10月，他们把东宁县特支改为"中共东宁县区委"。区委书记全凤来，全区党支部7个，党员30名。1933年1月1日，日军侵占了穆棱县，14日，侵占了东宁。东宁区委的党员被日军杀害了10多人。全凤来在三岔口附近被暴露，绥宁中心县委调全凤来到宽沟组建五、六站（绥芬河、绥阳）特支，全凤来任特支书记。

1934年8月，全凤来被调到朝鲜族聚居的尚志县工作，化名

"申春景"。1935年至1945年，全凤来给地主扛活，后租种土地。光复后，全凤来找到组织重新入了党。

1949年至1952年，全凤来任延吉县人民政府县长；1952年10月，任延边自治州卫生处处长。在十年内乱中，长期遭受摧残，于1973年11月7日逝世。

赵昌涉　朝鲜族，1912年6月25日出生于朝鲜新义州，1926年迁到穆棱县向阳屯，高小文化。1928年9月参加革命，10月加入共青团，1930年8月加入中国共产党，历任穆棱县八面通普兴反日会会长、团支部书记、共青团穆棱县区委书记、共青团穆棱县委宣传部长、共青团东宁县区委书记；光复后任穆棱县独立营二连指导员、牡丹江军区独立营教导员、普兴屯农业互助组组长、担架队长；抗美援朝时参加赴朝担架队，后任普兴屯农业初级社主任、鸡西市城子河区半安耕作区社员。1981年病逝。

赵昌涉出生时，朝鲜早已沦为日本殖民地，他从小就受尽了奴役之苦，1925年随父母来到了穆棱县八面通区向阳屯。他立志努力学习，抗日救国。为了求学，他离开了家庭，流浪到沈阳、哈尔滨等地，因家贫，只念了五年书。

1928年5月17日，赵昌涉在哈尔滨道里区参加了反帝同盟军。他积极靠近组织，工作肯干，按时完成团组织交给的任务，年末光荣地加入了中国共产主义青年团。1929年被调尚志县做团的工作，同年秋，被调回穆棱县，任共青团八面通区委书记。他领导团员、儿童团员开展地下活动。

1930年初，在穆棱县委的领导下，建立了穆棱县反日会总部，下设8个屯反日会。赵昌涉和弟弟赵昌健在八面通普兴屯金瑞俊家建立了普兴屯反日会，赵昌涉任会长。他率领反日会员积极开展反日活动，白天各自回家务农，夜间开展秘密群众会，撒传单、贴标语，抗日活动极为活跃。由于成绩显著，他于同年8月加入中国共产党。

1932年2月，经中共穆棱县委批准，赵昌涉任共青团穆棱县委宣传部长，他的家也从向阳屯搬到普兴屯。

为了进一步开展反日活动，赵昌涉随中共穆棱县委书记全凤来等县委领导在八面通基督教堂召开全县反日会代表大会，会上传达了上级指示，总结了前段工作，布置了下步战斗任务，揪斗了破坏抗日的亲日派反动基督教长老金律云和反动地主朴渊。会后，全县掀起了撒传单、贴标语、游行示威的反日浪潮。

在"五一"劳动节八面通反日会和爱国群众举行的游行示威活动中，全凤来和赵昌涉被暴露，二人来到穆棱县大碱场隐蔽。9月，赵昌涉随全凤来被组织派往东宁组建中共东宁县区委，赵昌涉任团区委书记。

1934年，东宁县基层组织大部分被破坏，赵昌涉等同志转移到老黑山，同老黑山支部一同开展活动。日寇多次讨伐老黑山，许多同志被抓、被杀。1936年春，赵昌涉到下城子找穆棱县委书记汇报情况，因为吉东特委被破坏，穆棱县委已转移，赵昌涉徒步去密山，经密山党组织介绍情况，才知道穆棱县委的下落，他又徒步到穆棱县奎山区找到了中共穆棱县委。此后，赵昌涉被派到八面通普兴屯开展地下活动。

1946年1月，穆棱县民主政府成立，赵昌涉积极参加建政工作。在他的倡议下，创办了第一所朝族中学（今穆棱市朝鲜族中学）。同年夏，他参加穆棱县独立营，任二连指导员，并参加主要战斗。1947年该独立营被编入牡丹江军区独立团，赵昌涉同志任营副教导员。

解放战争时期，赵昌涉组织了青年担架队，他担任队长，随部队转战南北，多次受到奖励。1949年，他带领担架队员胜利回到穆棱县，投入到社会主义建设事业中。新中国成立后，赵昌涉在八面通普兴屯继续发动群众开展农业合作化运动，组织了三大互助组和常年互助组。

1950年朝鲜战争爆发，赵昌涉发动群众捐款、捐物。同年12月，他第一个报名参加了抗美援朝担架队，在朝鲜荣立大功一次、二等功两次。1952年回国后，发动群众开展合作化运动；1953年秋，互助组发展为初级社，赵昌涉当选初级社主任。1955年12月，赵昌涉全家迁到鸡西市城子河区。1981年6月17日，因患脑溢血病故。

孙广英　别名孙树人，化名老朱，辽宁新民县人。1926年在奉天医科专门学校读书，1927年春加入中国共产党，不久，组织派他到大连任共青团市委宣传部长，同年11月，赴苏联海参崴职工讲习所和共产主义劳动大学学习。1931年底回国，任满洲省委常委、宣传部长。1932年5月，到吉东巡视工作，在穆棱县下城子拟将绥宁、饶河、东满3个地区和中东铁路统一起来，建立一个领导机关。

1933年1月，日军向吉东各县大举进犯，孙广英为建立这一领导机关无法去满洲省委汇报工作，从下城子去中共中央驻共产国际代表团。到海参崴后，找到国际太平洋职工会秘书处中国部主任杨松。经研究，杨松同意建立中共吉东局，派孙广英回国征求满洲省委意见。1933年4月，孙广英从海参崴回到中共绥宁中心县委驻地穆棱县下城子，与满洲省委巡视员杨波、绥宁中心县委书记潘庆由等商议，同意建立中共吉东局。

1933年5月1日在穆棱县下城子区中共党员王胜魁家里，召开了第一次吉东工作会议。会议上传达了上级党组织意见，采取提名和选举相结合的方式，正式成立了中共吉东局，孙广英任吉东局书记。

1934年4月，吉东局被破坏，孙广英从牡丹江大同医院交通站返回山顶站，通知中东铁路东线各党组织转移后，回到老家辽宁新民，从此脱党。此后从事翻译工作，翻译出版多部苏联文学作品，1982年在北京病逝。

马朝德 哈尔滨人，1921年春，随父母从哈尔滨迁到穆棱县上城子镇落户，第二年入县立小学读书，1928年考入阿城师范学校。1931年在穆棱县第四校（下城子学校）当教员，在党的培养教育下，思想进步很快，他领导儿童团和进步学生到下城子镇街里贴标语、撒传单，开展抗日救国活动。

1932年2月，马朝德参加了中共党员李延禄领导的十七团，后团长李延青被日军收买的红枪会杀害。在围剿红枪会战斗中，马朝德与几名战士一起活捉了红枪会头子王大法师，为李延青祭灵。

1932年11月，牡丹江的日军准备向穆棱、东宁、密山一带进犯，抗日救国军、自卫军（原系国民党的东北军）闻风退至中苏边境。马朝德离开了队伍，同中共党员吴明学、李增岱等人一起在穆棱县第一校（兴源镇学校），以教员身份为掩护开展反日活动。

1933年3月，马朝德参加了穆棱县反帝大同盟支部，任宣传委员。同年4月，加入中国共产党。

1933年6月，经中共绥宁中心县委批准，在穆棱县第二校重新建立了中共穆棱县委，县委书记李范五，马朝德任县委委员。县委成立后，马朝德到八面通镇"复兴号"理发店，与中共党员、理发店经理洪梦梅（原名胡新民）取得联系，经过工作使理发店成为穆棱县委交通联络站。后来经过组织发展工作，在"复兴号"理发店建立了党支部，马朝德任支部书记。

1933年7月，在县委委员马朝德、田孟君指挥和安排下，在"复兴号"理发店和田家澡堂子两个交通站人员的配合下，将穆棱县公署警卫队的30多人全部拉出倒戈抗日，编入狍子沟抗日游击队。

1938年8月，县委领导的党团组织和反日会群众组织全部被破坏，日伪当局抓人达两年之久，使党领导的抗日运动进入了艰苦阶段。1939年9月，马朝德被关押在伪牡丹江省警察厅监狱，他在各种刑具面前，坚贞不屈，由于敌人无证据，1941年4月，马朝德被释放，回到八面通镇清河屯当教员。

1945年光复后，中共穆棱中心县委派马朝德以旧交打入敌人内部，担任穆棱县国民政府副县长。在此期间，马朝德经常给中心县委提供敌人的情况和动向等方面的情报。

1946年2月1日，根据马朝德提供的情况，穆棱中心县委派人与以穆棱县六峰山为根据地的抗联独立营领导人王亚东、冯淑艳和驻穆棱镇泉眼河屯的绥东军分区司令员陶雨峰取得联系，兵分两路进入县城穆棱镇，在苏联红军司令部的配合下，以开大会为名，缴械了国民党三十一团和公安局的数百人的全部武装，活捉了国民政府县长马海涛、三十一团团长田永春、三十一团书记王槐梦等反动头目。在中共穆棱中心县委的领导下，中共穆棱县委、穆棱县民主政府在穆棱镇正式成立，马朝德任穆棱县民主政府第一任县长。

1947年3月，马朝德调离穆棱县，到牡丹江地委驻五林县工作团开展剿匪、"土改"、建政工作。同年5月，马朝德任佳木斯驼腰子金矿局秘书。1948年任都鲁河金矿局局长。1949年，马朝德到东北局沈阳党校学习。1950年12月，从党校参加抗美援朝，任后勤部一分部四大站七分站站长。1953年回国，到东北局党校继续学习。1954年，马朝德任哈尔滨航空学校后勤科科长。1955年，航空工业学校与哈工大合并，马朝德任哈工大四系副主任。1956年，任哈工大避雷器厂厂长。1964年，调到哈尔滨机械局负责筹建机械工业学校。

十年内乱期间，马朝德身遭迫害，蒙受了极大的冤屈。粉碎"四人帮"后，经中共牡丹江地委批准，对马朝德彻底平反。中共十一届三中全会以来，马朝德衷心拥护党的路线、方针、政策，从思想上、政治上同中央保持一致，他不顾年老多病，为党和人民做了许多有益的工作。1980年离休，1985年4月28日，在哈尔滨病逝。

黄秀珍 1906年生于山东省诸城县，1920—1922年在济南女子师范读书时参加马克思列宁主义研究会，1923年冬加入中国社会主义青年团，1924年转为中国共产党党员。曾任国民党山东省委候补委员，组织妇女界、国民会议促进会、济南妇女学术促进会开展妇女解放运动。1925年调到上海团市委做妇女工作，11月赴苏联莫斯科中山大学学习，和邓小平同班。1927冬回国后任安徽省委宣传干事，后被捕。1930年夏出狱后到沈阳、东安、哈尔滨、牡丹江、穆棱等地从事党的地下斗争工作。

1933年9月，根据满洲省委指示，省委派黄秀珍、赵志刚夫妇前往吉东局。10月，他们来到吉东局所在地穆棱县磨刀石的山顶站。吉东局朱书记把他们俩分配到穆棱县委工作，赵志刚任县委书记，黄秀珍任县妇救会主任。黄秀珍既抓党建工作，又忙于抓妇女工作，她还经常深入到磨刀石区委所属山底站党支部，除了发展党的组织以外，还发动铁路工人开展抗日斗争，并搞过工人罢工。经过一段工作，在磨刀石、穆棱、下城子、马桥河、八面通、梨树镇等地的农村、学校、厂矿、铁路，建立了党支部、团支部。

1934年初，黄秀珍夫妇在穆棱镇西山坡的一座小土房里办起《反日报》，报纸发行3期后，吉东局遭到破坏，黄秀珍建议恢复吉东局，得到上级批准。但由于形势变化，1936年6月撤销了吉东局。而后在中共满洲省委文书处、交通站、印刷所工作过，担任过吉东局委员等职，1937年党组织派她回家乡秘密组织抗日活动。

解放战争时期，黄秀珍历任《大众日报》编辑、《沂蒙导报》记者。1949年后曾在山东省图书馆、北京图书馆工作。1978年离休，1987年4月11日在北京逝世，终年81岁。

于忠友　别名张德福、曹吉人、潘湘，1920年12月生于黑龙江省穆棱县向阳屯。1933年2月参加穆棱县反日大同盟，任少年共产主义支部组长，5月加入共青团。1935年6月任东北吉东特委秘密交通员。

1936年1月赴苏联东方大学学习；1938年11月回国，在陕西西安市社会部做内勤工作。

1941年9月，任枣园机要科政治情报股股长。1943年4月，进中央党校学习。1944年9月，进鲁迅艺术文学院学习。

1945年11月，于忠友与爱人林明、魏绍武及爱人吴淑兰、刘俊德、于佑民6人被牡丹江地委派到穆棱县成立"中共穆棱中心县委"，于忠友任县委书记。中心县委领导穆棱、东宁、绥阳等3个县，兼做穆棱县委工作。12月10日，党组织派马朝德任穆棱县国民政府副县长，于忠友暗地协助马朝德工作。

1946年2月1日早8时，驻穆棱县的苏联红军司令部以开会名义，将国民党的穆棱县国民政府官员、东北吉林先遣军第十一师三十一团官兵和公安局警兵集合在一起，于忠友、马朝德等人率

部队400多人包围会场，逮捕了国民党县长马海涛、团长田永春等，缴了三十一团和公安局的枪械，推翻了国民党在穆棱县的党、政、军、警反动政权。次日，正式成立中共穆棱县委、县民主政府，刘野亮任县委书记。同年12月后，于忠友历任东北民主联军总部驻绥芬河办事处副处长、绥宁省军区驻绥芬河办事处处长、东北民主联军总后温春储油库主任、民主联军后勤总供给部副部长、田野运输燃料处处长兼党委书记。

1952年11月任后勤学院油料教研室主任、海军后勤教研室主任。1982年8月离休。2016年11月4日在北京逝世，享年96岁。

陶雨峰 1917年出生在吉林省永吉县的一个贫苦农民家里。1932年春，不满15岁的陶雨峰毅然参加了当时的抗日救国军，在部队经四个多月的行军打仗、爬山沟、钻树林的艰苦生活，领导和同志们看他实在太小，身体又弱，经过多次的劝说和动员，答应他满18岁再归队，他才勉强含泪离开了部队。

1935年，不满18岁的陶雨峰辞别亲人，又参加了东北抗日联军。1936年5月加入中国共产党，先后由战士提为班长、排长、连长，于1937年初调入二路军指挥部任副官。

1945年，陶雨峰被派到牡丹江军分区任副司令员，具体负责穆棱县一带的治安、剿匪和民主联军等工作。到穆棱后组建了"绥东军分区司令部"，任司令员。在苏联红军的配合下，缴了国民党三十一团的械，为穆棱民主政权的建立做出了重要贡献。还先后带队打垮了"五虎林金矿"国民党武装，亲自参加并指挥围剿了马桥河的王枝林、姜营、徐营、桑营等多股土匪，指挥了打死土匪头子傅老鸹等战斗。

1947年，随第三独立团南下攻打长春等地，全国解放后又参加了中国人民空军。1958年从北京空军工程部转业到哈尔滨市，任正阳河木材厂副厂长。1965年7月，病逝于哈尔滨。

王胜魁 汉族，初中文化，中共党员。曾用名王咸鳌，化名于东轩、王东轩、王子鱼、老范、老齐。1903年3月5日出生于山东省掖县小兰埠王家村，1933年3月参加革命，同年5月入党，历任穆棱县下城子铁路党小组组长、中共吉东局交通员、穆棱区砂子厂党支部书记，代马沟车站党支部书记，哈尔滨、巴林、博克图铁路监工员、工长，扎兰屯、高台子工务区技术员、工长。

王胜魁8岁时，父母省吃俭用送他入私塾。由于家境贫困，他时常在学馆窗外听课，从8岁至14岁时断时续地只念了4年书。后来由于地主剥削和国民政府苛捐杂税繁多，无法升学，只好随父亲租种3亩田地维持生活。

1924年春，王胜魁随父母逃荒来到穆棱县八站，自己开荒，勉强维持生活。7月，王胜魁到马桥河区俄国资本家宝博夫伐木公司伐木场当工人。1927年3月，到穆棱铁路工务段当修路工。

1933年春，王胜魁被调到穆棱县下城子车站担任巡道员，参加了铁路系统工会组织，开展秘密地下活动。同年4月，中共满洲省委巡视员吴福海来到下城子车站向工人传授马列主义，发展王胜魁等3名党员。吴福海经常吃住在王胜魁家里，为了发展党员，王胜魁接受了吴福海布置的地下串联任务，秘密开展活动，协助党组织发展党员。经过工作，使党员由3名发展到10余名，王胜魁担任党小组组长。

同年5月，中共党员孙广英、吴福海、潘庆由等领导同志在王胜魁家里召开第一次吉东工作会议，开会期间，王胜魁的母亲李春兰负责站岗放哨。中共吉东局就是在这次会议上决定成立的。从此，王胜魁为中共吉东局交通员，侦察、搜集铁路沿线日军动向和军列等情报。王胜魁的父母、弟弟、妹妹也都参加了地下工作，掩护吉东局人员，接待东北人民革命军第四军、第五军人员，开会时站岗放哨，平时传递情报，保管枪支，甚至保管党的文件。同年9月，王胜魁被铁路部门调到穆棱车站砂子场工作，担任砂子场党支部书记。此时，中共吉东局从下城子区迁到穆棱警察所对过的面包铺，王胜魁仍是交通员，经常到吉东局联系，工作完成得很出色。

1934年春，王胜魁在穆棱铁路党支部书记赵采青同志领导下，发动砂子场工人参加铁路工人"抗日救国会"，抗日活动极为活跃。同年，中共吉东局从穆棱镇迁到穆棱县山顶站，王胜魁任代马沟车站党支部书记，继续从事地下活动。

1934年4月，中共满洲省委派往吉东局的巡视员杨波，视察吉东工作回哈尔滨时被捕叛变，供出吉东地区整个地下组织，吉东局机关遭到严重破坏。王胜魁身份也已暴露，伪警去代马沟站抓捕他时，由于王胜魁接到了穆棱工务段段长、中共党员于家其的电话通知，迅速转移。王胜魁到达哈尔滨后，未能找到党组织，直到赵采青去哈办事，他才找到了组织，经赵采青与哈尔滨铁路局联系，王胜魁调到博克图工务段养路工区当工长，继续从事地下活动。

1935年6月至1937年9月，王胜魁在石头房子、巴林养路工区、扎兰屯工务段、高台子担任监工员、技术员、工长，发动铁路工人开展抗日活动。1940年10月，日军怀疑王胜魁是共产党员，经过刑讯，王胜魁宁死不屈，敌人只好把他开除了事。从此，王胜魁开始赶马车，暂时处于隐蔽状态。

光复后，王胜魁到扎兰屯工务段养路工区工作，先后任扎兰屯工务段长、海拉尔分局巡视员、采石场主任，博克图、牙克石中长林业副所长、所长、林铁工程处长、牙克石工程公司经理、建工局二处、制材厂主任、厂长，牙克石林业建工局预制构件厂厂长等职，1975年1月因患心机梗死在北京逝世。

安景之 汉族，又名安敬之，工人出身，中共党员。1898年1月6日出生于山东省新泰县丁家庄一个贫苦农民家庭，1921年来到穆棱县梨树镇。1932年9月在下城子加入共青团，1933年10月加入中国共产党。历任共青团支部委员、九站砂子场党支部书记、中共穆棱县委委员、县委组织部长、县委常委、县委宣传部长、九站区委组织委员、县委巡视员、区长、铁路工务领工员等职。

1911年，13岁的安景之随同父亲安廷严开小铺，因为家庭人口多，生活勉强维持。后因家贫无米，其父因病身亡，安景之领着3个弟弟到处讨饭。

1918年，20岁的安景之离开原籍来到黑龙江绥阳投奔叔父种地、打零工。1925年3月，修建穆棱铁路，安景之当铺路工人。1927年1月，经人介绍，到下城子南站工务段当养路工。1930年，安景之听到共产党的传闻，有了投身革命的念头。

1932年初，安景之在下城子站团组织的培养下，学到了许多革命道理。这时，安景之的母亲去世，姐姐、三弟、六弟得了传染病，因无钱医治而死亡，这使安景之进一步懂得了只有共产党才能救中国的道理，投身革命的思想更加坚定。同年9月，经王胜魁等人介绍，加入了共青团。入团后，曾任团小组组长、团支部委员。他在党团组织的领导下，积极组织青年群众开展抗日救国活动。

1933年5月，中共吉东局在穆棱县下城子王胜魁家成立。吉东局工运部长吴福海，深入下城子站同群众交朋友，经过培养从中发展党员。安景之工作成绩突出，经培养已具备入党条件，由吴福海介绍，加入了中国共产党。入党后，安景之曾被选为党小组组长、党支部书记。

1934年4月，恢复了中共穆棱县委，书记李守中、组织部长安景之。后来，安景之与李守中同志到穆棱车站，在安景之家开会，组建了九站区委，区委书记李增岱，安景之兼任组织委员。

1936年10月5日，在中共道北特委领导下和穆棱县委的协助下，中东铁路职工部又重新建立起来。在此期间，安景之为穆棱站党组织、抗日分会成员，兼任砂子场党支部书记，抗日小组组长。他们大力开展抗日宣传，搜集日伪情报，破坏铁路交通，支援抗日联军打击日军。

1938年11月22日，中东铁路职工部书记赵采青被捕，中东铁路工人运动停止。安景之同九站砂子场党组织和反日小组人员隐蔽一段时间后，继续开展抗日救国活动，直至1945年8月光复。

光复后，安景之任穆棱站工会主席、穆棱街区政府区长等职，领导人民群众斗争土豪劣绅、平分土地和剿匪。

1946年5月，安景之调到磨刀石工务段任监工员。此后辗转于伊林养路工区、海林养路工区、长汀养路工区当领工员。1956年9月调到海林站工作，1956年退休。1981年6月，在海林病故，时年87岁。

安顺福 朝鲜族，"八女投江"烈士之一。1915生于黑龙江省穆棱市穆棱镇新安屯(今老牛槽村)一个贫苦农家。"九一八"事变后，屯里成立了党支部和抗日救国先锋队组织，她跟随父兄参加抗日救亡运动。1933年初，由于叛徒告密，日军对新安屯进行大搜捕，安顺福的父亲和弟弟等7人惨遭杀害。她怀着复仇的怒火，毅然参加了抗日队伍。不久，她担任被服厂厂长，同年加入中国共产党。1934年10月，为方便行军打仗，她和3名女战友将她们的9个小孩送给老百

姓抚养。1938年5月，安顺福和其他女同志一同编入抗联第五军妇女团，参加西征。10月下旬的一天拂晓，在牡丹江支流乌斯浑河渡口（今林口县境内）与1 000余名日伪军遭遇。准备渡河的妇女团8名战士为掩护大部队突围，毅然放弃渡河，在指导员冷云的率领下，主动吸引敌人火力，打光子弹后，誓死不屈，相互搀扶着涉入河中，壮烈殉国。

1982年，在当年八女殉难地建起"八女投江纪念碑"。1988年，在牡丹江市江滨公园落成"八女投江"纪念群雕。八女精神，青史流芳。

郝子英 1920年生于陕西省池永县，1942年参加革命工作，1943年加入中国共产党。历任新四军战士、班长、排长、见习参谋、政治指导员等职。1945年9月，郝子英随部队来到东北，该部新四军编入东北民主联军，郝子英担任连队政治指导员。同年11月，郝子英随部队来穆棱县。1946年1月，郝子英任穆南县兴源区保安队政治指导员。

兴源区保安队的队、排、班领导人成分复杂，部分人思想反动，以于凤翥为首的反动分子勾结土匪密谋叛乱，投奔国民党中央军。1946年6月，于凤翥等人的阴谋被部队识破后，他们阴谋策反郝子英投敌，郝子英坚决不肯。1946年7月，郝子英从伊林往穆棱镇送新兵之际，在小西崴子被叛徒杀害，年仅26岁。郝子英牺牲后，被安葬在粮台山上，并为其立碑纪念。

大事记

1902年，设穆棱河分防知事厅，隶绥芬厅。

1909年，东三省总督徐世昌、吉林省巡抚陈昭常奏请朝廷，于6月2日（农历四月十五日），升改穆棱河分防知事厅为穆棱县。

1913年，设穆棱县公署，1914年隶吉林省依兰道。

1929年5月，改穆棱县公署为穆棱县政府。

1922年，中共党员罗章龙受党派遣来穆棱县考察中东铁路工人运动情况。

1925年7月，中共党员付子钧受中共哈尔滨特别党支部派遣到穆棱领导铁路工人运动。

1926年在九站（穆棱）、十站（磨刀石）建立穆棱县第一个党支部。

1930年4月，县治由上城子（今兴源镇）迁址八面通镇。

1930年，中共党组织在向阳屯建立中共穆棱县委。

1933年1月1日，日军侵占穆棱。同年，伪穆棱县政府改为县公署。

1934年10月，伪穆棱县改属滨江省。1937年12月改属牡丹江省。

1938年10月，县治迁址穆棱街（今穆棱镇）。

1943年5月，伪穆棱县改属东满总省。

1945年8月7日，抗联泉眼河交通员、抗联小分队队长王亚东、冯淑艳夫妇收到在苏境内休整的抗联教导旅旅长周保中指令，要求抗联小分队配合苏军歼灭日军。

1945年8月9日，苏军出兵穆棱，抗联部队配合苏军对日作战。

1945年8月14日，穆棱全境光复。

1945年11月，成立中共穆棱县中心县委。

1946年2月，穆棱县民主政府在穆棱街建立，隶属牡丹江省。同年4月改属绥宁省；9月改隶牡丹江行政督察专员公署。同期开始剿匪斗争。

1946年6月，中共穆棱县委成立土改工作团，开展土改运动。同年，重炮三团组建于牡丹江，随即开赴穆棱县八面通驻扎。

1947年1月，穆棱县一分为二，穆南县设治于穆棱街，穆北县设治于八面通镇。

1947年3月，穆棱第五区（今穆棱镇）出现互助组，此后全县农村生产互助组不断发展壮大，逐步显现社会主义合作互助萌芽状态。

1947年10月，撤销穆南县、穆北县建制，合并恢复穆棱县，县民主政府改为县人民政府。

1948年5月，穆棱"土改"胜利结束。

1948年7月，穆棱县改隶松江省。

1948年12月，穆棱公开组织发展党员，建立基层党支部，成立区、村政府，民主选举政府干部。

1949年10月，全县8个区、83个村全部建立两级基层政权及党组织。成立了县人民法院，组建了新民主主义青年团委员会。

1950年11月—1951年3月，穆棱两次派出计1 000多人的担架队及30多人的汽车司机和50多人的朝鲜族翻译，支援抗美援朝战场。

1951年，穆棱落实农业生产互助组。

1952年，穆棱兴办农业高级合作社。

1951—1960年，穆棱相继开展镇压反革命、"三反"、"五反"、肃清反革命分子运动。

1952年7月16日，穆棱境内最后一股土匪被剿灭，匪首九彪被击毙。

1952—1956年，穆棱实施"三大改造"。

1954年4月，成立穆棱县人民委员会，改属黑龙江省。

1967年4月，成立穆棱县革命委员会。

1980年，恢复穆棱县人民政府建制。

1983年，全县实行家庭联产承包责任制；10月，穆棱改隶牡丹江市辖县。

1984年8月，全县人民公社恢复乡镇建制。

1995年3月，经民政部批准，撤销穆棱县，设置穆棱市。当年10月10日举行撤县设市庆典。

1998年，穆棱市实施农村第二轮土地承包政策。

1999年11月，八面通穆棱河大桥竣工。

2006年9月，穆棱经济开发区成立。

2008年7月，全国第三届牛业发展大会在穆棱召开。

2011年，穆棱综合经济实力进入全省十强县（市）行列；穆棱荣获"全国歌词创作之乡"和"中国民间文化艺术之乡"荣誉称号。

2015年10月，奋斗水库开工。

2015年12月，穆棱新站（高铁站）通车。

2017年7月，穆棱承办第三届全国老年人体育健身大会门球交流活动。

2018年9月，承办全国老年人乒乓球交流活动。

2019年7月，承办全国北大荒"知青杯"门球赛。

2020年9月，奋斗水库下闸蓄水。

后　记

历经三年多时间的积极努力，《穆棱市革命老区发展史》终于面世了。

2017年6月，中国老区建设促进会部署了要在全国1 599个县都要写革命老区发展史的工作。这是一项具有积极的现实意义和深远的历史意义的工作。穆棱是一类革命老区，责无旁贷。为了写好这本书，穆棱市委、市政府把它列为重要工作，组建了编委会，成立了编辑部，拨了专款，安排了出书时间表和路线图。市委、市政府、市委宣传部、市委组织部等主要领导经常予以指导、关怀和帮助。黑龙江省老促会和牡丹江市老促会多次进行检查和指导。

本书在编写过程中，力争用辩证唯物主义和历史唯物主义的观点，坚持以习近平新时代中国特色社会主义思想为指导；坚持以中国共产党党史、中国人民解放军军史、中国革命史为依据；坚持以穆棱革命老区和穆棱人民奋斗史为重点；坚持在中国共产党的领导下，以穆棱人民站起来、富起来、强起来为节点，采取编年体加记事本末体的体例，以编年体为主，记事本末体为辅，以时间为经，以史实为纬进行编撰。在内容的确定上突出了四个方面：一是穆棱革命老区人民在中国共产党的领导下，创建和发展革命根据地的历史贡献和地位作用；二是穆棱革命老区人民在创建和发展革命根据地的过程中的重大历史事件、著名英模英烈事迹，以及展现出来的崇高革命精神和光荣革命传统；三是挖掘整理穆棱著名的革命历史遗址、文物、纪念场馆等红色文化资源；四是新中国成立以来，特别是党的十八大以来，穆棱人民在中国共产党的领导下，所发生的巨大变化。在文字上力争做到历史的真实性、事件的准确性与内容的可读性相统一。

本书编辑部的撰稿人员多有本职工作，他们在做好本职工作的同时，多次谋篇布局，大量查阅资料，广泛调查研究，虚心听取意见，反复斟酌协商，几易文字书稿，为本书的编撰做了大量工作，付出了许多辛苦。市老区建设促进会会长梁兆宽同志撰写了本书的序言、后记、引言（部分）和第十一章内容；时任共和乡人大主任原辉同志撰写了引言的"历史沿革"部分；市青少年活动中心杨久平老师撰写了引言中"穆棱反侵略斗争史"部分及第一至第四章、第九章的内容；市政协退休干部李君同志撰写了第五、六、七、八章的内容；市老区建设促进会办公室负责人王忠恒同志、福禄乡中心校李文香老师和市文化馆高占和同志共同撰写了第十章的内容；本书照片由梁兆宽、韩立君组稿。全书文字的编辑和修改工作由高占和同志负责。市老区建设促进会副会长张学彬同志为本书的统筹和出版工作付出了许多辛苦；市老区建设促进会秘书长张晓纯同志为本书的编撰做了很多协调和服务工作。黑龙江省、牡丹江市、穆棱市的有关专业人员对本书进行了审读。

在《穆棱市革命老区发展史》的编撰过程中，还得到了有关单位和领导的大力支持。市委办、教体局、共和乡党委、市文化馆为本书编撰人员的写作提供了方便；时任市委秘书长田延安同志，时任市档案局局长肖刚同志为资料的查阅给予了许多帮助。本书撰稿查阅了《穆棱县志》《穆棱市志》《穆棱年鉴》《中国共产党穆棱历史》《穆棱革命老区》《穆棱革命人物传》《穆棱文史资料》《穆棱党史资料》《穆棱剿匪斗争》《泉眼河风云》《李范五回忆录》《张镇华传》《东北抗日联军史》《黑龙江文史资料》《牡丹江文史资料》《牡丹江铁路工人运动》《中东铁路史》等多部书籍，其间还参观了黑龙江省东北烈士纪念馆，查阅了馆藏资料中有关穆棱抗战时期的相关内容。在此，向以上各方一并表示诚挚的谢意！

由于水平有限，尽管编写人员倍加努力，还是难免存在这样或那样的不足之处，恳请专家和读者批评指正。

穆棱市老区建设促进会会长　梁兆宽

2020年8月1日